O SONHO

CARLO
ANCELOTTI

COM CHRIS BRADY

O SONHO

Quebrando o recorde de vitórias da Champions League

Tradução
Diego Franco Gonçales

Planeta

Título original: *The Dream: My Winning Relationship with the Champions League*

Preparação: Ligia Alves
Revisão: Wélida Muniz
Projeto gráfico e diagramação: Negrito Produção Editorial
Fotografia de Capa: Attilio Capra – © Maxima S.p.A. archive, courtesy of Maxima S.p.A.
Capa: Adaptação do projeto orginal fornecido pela Ebury Spotlight
Adaptação de capa: Sandra Fava

Dados Internacionais de Catalogação na Publicação (CIP)
Angélica Ilacqua CRB-8/7057

Ancelotti, Carlo
O sonho / Carlo Ancelotti, Chris Brady ; tradução de Diego Franco Gonçales. – São Paulo : Planeta do Brasil, 2025.
256 p.

ISBN 978-85-422-3876-1
Título original: The Dream: My Winning Relationship with the Champions League

1. Treinadores de futebol — Memórias autobiográficas 2. Ancelotti, Carlo, 1959 – Memórias autobiográficas 3. Futebol - Torneios I. Título II. Brady, Chris III. Gonçales, Diego Franco

25-4516 CDD 927.96334

Índice para catálogo sistemático:
1. Treinadores de futebol — Memórias autobiográficas

MISTO
Papel | Apoiando o manejo florestal responsável
FSC® C112738
FSC www.fsc.org

Ao escolher este livro, você está apoiando o manejo responsável das florestas do mundo

2025

EDITORA PLANETA DO BRASIL LTDA.
Rua Bela Cintra, 986, 4º andar – Consolação
São Paulo-SP – CEP 01415-002
www.planetadelivros.com.br
faleconosco@editoraplaneta.com.br

Para Mariann

Sumário

PARTE QUATRO

MADRID

Introdução
SONHOS

Quero começar este livro de um jeito inesperado. Sim, falando de um jogo de futebol, mas entre times inusitados. Ambos eram capitaneados por grandes cineastas italianos: Bernardo Bertolucci e Pier Paolo Pasolini, que estavam filmando perto da minha casa. Os dois tinham sido amigos e acabaram se desentendendo. Para que reatassem a amizade, alguém sugeriu uma partida de futebol entre as equipes de filmagem. Bertolucci tinha menos gente disponível e precisava de alguns jogadores para completar o time. Era março de 1975, e eu tinha apenas 15 anos. Na época, eu era centroavante da equipe juvenil do Parma. Naquele sábado, quando nosso jogo terminou, fomos convidados para participar de uma pelada no dia seguinte. Disseram ao Pasolini que nós éramos ajudantes recém-contratados para trabalhar no set. Duvido que alguém tenha acreditado. Mas o plano funcionou: o futebol reaproximou os cineastas. Nós vencemos, e Bertolucci agradeceu a nós, já que nossa participação tinha sido decisiva.

Para ser sincero, os nomes Bertolucci e Pasolini não significavam muita coisa para mim. Mas eu não ligava; era uma partida, e eu só queria jogar. O futebol já era a minha vida. Como todo garoto, eu sonhava ser jogador – e, felizmente, esse sonho se realizou. Há quase cinquenta anos eu estava naquele campo da Cittadella, e dali rodei o mundo correndo atrás de uma bola, perseguindo meus sonhos futebolísticos.

Este sempre foi o meu sonho, desde que me entendo por gente. Ser jogador de futebol. Jogar profissionalmente na Itália. Cresci numa fazenda em Emilia-Romagna, ao norte dos Apeninos e ao sul dos Alpes. Dinheiro não tínhamos muito, e o que tínhamos vinha da venda de *parmigiano*, o mundialmente famoso queijo parmesão.

Eu não pensava em ficar famoso no mundo inteiro. Só queria jogar bola.

Esse sonho virou realidade. E depois surgiu um novo: jogar no melhor time da Europa.

As chances de virar jogador profissional já são pequenas. Fazer parte de uma equipe que conquista um continente, então, é coisa para poucos, pouquíssimos. Mas de algum modo aconteceu comigo. Primeiro como jogador, depois como técnico. Com o Milan, ganhei duas vezes seguidas a Copa Europeia dos Clubes Campeões (1989 e 1990). Poucos anos depois, a competição mudou de nome e de formato. Antes um mata-mata com jogos de ida e volta, ganhou uma nova estrutura e passou a ser a Champions League, bem mais difícil de vencer pela quantidade de partidas a serem jogadas.

Foi naquele verão que eu me aposentei como jogador, então nunca cheguei a entrar em campo nessa nova versão. Mas ela se tornaria o campeonato mais importante da minha carreira de técnico. Ano após ano, temporada após temporada, era o grande objetivo, o pote de ouro no fim do arco-íris. O sonho. Sendo o topo do futebol europeu, cada temporada da Champions League se destaca por si só, à parte das corridas por títulos nacionais. É como uma campanha militar. O sucesso ou fracasso nessa competição afeta a memória do restante da temporada. De alguma forma, acabei vencendo a Champions League cinco vezes como técnico. Para mim, é espantoso que ninguém mais, seja jogador ou técnico, tenha conquistado tantas vezes a principal competição europeia. Ganhei duas Copas Europeias jogando ao lado de colegas incríveis, e depois tive o privilégio de treinar alguns dos melhores jogadores do mundo, levantando aqueles cinco troféus da Champions no caminho. A lista de estrelas com quem tive a honra de trabalhar é a nata do futebol internacional dos últimos quarenta anos. Não me peça para escolher onze jogadores nessa galáxia, seria impossível para mim!

Esta é a história de como meu sonho se realizou por gloriosas sete vezes. Mas também é a história de todas as ocasiões muito mais numerosas em que ele me escapou por entre os dedos. O futebol não fica tão distante da vida real. A verdade é que, na maior parte do tempo, a gente não vence. E espero ser humilde o bastante para reconhecer que a derrota também pode ser uma grande professora.

Só que, quando você consegue superar todos os demais, a satisfação é indescritível. Ainda assim, vou tentar colocar esse sentimento em palavras.

Parte Um

O SONHO COMEÇA

1
QUANDO EM ROMA...
1983-1984

Alguns jogadores têm a sorte de criar memórias inesquecíveis logo em sua primeira experiência com a Copa Europeia dos Clubes Campeões. Eles avançam até a final, com os olhos de todo o continente voltados para eles. O time vence. Talvez até marquem um gol. E essa experiência lhes dá um tesouro que carregam pelo resto da vida.

Não foi assim que a *minha* história começou.

Minha primeira experiência com uma final da Copa Europeia foi como um espectador frustrado. Eu era um jovem jogador da Roma, e evoluímos bem no torneio. Para minha grande decepção, eu me lesionei e fiquei fora da semi e também da final. Talvez isso não tivesse me incomodado tanto se aquele jogo decisivo não fosse, justamente, em casa. A final seria no Estádio Olímpico de Roma. Isso dava ao jogo uma dimensão maior. A metade amarela e vermelha da cidade, os *Giallorossi,* estava em êxtase com a chance de o time conquistar a maior competição de clubes da Europa jogando no próprio quintal.

A verdade é que, nos anos 1980, embora a competição europeia já estivesse crescendo em importância – pelo menos na Itália –, ela ainda não era maior que a Série A do Campeonato Italiano. Vencer a liga – *lo Scudetto,* como chamamos – sempre foi o teste mais difícil e o prêmio mais cobiçado. Bastavam oito jogos para chegar à final da Copa dos Campeões – quatro confrontos de ida e volta –, e, no geral, as duas primeiras fases eram contra os campeões de ligas menos prestigiadas. No caso da Roma, deixamos para trás os campeões da Suécia, da Bulgária e da Alemanha Oriental, todos com saldo positivo de dois gols. Mas o que demonstra como as coisas eram diferentes naquela época é o nome do nosso adversário na semifinal: o Dundee United, da Escócia. O título escocês quase sempre ficava entre o Celtic e o Rangers, com exceção de um breve período em que Alex Ferguson o conquistou três vezes com o Aberdeen, antes de ir para o Manchester United. Assim como nós, o Dundee United disputava a Copa Europeia pela primeira vez. Perdemos por 2 a 0 na Escócia, mas vencemos por 3 a 0 em casa, e assim garantimos nossa vaga na final.

A Roma era comandada por Nils Liedholm, que teve grande influência na minha carreira. Eu tinha levado uma vida protegida no Vale do Pó, sem nunca ter passado tanto tempo com um estrangeiro. Liedholm era sueco, mas na juventude foi um grande jogador do Milan, onde ganhou o apelido de *Il Barone*. Dizem que ele era tão preciso e confiável nos passes que, quando finalmente errou um depois de várias temporadas, o estádio San Siro se levantou em aplausos.

Ele teve uma carreira incomum como técnico, na roda-viva que é o futebol italiano: acabou sendo técnico do Milan quatro vezes, e também quatro vezes da Roma. Deve ter batido um recorde. No entanto, a importância dele para mim foi a de, em 1979, durante sua segunda passagem como técnico da Roma, ter feito uma parada em Parma – que ficava em seu caminho de volta das férias em Salsomaggiore, uma cidade termal no sopé dos Apeninos – para me contratar. Eu estava completando 20 anos e, naquela época, jogava como atacante. Foi ideia dele me transformar em meio-campista, posição em que, quase imediatamente, me senti muito mais à vontade. Naqueles primeiros anos, ele me pôs debaixo da asa e dedicou um bom tempo a me dar conselhos táticos e motivacionais não só sobre técnica, mas também sobre aspectos da vida que acabariam sendo úteis no mundo fora dos gramados.

Ele foi meu primeiro técnico de verdade, e foi com ele que aprendi que um chefe não precisa ser alguém que faz valer sua autoridade à força e dita as regras com severidade. Ele era calmo – nunca o ouvi gritar, nem uma vez sequer. Na sua humildade e na sua aura serena, ele me lembrava um pouco o meu pai, que também não perdia a paciência nem quando a colheita ia mal. Ele era flexível com coisas como pontualidade e alimentação. Mas, acima de tudo, era tranquilo em relação à tática, confiando no pensamento independente de seus jogadores. E tinha um senso de humor ótimo, que usava para aliviar a tensão quando o clima começava a pesar. Lembro de uma vez em que eu estava dentro do carro com dois colegas do time e duas mulheres. Liedholm saiu do hotel para fazer uma caminhada. Então veio em nossa direção com um olhar desconfiado. Muitos outros técnicos teriam nos dado uma bronca e nos mandado de volta para o quarto. Baixamos o vidro. Ele deu uma olhada lá dentro e perguntou: "Tem um espacinho pra mim aí dentro?".

O segundo estrangeiro que me chamou a atenção era a mais recente contratação da Roma: o grande meio-campista Paulo Roberto Falcão. O time tinha dois brasileiros. Toninho Cerezo era mais guerreiro, um motor incansável; Falcão era brilhante na armação e um verdadeiro líder em campo. E nos treinos ele trazia novas ideias. Quando chegou, ele não entendia por que treinávamos tanto sem a bola. Talvez isso tenha acontecido em vários lugares da Europa à medida que os sul-americanos começaram a chegar em maior número, mas foi na Roma que, pela primeira vez, fui influenciado diretamente por um gênio brasileiro e por um estrategista sueco.

Dito isso, Liedholm provavelmente errou na preparação para a final. O campeonato já tinha terminado, então aproveitamos para deixar Roma e passar uma semana nas montanhas. A ideia era manter o foco no jogo, afastando-nos da pressão e relaxando um pouco longe do caldeirão que começava a borbulhar à espera da maior final interclubes do planeta, que seria ali, dentro de casa. Pensando agora, talvez essa mudança na rotina tenha tido o efeito oposto ao relaxamento pretendido. A atmosfera das montanhas era outra; infelizmente, o clima também. Estava frio e úmido por lá, diferentemente da cidade, que estava quente quando voltamos. Isso pode explicar por que, quando o jogo foi para a prorrogação, muitos dos meus companheiros sofreram com câimbras.

Mas eu já estava lesionado, então tive que ficar de fora enquanto enfrentávamos o todo-poderoso Liverpool, que havia vencido três vezes nas últimas temporadas. Após duas horas de jogo travado, a partida terminou 1 a 1, o que implicava disputa de pênaltis. Na época, os times não treinavam pênaltis com tanta frequência, e isso ficou evidente.

Com a experiência desses longos anos, hoje sei que disputas de pênaltis são 100% psicológicas. Você pode treinar pênaltis o dia todo, mas seria perda de tempo. Qualquer jogador bom o bastante para atuar em um time de ponta é capaz de converter um pênalti. A pergunta é: ele consegue fazer isso com o mundo inteiro assistindo? Receio que só exista uma maneira de descobrir... Bem no começo da minha carreira, na disputa da final da Copa Itália de 1980, bati um pênalti pela Roma contra o Torino. Estávamos em morte súbita, e eu fiz o gol. Eu tinha 20 anos e me lembro de correr até a bola pensando: *Vou chutar no canto direito*. A bola entrou, mas pelo lado esquerdo. Podemos pensar e planejar, mas às vezes um instinto assume o controle. Vencemos aquela disputa. Será que venceríamos a de agora?

Jogadores de ambos os times chutaram a bola por cima do travessão, mais os nossos do que os deles. Para continuar na disputa, precisávamos converter nossa quinta cobrança. Quarenta anos depois, ainda consigo ver Bruce Grobbelaar, o goleiro do Liverpool, parado na linha e balançando as pernas como se tivessem virado geleia – "pernas de espaguete", acho que a mídia inglesa chamou assim. Se ele estava tentando desconcentrar Francesco Graziani, meu veterano companheiro de equipe, a coisa funcionou. O chute dele raspou o travessão e saiu por cima. Dependendo do ponto de vista, esse segue sendo um dos momentos mais famosos ou infames de toda a história das disputas de pênaltis.

A Roma perdeu. O Liverpool conquistou sua quarta Copa Europeia. No fim das contas, acho que sediar a final foi pressão demais. Ela era disputada em um estádio diferente a cada ano, como acontece hoje com a final da Champions. Mas era muito raro o jogo acontecer na casa de um dos finalistas. Antes de 1984, isso só tinha acontecido duas vezes: em 1957, com o Real Madrid, e em 1965, com a Inter de Milão. E desde então isso só se repetiu com o Bayern de Munique, em 2012. Todos esses clubes já estavam acostumados com a competição. Talvez houvesse uma intensidade maior sobre a Roma, porque era a primeira vez do clube no torneio. Foi expectativa e pressão demais. Até hoje, essa continua sendo a única final da principal competição europeia interclubes que a Roma disputou.

Foi uma noite dolorosa para estar nas arquibancadas. Enquanto eu assistia impotente do meu lugar, não imaginava que, muitos anos depois, o Liverpool estaria do outro lado em duas das noites mais memoráveis da minha vida.

E foi assim meu primeiro contato com a Copa Europeia. O contato seguinte veio depois que deixei a Roma.

2
SÓ UM *SCUDETTO*
1987-1988

Milão parecia um destino muito natural para mim. Embora, como Roma, fosse uma cidade grande, não ficava tão longe de onde eu nasci. Por isso, fiquei feliz ao saber que o Milan estava interessado em mim na pré-temporada de 1987. Para ser mais exato, quem estava interessado em mim era o novo técnico deles, Arrigo Sacchi. Após a saída de Ray Wilkins, ele precisava de um novo meio-campista.

Foi um ponto de inflexão para mim, porque mais tarde Ray se tornaria uma figura importante ao meu lado quando fui para a Inglaterra treinar o Chelsea. Naquele momento, porém, Sacchi queria substituí-lo por um jogador com mais mobilidade. Infelizmente, o presidente do clube, Berlusconi, e o diretor-geral, Adriano Galliani, tinham dúvidas se eu seria capaz de me deslocar em campo com tanta eficiência. Depois de tantas lesões, meus joelhos já não eram os mesmos, e eles temiam estar comprando alguém bichado. O médico do clube que me examinou também estava preocupado. Sacchi foi convincente. Lembro de Berlusconi dizendo: "Não dá para contratar Ancelotti. O médico disse que depois da operação no joelho ele ficou com 20% menos mobilidade. Ele teve um problema no menisco e foi operado muitas vezes". Sacchi respondeu como só ele saberia responder: "Se eu contratar Ancelotti, vamos ganhar o campeonato. Não me importo se ele tem 20% menos mobilidade no corpo. Só me preocuparia se ele tivesse 20% menos mobilidade na inteligência".

Isso pareceu resolver a questão.

O mais incrível é que Sacchi chegou a essa conclusão sobre as minhas qualidades sem jamais ter falado comigo antes da assinatura do contrato. Ele reuniu o máximo de informações que pôde sobre o meu caráter. Quando ainda era técnico do Parma, pediu informações sobre mim e enviou um olheiro para observar como eu treinava na Roma, para ver seu dava duro mesmo. Pelo visto, ficou satisfeito com o que ouviu.

No entanto, mesmo para Sacchi, eu estava longe de ser um jogador pronto. Segundo Berlusconi, eu jogava como um maestro que não sabia ler partituras. Sacchi o tranquilizou, dizendo que me ensinaria a reger. Na prática, isso significava chegar uma hora mais cedo para treinar com alguns garotos das categorias de base. Ele disse ao chefão que dessa forma daríamos conta de tudo.

A razão para prometer vencer o campeonato era que, se isso acontecesse, o Milan se classificaria para jogar a Copa Europeia dos Clubes Campeões. Esse era o sonho de Berlusconi. A memória do fundo do poço estava bem fresca para o clube. Fazia apenas um ano que Berlusconi tinha comprado o Milan, o que salvou o clube da falência. O último *Scudetto* do time tinha sido conquistado em 1979; a partir dali, o Milan passaria um tempo na Série B (1980-1981 e 1982-1983, as únicas vezes em sua história).[1] Portanto, era bastante ambicioso da parte do presidente do clube pensar que poderia transformar o Milan em um superclube à altura do Liverpool, da Juventus, do Real Madrid e do Bayern de Munique. Tudo indicava que eu era uma peça desse quebra-cabeça.

A Roma não queria que eu saísse, e só no último minuto concordou em deixar o Milan conversar comigo, e com isso minha

1 *Scudetto* – literalmente, "escudinho" – é sinônimo de ganhar o título da Série A do Campeonato Italiano de Futebol. O termo se refere ao pequeno brasão com as cores da bandeira italiana que o time campeão estampa na camisa durante a temporada seguinte. (N.T.)

papelada precisou ser levada às pressas até a sede da liga – usamos de jatinho particular a motoboy.

Sacchi também tinha acabado de chegar ao clube. Meu antigo técnico na Roma, Nils Liedholm, havia sido dispensado pelo Milan pouco tempo antes. Seu substituto era uma figura incomum no futebol italiano. Sacchi nunca foi jogador profissional, tendo trabalhado antes como vendedor de sapatos. Como técnico, ainda estava na casa dos 30 quando obteve sucesso com o Parma, o que chamou a atenção de Berlusconi. A imprensa, pouco impressionada com suas credenciais, apelidou-o de *Signor Nessuno*, ou Senhor Ninguém.

O time montado por Sacchi ficaria conhecido na imprensa italiana como "Os Imortais". Em 2007, a revista *World Soccer* pediu a um painel global de especialistas que escolhesse o maior time de todos os tempos. O Brasil de Pelé e companhia, campeão da Copa do Mundo de 1970, ficou em primeiro lugar. Depois vieram os famosos húngaros, liderados por Ferenc Puskás, que destroçaram a Inglaterra em 1953. A seleção da Holanda que perdeu a final da Copa de 1974 ficou em terceiro. A equipe de clube mais bem colocada foi o Milan de Sacchi, que ficou em quarto lugar

Por que eles – *nós* – eram tão bons?

Tínhamos nosso capitão, Franco Baresi. Ele era um leão no coração da defesa. Tinha uma força incrível, uma ética de trabalho fantástica e grande habilidade técnica – além de zagueiro intransponível, um legítimo armador. Mas, acima de tudo, com aqueles olhos azuis serenos, ele exalava uma poderosa aura de autoridade. Isso não transparecia fora de campo, onde ele era bastante calado. Mas lá dentro, no calor da ação, sua voz se fazia ouvir com clareza.

Baresi era a peça fundamental da equipe. Tudo fluía a partir dele. Mas o fato de Sacchi ter misturado um forte sotaque holandês ao elenco italiano ajudou. Os jogadores holandeses tinham sido formados no "futebol total" dos anos 1970, um estilo que incentivava a flexibilidade e a liberdade de expressão. Também havia na cultura dos Países Baixos o costume de os jogadores dizerem o que pensavam. Os holandeses gostam de uma discussão. Isso às vezes criava problemas na seleção do país, onde os veteranos pareciam mandar mais do que o técnico, mas para nós funcionava. Naquele verão chegaram dois holandeses altos que ajudariam a formar um ataque potente: Ruud Gullit e Marco van Basten. Van Basten tinha um nível técnico extraordinário, enquanto Gullit, em particular, tinha um temperamento muito forte, um líder e fonte de motivação.

As qualidades de Gullit eram importantes, porque Baresi podia ser quietão demais no vestiário. Mesmo em campo, ele não falava muito, mas tinha presença. As pessoas o enxergavam apenas como um líbero, um zagueiro de sobras, talvez porque tivesse só 1,77 de altura, mas ele também dominava pelo alto. Era um defensor completo, que com certeza se destacaria no futebol de hoje ou no de qualquer época. Roberto Donadoni, um grande meio-campista, rápido e com consciência defensiva, chegou na mesma época. O jovem lateral esquerdo Paolo Maldini também já despontava como um gigante em formação. Um ano depois, nossa legião holandesa cresceria com a chegada de Frank Rijkaard, um volante defensivo que misturava força e habilidade.

No centro do meio-campo, fui escalado como o cabeça, alguém que levava intelecto para o gramado. Um comandante inserido no calor da batalha, meu trabalho era bem específico e exigia muito esforço. Sacchi comentava sobre minha capacidade de cobrir grande parte do campo "sem precisar ser um assombro físico". Acho que ele queria dizer que eu não tinha velocidade.

As exigências que Sacchi colocava sobre mim eram maiores do que tudo o que eu havia conhecido na Roma. Eu deveria ser o elo entre Baresi, no centro da defesa, e Gullit, que atuava na base do ataque. Sacchi tinha um sistema do qual nós três éramos a espinha dorsal. Mais tarde, suas táticas viriam a ser adotadas por muitos técnicos, mas no fim dos anos 1980 elas eram inovadoras, até revolucionárias, especialmente no futebol italiano. De fato, ele mudou o futebol italiano por completo, em todos os aspectos possíveis, tanto no treinamento quanto na tática, e acima de tudo no nível e no ritmo de jogo. A ênfase sempre tinha sido na defesa. A filosofia de Sacchi era defender atacando.

Ele eliminou o tradicional líbero italiano e introduziu a marcação por zona em duas linhas defensivas, cada uma com quatro jogadores. As qualidades de Baresi tornaram possível fazer essa transição sem grandes rupturas. Treinávamos esse sistema sem parar. Ao reduzir a distância entre a defesa e a linha de frente, sua ideia era comprimir o espaço em que o adversário podia jogar. Então, quando recuperávamos a posse de bola, ele queria que avançássemos com penetração rápida. Baresi mantinha a linha alta no centro da defesa, enquanto Gullit, um atacante grande e cheio de mobilidade, nunca parava de se deslocar. Como o maestro desse trio, eu precisava correr muito. Sacchi insistia que nós três nunca ficássemos longe um do outro; nos treinos, ele chegava a nos amarrar com uma corda para nos acostumar à ideia de mantermos uma distância precisa. Escrever isso faz a coisa parecer insana, e com certeza era o que as pessoas achavam na época. Mas basta olhar para os resultados. Depois de três temporadas jogando à maneira de Sacchi, eu tinha perdido seis quilos e conquistado um *Scudetto* e duas Copas Europeias.

A primeira conquista chegou logo no meu primeiro ano. Na temporada 1987-1988 da Série A do campeonato italiano, a taça foi decidida no limite do tempo. Na prática, o jogo decisivo nos levou a Nápoles, onde enfrentaríamos o Napoli, o campeão vigente, na atmosfera hostil do Estádio San Paolo. Já os tínhamos vencido por 4 a 1 em casa, num jogo que deu novo impulso à nossa temporada, e no começo de maio estávamos em segundo lugar na tabela, apenas um ponto atrás. O Napoli era liderado por seu capitão e talismã, Diego Maradona, que desde sua chegada, no início da temporada de 1984-1985, tinha ajudado o clube a conquistar seu primeiro título. Naquele momento, ele vivia algo que mais tarde descreveria como sua melhor temporada. "Não quero ver uma bandeira do Milan no San Paolo", ele disse antes do jogo. "Estamos em casa, e para eles ela tem que parecer um túmulo. Aqui, eles devem morrer. Quero ver o San Paolo todo azul." O estádio tem capacidade para 82 mil pessoas, então bota azul nisso.

Essa partida é frequentemente descrita como uma das maiores da história da Série A. Foi a final perfeita: o campeão atual e líder do campeonato, Napoli, contra o Milan, vice-líder. Os campeões contra os desafiantes.

O primeiro gol veio por volta dos trinta minutos. Eu estava longe da meta adversária quando peguei a bola, a uns 50 ou 60 metros do gol do Napoli. Quando levantei a cabeça, havia espaço à minha frente, então me enfiei nele e não parei mais. Foi como se o mar tivesse se aberto diante de mim; nenhum jogador do Napoli veio ao meu encontro até eu ser derrubado um pouco antes da grande área. Cobrei a falta tocando para Evani, à minha esquerda, e ele mandou um chutaço que, desviando na barreira, acabou direto nos pés atentos de Pietro Paolo Virdis. Ele enfiou a bola por baixo do goleiro enquanto este saía em sua direção. Dois minutos antes do intervalo, Maradona empatou com uma sensacional cobrança de falta, a uns 20 metros do gol, no ângulo superior esquerdo. Ninguém foi pego de surpresa, mas como parar Maradona? Gullit até tentou, pulando alto em uma das pontas da barreira e quase cabeceando a bola. Mais tarde, Maradona afirmou que mirou deliberadamente no topo dos famosos dreadlocks de Gullit.

Sem dúvida, Maradona foi o maior jogador contra quem já joguei. Era extremamente difícil pará-lo, e ele combinava força e velocidade incríveis com uma habilidade fora do comum. Naquele jogo, ele fez um inacreditável passe de letra para o atacante brasileiro Careca. Minha principal solução para contê-lo era um contato físico forte, e ele não reclamou nenhuma vez. De fato, depois que deixamos de jogar, nos tornamos bons amigos por causa dos vários eventos em que acabávamos nos encontrando. Ele era muito humilde, e, apesar de todas as controvérsias em torno de sua vida, foi uma grande perda para o futebol. Maradona também parecia me respeitar como jogador. "Arrigo", ele disse uma vez a Sacchi, "com você o Ancelotti corre rápido." "Ele não corre rápido", respondeu meu técnico. "Ele pensa rápido." Dois dos maiorais da história do futebol falando bem de mim... não tinha como melhorar.

Voltando ao jogo. Precisávamos vencer; então, no intervalo, Sacchi substituiu Donadoni por Van Basten e deslocou Gullit para o centro. A partir daquele momento, o jogo era nosso. Ou melhor, de Gullit. Ele aterrorizou a linha defensiva do Napoli, armando dois gols, um pela direita e outro pela esquerda. Como Maradona, quando um grande jogador está jogando bem, é difícil pará-lo. Gullit era um grande jogador. Pela direita, ele cruzou na medida para Virdis marcar de cabeça nosso segundo gol – estávamos de novo à frente no placar. Depois, foi para matar o jogo. Ele surgiu livre pela esquerda, passou em velocidade pelos defensores que recuavam e rolou com calma a bola para Van Basten, que mandou uma bomba em direção às redes. As pessoas esqueciam o quanto Gullit era rápido – foi um contra-ataque fulminante. Placar: 3 a 1 para o Milan, e fim de jogo. No fim das contas, o *Scudetto* também terminou ali, e não só a partida, já que o Napoli não venceu nenhum de seus dois últimos jogos. Nós iríamos para a Champions League, e achávamos que estávamos prontos. Não demoraríamos a descobrir se isso era verdade.

3
A PRIMEIRA VEZ
1988-1989

Já tinham se passado mais de quatro anos desde minha última experiência com a Copa Europeia dos Clubes Campeões, e mesmo assim havia sido apenas como espectador, já que, na Roma, eu estava lesionado. Agora, no outono de 1988, eu me via assistindo mais uma vez dos bastidores. Só que dessa vez não foi por causa de uma lesão que eu fiquei de fora do campo. Foi por indisciplina.

Vou explicar. O Milan de Arrigo Sacchi iniciou na principal competição europeia com uma vitória fácil sobre o Levski Sofia, o campeão búlgaro. Em 6 de outubro, nós os batemos em casa com quatro gols de Marco Van Basten. Nos anos seguintes, nosso centroavante holandês iria desmoralizar defensores por toda a Europa; aquela temporada de 1988-1989 era só o começo. No Milan de então, ele e Ruud Gullit contavam com a companhia do compatriota Frank Rijkaard. A confiança deles, que já era altíssima, tinha sido impulsionada no verão daquele ano, quando a seleção holandesa finalmente cumpriu seu potencial e venceu a Eurocopa, realizada na Alemanha Ocidental. (Eu e três dos meus companheiros de Milan jogamos pela seleção italiana, que em um dia chuvoso perdeu a semifinal para a União Soviética.)

Foi depois do Levski Sofia que veio um obstáculo mais difícil. O Estrela Vermelha de Belgrado representava a Iugoslávia naquela edição do torneio. Não era um time qualquer, tendo em seu elenco jogadores muito especiais, que iriam conquistar o título europeu em 1991. O meio-campista montenegrino Dejan Savićević terminaria como vice na Bola de Ouro, atrás de Jean-Pierre Papin, do Olympique de Marselha, e acabaria vindo para o Milan. O meio-campista croata Robert Prosinečki seria eleito o melhor jogador jovem da Copa do Mundo de 1990 e jogaria tanto no Real Madrid quanto no Barcelona. Mas acima de tudo havia Dragan Stojković, um verdadeiro general, capaz de tecer padrões sutis no coração do meio-campo. Ele também era ardiloso para mexer com os nervos dos adversários, e fez isso comigo no Estádio San Siro.

Tivemos uma discussão após o jogo de ida, ao final do qual ele me disse: "Vou estar esperando por você em Belgrado". A partida terminou 1 a 1. Stojković abriu o placar no início do segundo tempo, com um drible inteligente em ziguezague antes de finalizar no cantinho do gol. Os iugoslavos comemoraram intensamente, porque, embora tenhamos empatado um minuto depois, naquela época um gol fora de casa valia por dois. Foi um confronto tenso, e acabei sendo um dos cinco jogadores que tomaram cartão amarelo. Isso teria consequências.

Duas semanas depois, estávamos em Belgrado. O estádio do Estrela Vermelha é intimidador mesmo nos melhores dias, e com o gol deles fora de casa sabíamos que seria difícil controlá-los. Mas eu estava determinado a não me deixar intimidar. Quando nos alinhamos no túnel, encontrei Stojković e lhe disse uma coisa: "Estou aqui", falei, "e agora é que vamos jogar." Não sei se ele entendeu o meu italiano, mas os gestos que acompanharam minhas palavras deixaram claro o que eu queria dizer.

Entramos em campo e eu consegui tomar outro cartão amarelo praticamente no meu primeiro lance após o apito inicial. E em cima de quem cometi a falta? Ele mesmo: Stojković. Foi nosso primeiro contato no jogo. Logo depois meu companheiro Virdis foi expulso e tomamos um gol. Nosso time estava à beira do colapso – não apenas atrás no placar e com aquele gol fora de casa pesando contra nós, mas também com um jogador a menos. Naquele momento, a eliminação de um Milan que viria a ser apelidado de "Os Imortais" parecia muito provável.

Mas então fomos salvos da forma mais dramática possível. Uma neblina espessa desceu e envolveu todo o campo. Ao que parece, neblina não é algo incomum nos outonos daquela parte do mundo, mas aquela foi excepcional. A visibilidade não estava boa desde o início da partida, mas no segundo tempo ficou difícil até mesmo distinguir os jogadores mais próximos, quanto mais os que estavam distantes. Tenho certeza de que a torcida mal conseguia enxergar. Se você procurar pela partida no YouTube, vai ficar se perguntando como a equipe de transmissão sabia para que lado apontar as câmeras. Em certo momento, pouco depois de Savićević marcar no início do segundo tempo, o confronto teve que ser cancelado. Sorte, destino, intervenção divina... chame do que quiser.

O jogo foi cancelado, mas meu segundo cartão amarelo continuou valendo. Isso significava que, quando retomamos a partida, vinte e quatro horas depois, eu estava suspenso e tive que assistir da arquibancada. Sacchi ficou tão furioso que me aplicou uma multa.

E eu tive sorte. Meu companheiro Roberto Donadoni acabou não participando da maior parte do segundo jogo, mas por uma razão muito mais séria. Ele quase morreu em campo. Foi quando ele e Vasilijević, do Estrela Vermelha, se chocaram pelo alto. Vasilijević atingiu Roberto com tudo – cabeça, cotovelo e muita força.

O impacto fez Donadoni desmaiar, e, por alguns assustadores momentos, ele parecia estar tendo convulsões. Sua cor mudou, a pele ficou meio azulada. É bem provável que, por sorte e com a ajuda do nosso massagista, o médico do Estrela Vermelha tenha salvado a vida dele. Se minha memória está correta, acho que o médico precisou quebrar a mandíbula de Donadoni para puxar sua língua a fim de que ele não morresse sufocado. Depois disso, Donadoni começou a arrastar a perna, o que pode ser um sintoma de lesão grave na cabeça.

O resto de nós ficou traumatizado, e cada um reagiu de um jeito. Van Basten chorava e não queria continuar em campo. Se aquele jogo tivesse acontecido hoje, teria sido encerrado imediatamente. Roberto foi direto para o hospital; enquanto o jogo seguia, não fazíamos ideia de como ele estava. Um anúncio, em sérvio, foi feito no alto-falante. Paolo Maldini me contou que sempre será grato a um dos jogadores do Estrela Vermelha, que traduziu o anúncio e avisou que Roberto estava bem. Paolo transmitiu a boa notícia ao resto de nós.

Como era de esperar, com nosso companheiro no hospital, o resto do time teve uma noite desconfortável. Precisávamos dormir, mas era difícil quando estávamos tão preocupados com nosso amigo. Todo jogador quer vencer, mas aquilo era algo diferente e mais importante do que o jogo. Nesse sentido, a noite foi mesmo complicada para nós.

Felizmente para mim e para Virdis, o resultado da partida replay não foi uma punição pelo nosso comportamento na partida cancelada. No primeiro tempo, Van Basten marcou com uma cabeçada imponente no segundo pau, antes que o inevitável Stojković, lançado pela esquerda por Savićević, rompesse nossa defesa e empatasse quatro minutos depois com um chute de primeira, de pé esquerdo. Embora Van Basten tenha marcado outro gol que estava claramente um metro antes da linha de impedimento, naquela época o árbitro e o bandeirinha não tinham acesso ao VAR e o anularam. Ninguém conseguiu desempatar, e lá estava eu mais uma vez, da arquibancada, assistindo nervosamente meu time participar de uma disputa de pênaltis. Foi nosso capitão, Baresi, quem deu o tom, chutando no ângulo o primeiro pênalti. Convertemos todos os nossos chutes, enquanto nosso goleiro Giovanni Galli fez duas defesas. Estávamos classificados.

Que semana estranha e dramática foi aquela. Uma situação dessas não aconteceria hoje. Mas sem a neblina talvez não houvesse nenhuma história para contar sobre o Milan e sobre meu sonho da

Champions League. Não que eu precisasse de mais motivação, mas o clube prometeu cancelar minha multa se vencêssemos a então Copa Europeia.

Na sequência veio o Werder Bremen. Tivemos dois jogos muito duros contra eles. Na partida de ida, na Alemanha Ocidental, as chances mais claras foram de Van Basten. Um escanteio acabou desviado até o segundo pau, onde ele cabeceou forte para baixo. A bola rebateu nos jogadores do Bremen, como um *pinball*, depois na parte de baixo do travessão, até que alguém conseguiu afastá-la. Ela certamente cruzou a linha, e a tecnologia da linha do gol hoje confirmaria isso. Para ser justo, o Bremen também teve um gol anulado por uma falta no nosso goleiro que, pensando agora, não foi falta coisa nenhuma.

A partida de volta, em Milão, foi tensa, mas sentimos que estávamos no controle. Van Basten garantiu a vitória para nós com um pênalti, e estávamos nas semifinais da Copa Europeia.

Foi aí que a competição ficou séria de verdade. Nosso adversário foi o Real Madrid. Era exatamente o tipo de confronto do qual nosso presidente queria que participássemos, porque era pelo Real que ele media o Milan. Enfrentá-los numa semifinal era uma forma de avaliar até onde tínhamos chegado em tão pouco tempo, desde que Sacchi assumira. Esse seria o maior teste para seu projeto. Na prática, essa era a final que ele desejava. Digo isso em parte porque, quando olhamos para a outra semifinal – Steaua Bucareste contra Galatasaray –, achamos que poderíamos vencer qualquer um dos dois. Mas o Real Madrid era diferente. Era o time mais difícil que restava na competição, e, se passássemos por eles, daria para dizer que já tínhamos uma mão na taça.

O Real era a aristocracia do futebol europeu. Eles tinham vencido aquela competição mais do que qualquer outro clube, incluindo cinco títulos seguidos nos cinco primeiros anos da existência do torneio. Na segunda metade dos anos 1980, eles estavam só um pouco menos poderosos. Podia fazer um tempo que não venciam a Copa Europeia, mas aquela era a terceira semifinal consecutiva, e eles estavam bem encaminhados para um quarto título consecutivo na La Liga, a primeira divisão do campeonato espanhol. As estrelas do time jogavam juntas na frente. O atacante espanhol Emilio Butragueño fazia dupla com o oportunista artilheiro mexicano Hugo Sánchez, que tinha uma fenomenal taxa de gols pelo Real: 208 gols em 282 partidas. Atrás deles estava o armador Bernd Schuster, da Alemanha Ocidental.

O jogo de ida, em Madrid, foi uma boa partida, mais aberta do que qualquer um esperava. Nós fomos superiores, especialmente no primeiro tempo, tanto que até mesmo Baresi estava fazendo investidas ofensivas. Em certo momento ele avançou pela esquerda, e um passe dele encontrou Maldini dentro da grande área. Era como se toda a nossa formação tivesse sido virada de cabeça para baixo. Lembro de me perguntar que diabos os dois estavam fazendo lá em cima. Talvez fosse a influência holandesa: futebol total sendo demonstrado por dois jogadores nascidos e criados em Milão.

Apesar disso, ficamos atrás no placar pouco antes do intervalo. Foi um gol ruim de sofrer, pois expôs uma estranha abertura na marcação. Um escanteio veio da esquerda, onde foi desviado até Sánchez, que finalizou de primeira com o pé esquerdo a uns 6 metros do gol. Ninguém estava perto de nenhum dos jogadores do Real. Sánchez foi um dos primeiros adeptos das comemorações acrobáticas de gol e lançou-se em uma de suas piruetas espetaculares. Estávamos determinados a garantir que ele não tivesse mais chances de fazer acrobacias.

Nós os contivemos no segundo tempo enquanto buscávamos o tão importante gol fora de casa. Ele veio do nada, faltando quinze minutos para o apito final. Valeu a pena esperar. Mauro Tassotti, nosso lateral direito, avançava pelo campo quando viu Van Basten na entrada da área. Estranhamente sem marcação, Tassotti estava livre para fazer um cruzamento para que Van Basten tentasse algo. Não foi um grande passe, para ser sincero, direcionado para a marca do pênalti e vindo a pouco mais que a altura da cintura: alto demais para um chute de primeira, provavelmente baixo demais para uma cabeçada. Mas Van Basten buscou com vontade aquela bola, disparando em direção a ela e, para surpresa do defensor que o marcava, abaixando-se para cabecear em um movimento de gancho. Sua cabeçada em mergulho teve tanta força daquela distância que encobriu o goleiro, bateu na parte de baixo do travessão e quicou para dentro do gol. Só Van Basten poderia marcar um gol assim.

Houve muitas chances para os dois lados, mas o jogo terminou 1 a 1, e assim saímos com o suado tesouro de um gol fora de casa. Quando voltamos a Milão, sabíamos que teríamos de estar prontos para proteger nossa vantagem.

Fizemos isso do jeito de Sacchi. Aquele segundo jogo talvez seja hoje considerado o momento em que, pela primeira vez, a grandeza daquele time do Milan foi reconhecida pelo mundo do futebol, e eu estava orgulhoso e empolgado de fazer parte daquilo. Sacchi me colocou um pouco mais avançado do que o habitual e disse que estava confiante na minha habilidade de "me adaptar a qualquer posição". A confiança dele me deu confiança, é claro.

Foi contra o Real que nós de fato começamos a pressionar, muito mais do que qualquer outro time. A filosofia de Sacchi era que, para recuperar a bola, era preciso atacá-la quando o outro time estivesse com a posse dela, não importando em que parte do campo. Era algo bem incomum na Itália, onde o *catenaccio* era o modo padrão de jogar. Nesse sistema, assim que o adversário tomava a posse da bola, recuava-se em funil em direção ao próprio gol. Nosso novo sistema se baseava em uma intensidade que pegava os adversários de surpresa.

O Real Madrid não conseguiu lidar com essa intensidade. Disseram-me que eles perderam a bola para nós 48 vezes naquele jogo. Não sei se o número exato é esse, mas sei que foi difícil para eles, que certamente entregaram a bola diversas vezes. Acho que o Real Madrid da época realmente não sabia que nós podíamos jogar daquele jeito. Não se tinha muita informação disponível naquele tempo. O que estávamos fazendo era totalmente novo para eles. Talvez tenhamos sido favorecidos pelo fato de que nos anos 1980 havia bem menos meios de analisar detalhadamente adversários estrangeiros antes de um jogo. Estávamos na era pré-Moneyball, quando nem todos os jogos eram transmitidos por canais via satélite, então os técnicos tinham menos acesso a dados estatísticos.[1]

A confiança que Sacchi depositou em mim se traduziu em um dos melhores gols de toda a minha carreira. Aconteceu assim: aos dezessete minutos, Gullit ficou preso em meio a uma multidão de adversários na ponta direita. Havia quatro jogadores do Real ao redor dele, mas de algum modo ele achou um caminho e me viu bem na frente do círculo central. O meio de campo estava menos congestionado, já que metade dos nossos adversários tinha se agrupado ao redor de Gullit. Mas Schuster estava à minha frente, e eu mostrei a bola para ele antes de enganá-lo trocando o pé e indo para a direita. Fiz exatamente o mesmo com o jogador seguinte. De repente não tinha mais ninguém para me impedir de soltar uma bomba. Eu estava muito longe – provavelmente a uns 30 metros do gol –, mas bati na bola com toda a força. Foi uma sensação espetacular ver a bola voar por cima da linha defensiva e da mão direita esticada do goleiro, que estava bem adiantado, e entrar no ângulo. Eu era capaz de chutar forte daquela distância, mas fazer isso num momento tão importante teve um sabor especial. Mal pude acreditar; em êxtase, saí correndo em direção ao banco de reservas, mas fui sufocado pelos meus companheiros de time antes de conseguir chegar lá. No nosso time, os lances de cinema eram geralmente

1 "Moneyball" é um termo usado para descrever o uso intensivo de estatísticas na montagem de elencos e na tomada de decisões no esporte moderno. Essa prática se originou no contexto do beisebol e foi descrita em 2003 em um livro homônimo; posteriormente, ganhou popularidade com *O homem que mudou o jogo*, adaptação cinematográfica de 2011 estrelada por Brad Pitt. (N.T.)

estrelados por outros, então significou muito para mim contribuir com aquele gol num jogo tão importante.

Os três mestres holandeses tinham imensa força física e aérea; depois que embalavam, eram muito difíceis de conter, até mesmo para o Real Madrid; eles apavoraram a defesa merengue. Rijkaard marcou primeiro com uma cabeçada majestosa. Depois, Gullit acertou outra cabeçada, quase do mesmo lugar. No segundo tempo, os três combinaram-se numa obra-prima triangular. Rijkaard fez um passe com efeito na direção de Gullit, que escorou de cabeça na direção de Van Basten, que por sua vez dominou com o pé esquerdo e finalizou com um chute seco no ângulo. Naquela noite não tinha como pará-los.

A maravilhosa cereja do bolo foi que meu amigo Donadoni estava recuperado por completo de seu suplício em Belgrado e marcou nosso quinto e último gol. Ele cobrou um escanteio pela direita, trocou passes com um companheiro de equipe e driblou em direção à quina direita da área; depois, com o pé esquerdo, disparou um chute rasteiro que entrou rente à trave.

Aquela noite no San Siro continua sendo a pior derrota do Real Madrid em qualquer das versões da competição. O único resultado que se iguala a esse foi contra o Kaiserslautern, em 1982, mas naquele jogo eles tiveram três jogadores expulsos. Contra nós, não teve desculpa.

Se ainda fosse necessário dar qualquer prova de que Sacchi sabia exatamente o que estava fazendo, ela veio na final, realizada no Camp Nou, em Barcelona, diante de 90 mil dos nossos torcedores. Ainda me lembro de cada detalhe. Nossos adversários eram o Steaua Bucareste, cujos torcedores não puderam sair da Romênia comunista. (Tudo mudaria na Europa Oriental ainda em 1989, mas isso é outra história.) Com as probabilidades tão a nosso favor, parecia impossível perder. De fato não perdemos.

Tudo se encaixou. Sacchi preferia um 4-4-2 muito disciplinado, mas, ao olhar nosso vestiário, você pensaria que com aqueles jogadores daria para jogar em qualquer posição, em qualquer sistema. Acontece que a configuração do time se ajustava perfeitamente ao 4-4-2. Galli estava seguro no gol, e a linha de quatro defensores – Tassotti, Baresi, Costacurta e Maldini – era quase impecável. Juntos, eles viriam a jogar mais de 2,8 mil partidas pelo Milan. Essa estatística dificilmente será superada. No meio de campo, os laterais eram Donadoni e Angelo Colombo, comigo e Rijkaard no centro. Na frente, Gullit e Van Basten. Nada mal. Com certeza, bons demais para o Steaua Bucareste, mesmo com seu astro Gheorghe Hagi tentando comandar as ações.

Gullit abriu o placar aproveitando uma falha do goleiro, apenas empurrando para dentro. Depois, Van Basten marcou o segundo com mais uma de suas cabeçadas fulminantes. O terceiro veio aos trinta e oito minutos, quando Gullit, ao receber um cruzamento na entrada da área, dominou com calma e teve todo o tempo do mundo para finalizar. Já vencíamos por 3 a 0 quando fomos para o intervalo. Anos mais tarde, eu teria motivos para lamentar quando os *Rossoneri* chegassem a uma posição tão incontestável em uma final. Mas não naquela noite. Logo no início do segundo tempo, Rijkaard lançou Van Basten pela esquerda, que chutou cruzado, tirando do goleiro e fazendo 4 a 0.

Conquistamos a primeira Copa Europeia do Milan em vinte anos. Sacchi havia levado quase duas temporadas para se livrar do apelido de "Senhor Ninguém", mas naquela noite no Camp Nou ela foi enterrada de vez. Jogar uma final europeia é o ponto alto da carreira de qualquer jogador, e até aquele momento, para mim, era só um sonho. Aquela noite me mostrou que os sonhos podem se realizar – até mesmo minha multa de Belgrado foi anulada. Mas será que aquele sonho da Copa Europeia poderia se repetir?

4
A SEGUNDA VEZ
1989-1990

Nos esportes, ser campeão uma vez é difícil. Ganhar duas vezes parece duas vezes mais difícil. Por quê? Não é bem porque a motivação e a fome foram saciadas pela vitória. Óbvio que isso é um fator, mas nos esportes você sempre quer vencer – caso contrário, para que disputar?

Em parte, é questão de expectativa. Na primeira vez no Milan, podíamos sonhar com a vitória, mas não sabíamos como era ser campeão. Agora a situação tinha mudado, e ao tentarmos vencer pela segunda vez estávamos em busca de algo mais concreto. Não um mero sonho, era uma realidade.

Mas o maior problema para o Milan era mais específico. A vitória tinha colocado um alvo em nossas costas. Tínhamos nos estabelecido como campeões europeus, o que nos dava o direito de defender o troféu na temporada seguinte. Todo novo adversário que entrasse em campo contra nós estaria desesperado para derrotar os detentores do título, os campeões. Por isso vinham com muito mais sangue nos olhos.

Eles também tinham mais informação. O estilo de jogo de Sacchi fora um mistério, até mesmo (ou talvez especialmente) para o Real Madrid. De certo modo, vencemos porque nunca deixamos ninguém confortável na posse de bola. Os clubes italianos estavam começando a se acostumar a jogar contra nós. De fato, a Inter terminou onze pontos à nossa frente na Série A e conquistou o

Scudetto de 1988-1989. Naquela época ainda eram concedidos apenas dois pontos por vitória, então foi uma diferença considerável. Agora os adversários europeus também sabiam mais sobre nós, porque nossos triunfos sobre o Real e o Steaua foram exibidos na TV por todo o continente.

Se jogassem contra nós, esses dois clubes estariam em busca de vingança, munidos de mais informação sobre como nos vencer. Outros grandes times que tinham se classificado incluíam ex-campeões como o PSV Eindhoven, o Benfica e o Bayern de Munique. E havia os novatos ambiciosos. O Olympique de Marselha tinha sido recentemente adquirido por Bernard Tapie, que era tão carismático e extravagante quanto Silvio Berlusconi, e tão ansioso por vencer a Copa Europeia dos Clubes Campeões quanto ele. Tapie deixava isso bem claro, e estava mais do que disposto a pagar o que fosse preciso para atingir seu objetivo: tinha dinheiro de sobra e gastava em nomes muito grandes. Seria difícil para qualquer clube vencer um time que pudesse escalar um ataque formado por Jean-Pierre Papin, o ponta inglês Chris Waddle e o grande uruguaio Enzo Francescoli, apoiados por um meio de campo com Didier Deschamps e Jean Tigana.

Se nosso sistema de pressão já não era mais segredo, tampouco eram nossos astros holandeses. Sacchi certa vez fez um comentário revelador sobre o trio holandês, ao ser questionado se a imprensa não dava ênfase demais a Gullit, Van Basten e Rijkaard em detrimento do resto de nós. "Não foram só os holandeses", respondeu Sacchi, "nem o elenco, embora fossem magníficos. Foi o sistema de jogo que nos trouxe o sucesso. No fim das contas, o sistema era o líder em campo; ele não se lesionava nem se cansava. Não foram os jogadores que venceram todos aqueles grandes jogos. Foi o jeito como jogávamos." Esse modo de pensar teria grande influência sobre mim nos primeiros anos da minha carreira como técnico.

Então precisávamos voltar do zero. E, apesar da desvantagem de sermos um time já conhecido, um alvo cobiçado, ganhávamos uma vantagem significativa: agora sabíamos que o sonho era possível. Já que depois de tanto tempo éramos, de novo, os campeões, a importância da competição começava a aumentar para nós. Como jogadores, entrávamos em cada partida com uma motivação maior do que talvez conseguiríamos manter na Série A. Sentíamos que aquela era a nossa taça – ela tinha o nosso nome gravado – e não a deixaríamos escapar facilmente.

Não houve dificuldade na primeira fase. Sorteados contra o campeão finlandês HJK Helsinki, vencemos com um placar agregado[1] de 5 a 0. Formávamos um time pouco familiar. Todos os nossos goleadores eram nomes menos conhecidos – Stefano Borgonovo, Giovanni Stroppa, Daniele Massaro e Alberico Evani –, o que provava que, para além das grandes estrelas, tínhamos um elenco forte. Não joguei o primeiro jogo e, no segundo, embora nunca tenha sido um ponta veloz, atuei aberto pela direita.

A Inter também foi sorteada contra um time escandinavo, mas a experiência deles mostra como podem ser traiçoeiras as fases iniciais de um torneio eliminatório. Fazendo frente aos nossos três holandeses, eles tinham conquistado o *Scudetto* com um trio de grandes jogadores da Alemanha Ocidental: Lothar Matthäus, Andreas Brehme e Jürgen Klinsmann. Dentro de um ano, os três ganhariam a Copa do Mundo. Mas ali, enfrentando o campeão sueco IFK Malmö, foram eliminados por 2 a 1 no placar agregado. Essa derrota embaraçosa foi arquitetada por um desconhecido técnico inglês chamado Roy Hodgson. A Inter certamente guardou bem o nome e a lembrança da derrota: cinco anos depois, contratou-o como técnico.

É claro que a eliminação de rivais em potencial funcionava a favor dos grandes times que seguiam na competição. Se a Inter estava fora, isso significava que não precisaríamos enfrentá-los mais adiante. Na segunda fase, ou o Steaua ou o PSV também cairiam

1 Um placar agregado é o resultado total de duas partidas, provavelmente uma jogada na casa de cada time.

cedo, já que no sorteio ficaram na mesma chave. Mas em termos de confronto entre gigantes isso não era nada comparado ao que a sorte nos trouxe. Quando os nomes saíram da urna, o Milan teria de enfrentar de novo o Real Madrid. E daquela vez não teria como pegá-los de surpresa.

Esse confronto precoce, em que o vencedor leva tudo, era exatamente o tipo de embate que a futura Champions League seria projetada para evitar. A lógica de homens como Berlusconi era a de que o futebol era entretenimento. Sim, é claro, havia os torcedores no estádio, que eram os espectadores principais. Mas o espetáculo era pensado para alcançar um público muito maior pela televisão. Era aí que estava o dinheiro grande. E, se o Milan e o Real Madrid – ou a Inter – ficassem à mercê da roleta-russa dos jogos eliminatórios, essa fonte de receita jamais estaria garantida. Acidentes sempre podiam acontecer, o que não era bom para os negócios.

Foi o que aconteceu com o então campeão Liverpool, eliminado pelo Nottingham Forest na primeira rodada da temporada 1978-1979. Aconteceu também com Maradona e o Napoli contra o Real Madrid, em 1987-1988. Para Berlusconi, um sorteio que tão cedo colocava frente a frente dois semifinalistas recentes indicava que a Copa Europeia estava se tornando, em suas palavras, "um anacronismo histórico. É um absurdo econômico que um clube como o Milan possa ser eliminado já na primeira rodada. Não é um pensamento moderno". Ele chegou a propor a criação de um conceito que chamou de Superliga Europeia.

Mas estou me adiantando. Na época, eu não apenas não entendia esse lado do jogo como também, para ser sincero, não me importava com isso. Eu era jogador de futebol. Para mim, a única coisa importante era que, apenas seis meses depois de o Milan ter destruído o Real Madrid por 5 a 0 na semifinal da edição anterior da competição, o clube madrileno voltava ao San Siro com sede de vingança.

Cabia a nós garantir que o Milan não se juntasse à Inter e ao Steaua na lata do lixo. Havia uma preocupação: estávamos sem

Gullit. Na semifinal da temporada anterior, ele tinha sofrido uma lesão no menisco e passado por uma operação rápida que, temporariamente, estabilizou seu joelho e permitiu-lhe jogar a final. No entanto, quando voltou a treinar na pré-temporada, a lesão reapareceu, o que significava que ele perderia quase toda a temporada 1989-1990.

Mas quem precisa de três holandeses quando dois dão conta do recado? Mesmo sem Ruud, ainda conseguimos dominar o time de John Toshack e vencemos o Real Madrid por 2 a 0. Marcamos os dois gols em pouco tempo. Com apenas dez minutos de jogo, Van Basten se livrou completamente do marcador com um giro seco, abrindo um espaço pela direita que lhe permitiu cruzar com perfeição para o centro da área, onde Rijkaard, chegando de trás, cabeceou para o gol sem qualquer marcação.

Cinco minutos depois, Rijkaard retribuiu o favor. O Real Madrid demorou demais com a bola no setor defensivo, e Rijkaard disputou – e ganhou – a bola em um carrinho espetacular, mandando-a direto para Van Basten. Ele partiu em direção a Buyo, o goleiro madrileno, e foi derrubado poucos centímetros *antes* da grande área.

O árbitro e o bandeirinha conversaram e marcaram pênalti. Curiosamente, se isso tivesse acontecido hoje, o carrinho de Rijkaard provavelmente teria sido considerado falta, o VAR teria apontado que a infração sobre Van Basten ocorreu fora da área e o goleiro do Real Madrid teria sido expulso. Nada disso aconteceu: Van Basten cobrou e converteu, e assim o placar ficou. Reconheço que foi uma decisão polêmica. O replay na TV deixava claro que o pênalti não deveria ter sido marcado. Mas o resultado refletia com justiça o nosso domínio.

A partida de volta no Bernabéu foi um confronto daqueles. Uma batalha física desde o início, foi o tipo de jogo feio que simplesmente não poderia acontecer hoje. Com sua altura, habilidade e mobilidade, Van Basten já tinha se consolidado como uma força dominante a ponto de os outros times só conseguirem pensar em contê-lo com violência. Logo no início da partida, ele deixou a marcação toda para trás e foi derrubado por Manuel Sanchís com uma rasteira fora da área. Era uma clara chance de gol, e no futebol de hoje resultaria em cartão vermelho direto. Quase todos os jogadores de branco se postaram de forma intimidadora sobre Van Basten enquanto ele recebia atendimento médico, então nós também nos reunimos ao redor do nosso companheiro para protegê-lo. O próximo a confundir a perna de Van Basten com a bola foi Fernando Hierro, que fez uma entrada vergonhosa, por trás, com o joelho na altura da coxa, e lá estava o Marco caído no chão de novo, precisando de atendimento – mais uma vez sem punição.

Se a tática deles para enfrentar nosso sistema de pressão era apelar para a pancadaria, não funcionou. Nós os deixamos impedidos 24 vezes. Em certo momento, um jogador deles levou cartão por chutar a bola com força contra Evani, que estava caído no gramado depois de levar uma entrada dura. Quatro dos nossos tomaram cartão, e três deles. A quinze minutos do fim, Sanchís foi expulso após um golpe violento por trás no joelho de Massaro, e logo Massaro entraria na pancada de novo. Um cruzamento magnífico de Baresi o encontrou livre na ponta direita, mas o goleiro do Real Madrid atravessou o campo e o derrubou com um encontrão de ombro, como se fosse um *linebacker* jogando um *wide receiver* para fora do campo na NFL. Um lance inacreditável. Espantosamente, o goleiro não levou nem cartão: simplesmente voltou trotando para a área, sem nem pedir desculpas.

E o jogo seguiu assim. Aquilo não era futebol bonito. Na maior parte do tempo, dominamos completamente a partida, mas não conseguimos converter nossa superioridade em um gol de empate. Eles tinham marcado no fim do primeiro tempo quando, em meio à confusão na área, Butragueño cabeceou para o gol uma bola que tinha voltado da trave. Mas também não conseguiram marcar o segundo gol, que igualaria os dois que tínhamos feito em casa.

E assim, pela segunda temporada consecutiva, vencemos o Real Madrid. Sem dúvida, a alta cúpula em Madrid se juntou a Berlusconi na campanha para evitar no futuro esse tipo de desfecho financeiramente desastroso. No fim do jogo, Gullit entrou em campo saltitante, com um sorrisão no rosto, parecendo um modelo desfilando em traje de gala do clube, e abraçou todos nós, inclusive a mim. Estávamos ansiosos para ter de volta ao campo sua força e confiança com a camisa *rossonera*, mas teríamos de esperar. Quatro meses depois, nas quartas de final, ele ainda estava lesionado.

Esse confronto veio carregado de história. Nosso adversário era o Mechelen, que podia até ser o campeão belga, mas tinha um estádio pequeno demais para uma partida desse porte. O jogo foi transferido para o Estádio de Heysel, em Bruxelas, nas proximidades. Era a primeira vez que uma partida de clubes europeus seria disputada no estádio belga desde a terrível tragédia de 1985, quando tantos torcedores da Juventus morreram.[2]

Naquela época, a Bélgica era uma nação forte no futebol. Sua seleção tinha perdido para a Argentina na semifinal da Copa do Mundo anterior, e na seguinte, em 1990, foi eliminada pela Inglaterra nas oitavas de final com um gol no último lance da prorrogação. Vários dos jogadores do Mechelen que enfrentamos jogariam depois aquela Copa do Mundo, incluindo o capitão, Lei Clijsters. Contra nós, jogaram com muita cautela, recuados, sem se esforçar demais para atacar. A partida terminou em um empate sem gols.

Foi um estudo de caso interessante, já que aquela foi a primeira vez que o sistema de pressão alta de Sacchi falhou. O Mechelen não saía jogando pelo meio-campo. Em vez disso, a tática deles era lançar bolas longas, chutadas pelo goleiro direto para o campo de ataque, e, quando a bola caía do céu, eles disputavam o rebote. Era

---

2 Em 29 de maio de 1985, antes do começo da final da Copa Europeia dos Clubes Campeões entre Juventus e Liverpool, torcedores de ambos os clubes entraram em confronto. Na confusão, parte da estrutura do estádio cedeu, resultando na morte de 39 pessoas e em centenas de feridos, em sua maioria italianos. (N.T.)

muito frustrante. Estávamos sob ordens rígidas de Sacchi para jogar da maneira habitual, mas não se pode pressionar pela posse de bola quando ela está sempre no ar. Foi uma lição interessante, da qual eu bem me lembrei quando me tornei técnico e enfrentei equipes de pressão alta, como o Liverpool de Jürgen Klopp. Se quiser vencer a pressão e não conseguir se infiltrar ou contorná-la, vá por cima.

O jogo de volta foi praticamente igual, mas depois de algum tempo a tensão cresceu e o clima ficou ríspido. Clijsters foi expulso por derrubar Donadoni de forma maliciosa quando ele avançava livre em direção ao gol, aos quarenta e cinco do segundo tempo. Não demorou e Donadoni também foi expulso quando um zagueiro o agarrou e ele revidou com um soco. Cinco minutos depois, no caos que frequentemente se segue a uma falta desviada, Tassotti fisgou uma bola quase saindo pela linha de fundo, colocando-a no caminho de Van Basten, que anotou nosso primeiro gol. O Mechelen agora teria de sair para o jogo – bastaria um gol fora de casa para que se classificassem –, mas eles não conseguiram reagir. Em contrapartida, Marco Simone fez uma linda arrancada pelo centro da defesa adversária e, com calma, selou a vitória.

Foi uma boa partida para o Milan, mas nem tanto para mim. Simone tinha entrado no meu lugar quando, com apenas vinte e cinco minutos de jogo, machuquei o joelho. Eu soube na hora que não jogaria a semifinal, e possivelmente nem a final, se chegássemos lá. Então, mais uma vez, me vi assistindo de terno a uma partida importante da Copa Europeia. Talvez eu possa considerar isso um ensaio para os muitos anos que passaria no banco depois de me aposentar, mas foi uma experiência desconfortável.

Na semifinal, enfrentamos o Bayern. Não era a escalação mais criativa que o Bayern de Munique já colocara em campo, mas a defesa era muito sólida: três dos seus defensores estariam jogando na conquista da Copa do Mundo daquele verão, em Roma, com a Alemanha Ocidental. No primeiro jogo, no San Siro, conseguimos não levar gol em casa, mas demoramos a marcar o nosso. Já no segundo tempo, eles cederam um pênalti bobo e Van Basten fez o que sempre fazia. Depois, fomos a Munique e dominamos, como de costume, mas o goleiro deles, Raimond Aumann, teve uma noite fenomenal, defendendo chute após chute. Faltando meia hora para o fim do confronto, Baresi e Costacurta erraram desarmes, o que deve ter acontecido pouquíssimas vezes em toda a parceria deles como zagueiros centrais, e Thomas Strunz avançou livre para empatar. Mais uma vez, fomos forçados a encarar uma prorrogação.

A salvação veio dez minutos depois, quando Maldini venceu uma dividida e conseguiu tocar a bola por cima da defesa para Borgonovo (que tinha entrado como substituto) correr atrás. Parecia não haver chance de vencer aquele goleiro, seja chutando para tirá-lo da jogada ou o driblando, então Borgonovo, com inteligência, aplicou um toquezinho por cobertura, suave, sobre Aumann. O Bayern agora precisava marcar mais dois gols, e felizmente conseguiu apenas um.

Assim, pelo segundo ano consecutivo, estávamos na final da Copa Europeia. Embora na década de 1970 quatro clubes tenham vencido o torneio em temporadas seguidas – Ajax e Bayern com três títulos seguidos, depois Liverpool e Nottingham Forest com dois –, os registros mostram que, nos anos 1980, chegar ao topo da Europa e se manter lá estava se tornando cada vez mais difícil – impossível, para dizer a verdade. Na década anterior, nenhum clube tinha conquistado o título duas vezes seguidas, e só o Liverpool havia chegado a duas finais consecutivas. O ano era 1990, e estávamos entrando em território desconhecido. Será que conseguiríamos fazer o que nenhum clube italiano tinha feito desde a Inter de Sandro Mazzola, campeã em 1964 e 1965? Será que o Milan conseguiria vencer de novo?

Para mim, havia outra questão mais pessoal: eu estaria em campo na final, em Viena? Quando o jogo chegou, eu já estava fora de ação havia dois meses. Felizmente – e corajosamente, penso – Sacchi acreditava em mim o bastante para me pôr em campo mesmo frio. Foi um enorme acréscimo de confiança para mim. Ele costumava me dizer que eu era importante, que eu era o homem dele em campo, e ali estava a prova de que ele falava sério. Ele cumpria o que prometia. Do meu ponto de vista, era uma sensação nova ser mais um general do que um soldado raso, que era definitivamente meu papel no meio-campo da Roma, onde havia jogadores melhores e mais experientes do que eu. Eu estava com 30 anos, e Sacchi me passava muita responsabilidade. Embora ainda não plenamente recuperado, Gullit também estava de volta após a ausência de quase toda a temporada.

Nosso adversário era o Benfica, que não vencia a competição desde 1962, mas que tinha sido forte o suficiente para eliminar o Olympique de Marselha na semifinal. Nem toda final da Copa Europeia podia ser um clássico. Havia muito em jogo, e em 1990 tinha ainda a sombra da Copa do Mundo que se aproximava, sediada na Itália. Os jogadores holandeses talvez estivessem pensando nisso, e meus companheiros italianos também. Portugal não havia se classificado. Na verdade, entre a grande equipe liderada por Eusébio em 1966 e o time de 2002, com Luís Figo e Rui Costa, eles só participaram de uma Copa do Mundo. Mas o histórico dos clubes portugueses era outra coisa: era a terceira vez em quatro anos que um clube de Portugal chegava à final da Copa Europeia.

Não havia grandes estrelas naquele time. Era uma equipe composta de portugueses e brasileiros, com um sueco alto no ataque. Se tinham uma grande vantagem, ela estava no banco: o técnico Sven-Göran Eriksson. Eu o conhecia bem, porque ele tinha sido meu técnico na Roma, quando, ainda jovem, entrara como substituto de seu compatriota Nils Liedholm. Eu gostava dele. Senti muito a sua morte, em 2024. Ele nunca perdia a calma, e era sempre respeitoso, caloroso e acessível. Inclusive me deu a honra de ser capitão do clube por uma temporada, embora só depois que outros jogadores mais experientes recusaram o cargo. Mas sua principal virtude era o profundo conhecimento de futebol.

Ele tinha muita inteligência tática, era cheio de ideias novas e, ao mesmo tempo, firme na execução de seus planos. Eu sabia que ele colocaria em campo uma equipe bem organizada e fiel a uma disciplinada formação 4-4-2.

Não foi um grande jogo. Na verdade, foi bem chato, de acordo com quem teve o azar de assisti-lo. O Benfica jogou o que hoje chamaríamos de "linha baixa", quando o time recua para o próprio terço defensivo sem tentar recuperar a bola no campo de ataque.

Talvez o Milan tenha sido mais cauteloso do que deveria. Nossa linha defensiva, composta pela nata dos zagueiros italianos – Tassotti, Costacurta, Baresi e Maldini –, segurava o ataque do Benfica com relativa facilidade sempre que eles conseguiam manter alguma posse de bola. Éramos sempre nós que parecíamos mais perto de marcar. E acabamos marcando, um gol que começou na defesa e foi até o ataque, como mandava o manual de Sacchi. Rebatemos um ataque do Benfica com apenas dois passes perfeitos em direção ao gol. O primeiro foi um passe rasteiro e firme de Costacurta para Van Basten, de trás para a frente. O segundo veio na forma de um leve toque de primeira de Van Basten, ajeitando a bola no caminho de Rijkaard, que passava por ele e pelos zagueiros do Benfica, invadindo o espaço atrás da linha defensiva. Com tranquilidade, Rijkaard tocou por fora do pé direito, tirando do goleiro que saía em disparada, antes de correr para a esquerda e ser abraçado por todos nós. Era mais um gol com assinatura holandesa.

Pouco depois, faltando ainda quinze minutos para o fim, fui substituído. Embora nenhum jogador goste de sair antes do apito final em um jogo tão importante, para ser sincero foi um alívio. Voltando de uma lesão, a final me pareceu mais difícil do que eu esperava. E provavelmente o mesmo vale para o Milan ao longo da campanha inteira. Não tínhamos sido a mesma força avassaladora da temporada anterior. Mas o resultado final foi o mesmo.

Éramos campeões da Europa mais uma vez. Será que conseguiríamos o tricampeonato? Um novo sonho.

Parte Dois

OS ANOS DE VACAS MAGRAS

5
SENHOR ALGUÉM
1990-1995

Resposta curta: não. Sendo filho de fazendeiro, eu conhecia bastante bem o conceito de vacas magras. São os anos em que você precisa perseverar, dos quais precisa sair mais forte se quiser aproveitar os períodos férteis.

Em três temporadas consecutivas, o Milan tinha vencido um *Scudetto* e duas Copas Europeias dos Clubes Campeões seguidas. Nada mal para o Senhor Ninguém. Mas a estrela cadente dos *Rossoneri* teria de cair mais cedo ou mais tarde, e a queda começou na temporada 1990-1991.

Não sei se a decepção com a Copa do Mundo daquele verão teve algo a ver com isso, ou se foi simplesmente exaustão mental e física. A Holanda não teve um torneio feliz, sofrendo para passar da fase de grupos e chegando a um confronto intenso nas oitavas de final, no San Siro, contra a Alemanha Ocidental – quase um clássico local entre os astros do Milan e da Inter. Rijkaard e o centroavante alemão Rudi Völler foram expulsos juntos, ainda no primeiro tempo. A Itália chegou à semifinal, arrastada pelos feitos heroicos do atacante siciliano Totò Schillaci. Mas talvez o peso de sediar a competição tenha nos afetado. Perdemos para a Argentina de Maradona. Eu mesmo tive um campanha difícil, me lesionando logo na primeira partida da fase de grupos, o que limitou minha participação a três jogos. Um deles foi a disputa do terceiro lugar contra a Inglaterra.

Quando o Milan se reuniu para a temporada 1990-1991, a exemplo da temporada anterior, vencemos tanto a Supercopa da Europa quanto a Copa Intercontinental. Foram dois acréscimos agradáveis à sala de troféus, mas só a Copa Europeia importava de verdade. A primeira fase foi um passeio, porque o mau comportamento dos torcedores do Ajax tinha resultado na exclusão deles da competição. Na fase seguinte, passamos com dificuldade pelo Club Brugge, com um agregado de 1 a 0. Depois veio nosso primeiro confronto com o Olympique de Marselha. Era o tipo de jogo importante pelo qual ansiavam tanto nosso presidente, Silvio Berlusconi, quanto o deles, Bernard Tapie. Na verdade, acabou sendo uma comédia de erros, com consequências desastrosas para o Milan.

A partida de ida, no San Siro, terminou empatada em 1 a 1, e sabíamos que pegaríamos uma pedreira no jogo de volta. Estávamos perdendo de 1 a 0 após um voleio espetacular de Chris Waddle aos trinta minutos do segundo tempo, e a eliminação já se insinuava. Em um drible impressionante, Waddle tinha acabado de atravessar o campo todo até nossa grande área quando um apito do árbitro foi confundido com o fim do jogo. Achando que a partida tinha terminado, começamos a trocar camisas. Mas o árbitro esclareceu que ainda restavam três minutos. Justamente quando ele ordenou que o jogo fosse retomado, um dos refletores falhou, e o estádio ficou mergulhado na penumbra. O caos reinou enquanto os oficiais da partida e as comissões técnicas invadiam o campo, seguidos por fotógrafos ávidos por registrar tudo, enquanto todos tentavam entender o que, afinal, iria acontecer na sequência.

Demorou vinte minutos para que a iluminação fosse restaurada. A essa altura, nosso diretor-geral, Galliani, tinha perdido a paciência e ordenado que abandonássemos o jogo. Talvez ele estivesse se lembrando do precedente ocorrido quando tivemos de repetir a partida em Belgrado, interrompida antes do fim. Será que ele tinha a esperança de um replay? Nosso advogado, assim como nosso capitão Baresi, tentou argumentar com ele, mas Galliani não quis voltar atrás. Então lá fomos nós, cabisbaixos. A partida foi abandonada e, como punição, a UEFA decidiu conceder ao Olympique alguns gols extras. Assim, os registros oficiais afirmam que perdemos por 4 a 1, embora não haja nome algum na súmula ao lado dos dois gols fantasmas. A eliminação já era difícil de engolir, mas pior ainda foi o banimento da competição por um ano, provocado pelo protesto de Galliani.

Acontece que esse jogo acabou se tornando especialmente marcante para mim. Aquela foi minha última noite como jogador no futebol europeu. Nunca mais joguei a competição. Foi uma maneira estranha e insatisfatória de encerrar meu tempo como jogador da Copa Europeia, e também marcou o começo do fim de um dos maiores times da história do torneio. O reinado europeu dos Imortais de Arrigo Sacchi tinha chegado ao fim. Talvez a decepção tivesse sido amenizada se tivéssemos vencido o *Scudetto* naquele ano, mas terminamos bem atrás da Sampdoria.

Infelizmente, em certo momento houve uma quebra de confiança entre Sacchi e alguns de seus jogadores. A mais prejudicial foi com Marco Van Basten. Para ser sincero, Sacchi sempre teve uma relação complicada com suas estrelas. É difícil apontar o motivo exato, mas pode ter a ver com o fato de ele nunca ter jogado em alto nível. Não é que ele não amasse ou admirasse seus jogadores. Ele até os destacava, especialmente Gullit, e ressaltava sua importância para o time, reconhecendo que, sem grandes jogadores, o sistema que ele defendia não funcionaria tão bem. O conflito, naquelas circunstâncias, dizia respeito ao sistema. Para Sacchi, o sistema altamente rígido – a formação 4-4-2 de pressão alta, que gerava oportunidades de ataque – era a verdadeira estrela do Milan. Tudo e todos estavam a serviço do sistema.

Ele esperava que até mesmo Van Basten e Gullit se encaixassem naquele sistema específico e organizado como o restante de nós. Talvez isso tenha alimentado em alguns a ideia de que eram subvalorizados. O futebol é um esporte em que a inteligência coletiva dos jogadores e o esforço da equipe são tão importantes quanto as habilidades individuais. Ao mesmo tempo, embora a tática seja claramente essencial, ela jamais deveria sufocar as habilidades naturais e os instintos criativos de um jogador. Para executar táticas no mais alto nível, os jogadores precisam tomar decisões instantâneas em campo. Aos olhos de Sacchi, os jogadores e o sistema eram totalmente interdependentes. Um não podia existir sem o outro, e vice-versa. E é essa a realidade, independentemente do que os técnicos gostam de acreditar. Meu método, no entanto, é escutar quando as decisões não estão claras, quando há incerteza. Eu escuto os outros: jogadores, técnicos, qualquer um que possa ajudar. Dessa forma, especialmente os jogadores se envolvem com a decisão final e, portanto, são responsáveis por ela dentro de campo.

Berlusconi adorava Sacchi, então, em vez de demitir o técnico que tinha realizado seu sonho de dominar a Europa, o presidente mexeu uns pauzinhos e conseguiu que ele fosse nomeado técnico da seleção italiana. Sacchi assumiu o cargo em 1991, e foi sob seu comando que conquistei a última das minhas 26 convocações.

Ao mesmo tempo, minha carreira no clube se aproximava do fim. Sacchi foi substituído por Fabio Capello. Na época, foi uma escolha controversa, pois ele era um homem de dentro do clube, sem um histórico que justificasse a promoção. Mas com certeza, no fim daquela temporada, ele já tinha um histórico a ostentar. A ausência de competições europeias em 1991-1992 ao menos permitiu que nos concentrássemos no campeonato nacional: vencemos o *Scudetto* com folga, sem perder uma partida sequer. Foi uma conquista impressionante, nunca antes alcançada na Série A, e igualada apenas uma vez desde então, quando a Juventus fez o mesmo vinte anos depois. Na verdade, Capello conquistou três *Scudetti* seguidos e, em 1994, retomou a tradição de domínio europeu do clube ao vencer sua primeira Champions League.

Eu estive presente apenas na primeira dessas conquistas, embora, por causa de problemas persistentes no joelho, minha participação tenha sido limitada e meu lugar no coração do meio-campo tenha sido ocupado por Demetrio Albertini. No meu último jogo pelo Milan, entrei em campo faltando vinte minutos para o fim. Foi um gesto gentil de Capello permitir que eu me despedisse da torcida e ela de mim. Já estávamos vencendo o Hellas Verona por 2 a 0, com gols de Van Basten e Gullit. Mas então algo incrível aconteceu. Marquei dois gols em dois minutos – e não foram gols simples. Rijkaard ajeitou a bola para que eu finalizasse de fora da área. Um minuto depois, roubei a bola de um zagueiro, invadi a área e toquei na saída do goleiro. Meus joelhos de 33 anos se comportaram muito bem naquele último dia em campo. Foi um encerramento de conto de fadas para uma carreira que me trouxe mais do que eu jamais poderia imaginar quando comecei com o sonho prosaico de ser jogador de futebol. E acima de tudo havia aquelas duas Copas Europeias.

A pergunta sobre o que fazer a seguir foi respondida com um convite de Sacchi. Ele me chamou para ser seu assistente técnico na seleção. Acho que fazia sentido para ele. Ele costumava dizer que eu era seu representante em campo, e eu me via como um aluno dele, então ambos sabíamos que pensávamos parecido. Era o único jeito de manter viva a minha paixão, o futebol, então foi apenas um jeito novo de amar esse esporte e ir atrás de novos sonhos.

Assim, minha carreira como técnico começou no topo do futebol, com a *Azzurra*. Nossa missão pelos dois anos seguintes era conseguir a classificação para a Copa do Mundo da FIFA de 1994, que seria sediada nos Estados Unidos. E conseguimos, figurando em um grupo bastante equilibrado que incluía a Suíça, que se classificou conosco, além de Portugal e Escócia. E assim me vi atuando como assistente técnico numa seleção que levava à Copa nada menos que oito dos meus antigos companheiros *Rossoneri*. Além disso, eu tinha jogado com outros atletas da seleção na Copa anterior. O curioso é que não me lembro de minha entrada na comissão técnica ter criado qualquer dificuldade. Talvez tenha sido útil para Sacchi ter ao seu lado alguém que conhecesse os jogadores de um modo diferente do dele, alguém que pudesse servir de ponte e amortecedor.

O torneio foi incrivelmente bom, mas não o bastante. Liderada pelo talento de Roberto Baggio, a Itália chegou até a final, realizada em Pasadena, na Califórnia. A partida contra o Brasil foi extremamente tensa e terminou sem gols após duas horas. E assim, pela terceira vez na minha carreira – contando com a final da Copa Europeia de 1984 e o tenso confronto em três jogos contra o Estrela Vermelha, em 1989 –, me vi nervoso, assistindo da beira do campo enquanto o drama de uma disputa por pênaltis se desenrolava. Naquele dia, nossos pés não estavam calibrados. Lembro de pensar que era impossível que Baresi e Baggio, os dois grandes titãs daquele time, pudessem errar o alvo. Mas eu estava enganado. Em algum lugar da Califórnia, ainda estão procurando a bola que meu antigo capitão de clube mandou por cima do travessão. Se aquele momento me ensinou algo, é que o futebol se joga tanto com a mente quanto com os pés. Foi uma lição importante que levei comigo para minha carreira de técnico.

Por que alguém se torna técnico? No meu caso, não há uma resposta fácil. Nunca foi minha ambição passar os trinta anos seguintes no banco de reservas. Sempre me vi, antes de tudo, como um jogador que por acaso virou técnico. Mas o convite para me juntar a Sacchi e à *Azzurra* sugeria que ele enxergava algo em mim. Ele sabia das coisas, mas nem mesmo ele poderia ter imaginado que eu viria a ter tanta sorte e tanto sucesso ao longo de tantos anos.

Ao fim da temporada 1994-1995, recebi um convite para voltar ao clube da minha cidade natal, o Reggiana. Ele veio no momento certo, porque eu sentia que era hora de seguir meu próprio caminho. Aprendi muito com Sacchi, e quando lhe contei sobre a proposta, ele concordou e me desejou boa sorte. Eu sabia que precisaria dela e que a curva de aprendizado seria íngreme. Só não sabia quanto.

Havia um elemento romântico naquele convite, já que eu tinha saído daquele lugar. Minha terra natal, Reggiolo, fica apenas 25 quilômetros ao norte de Reggio Emilia, onde joga a Reggiana. Mas também foi uma decisão pragmática por parte do clube. Eles tinham acabado de ser rebaixados para a Série B e precisavam animar os torcedores com uma contratação de impacto. Meu nome parecia se encaixar. Nesse sentido, eu era bem diferente de Sacchi, conhecido como *Signor Nessuno*, ou "Senhor Ninguém". Sendo um ex-jogador da seleção que tinha estado em campo nas recentes conquistas do Milan, acho que eles me viam como um *Signor Qualcuno*: um "Senhor Alguém".

Eu ainda não tinha tirado licença para ser técnico, então precisei contratar alguém que tivesse para satisfazer as exigências. Eu trouxe para a equipe Giorgio Ciaschini, um treinador de goleiros licenciado. Minha falta de formação como técnico logo ficou evidente. A lembrança de ser jogador era tão recente que eu tinha dificuldade de me posicionar como o chefe que fala com o grupo esperando ser ouvido. Estávamos na lanterna após sete jogos, com zero ponto, e tenho certeza de que foi apenas o peso do meu nome que me salvou da demissão até conseguirmos virar o jogo e vencer a oitava partida. Aos poucos colocamos a casa em ordem e terminamos em quarto lugar, conquistando o acesso à Série A. Foi um sucesso pequeno, mas que me levou um passo à frente no caminho até minha primeira experiência como técnico na Champions League.

O que comecei a aprender naquela primeira temporada é que a conexão com os jogadores, que vem da memória de já ter sido um deles, é minha maior força, mas ao mesmo tempo pode ser uma fraqueza. A força está no fato de eu sempre tentar compreender a posição do jogador. A fraqueza é que isso às vezes interfere nas necessidades do clube. Ela pode comprometer o foco nas necessidades do clube e no que o time precisa fazer para alcançá-las. E isso pode acabar prejudicando alguns jogadores. Como em tudo na vida, o equilíbrio é o segredo.

Ao começar minha trajetória como técnico, eu estava determinado a ouvir todo mundo. Não tive medo de aprender com nenhuma fonte. Peguei um pouco de cada técnico que me treinou enquanto era jogador. Com Nils Liedholm aprendi a ter senso de humor. Sven-Göran Eriksson também foi uma referência e uma inspiração, e tentei sempre ser tão bom quanto ele no trato com os jogadores e em nunca perder a calma. Quanto a Sacchi, depois de tê-lo observado de perto por quatro anos no Milan e mais dois na *Azzurra*, ele foi meu mentor – mas no fim das contas não foi o meu modelo. Esse teria que ser eu: eu precisava criar meu próprio modelo. Ao fazer a transição de jogador para técnico naquele primeiro trabalho, comecei a perceber as limitações de me prender a uma única filosofia. Então, em vez de simplesmente copiar o sistema tático que tanto sucesso trouxera a Sacchi, eu acabaria encontrando coragem para seguir meu próprio caminho. Entendi que a maior lição que podia tirar de Sacchi não era virar um clone dele, mas ser um Ancelotti original.

Com o tempo eu aprenderia que um técnico pode agir apenas até certo ponto. Você estuda, pensa, discute, desenvolve um modelo de jogo. Depois convence os jogadores de que aquele é o caminho para vencer a partida. Explica que toda a sua experiência aponta que aquele é o melhor jeito de vencer aquele adversário específico. Convence os jogadores, treina o time, repete sua ideia tantas vezes que eles pensam nela até quando vão dormir. Aí, no dia do jogo, você fica na beira do campo e pede a Deus que funcione.

Em 1995, tudo isso ainda era algo que eu precisava descobrir.

6
UMA LIGA À PARTE
1995-2001

Como técnico, eu faria meu nome na Champions League da mesma forma que tinha feito como jogador: com o Milan. No entanto, mesmo antes de eu voltar ao clube, seu proprietário já projetava uma longa sombra sobre meu futuro. Silvio Berlusconi, dono do Milan e figura importante no setor de radiodifusão italiano, teve um papel fundamental na mudança da estrutura e do formato da principal competição europeia. Obviamente, ele mais tarde ficaria conhecido por outras razões: foi primeiro-ministro da Itália por três vezes e se envolveu em todo tipo de escândalo. Mas no início dos anos 1990 ele foi um dos arquitetos da Champions League.

A lógica de Berlusconi era simples. Os grandes clubes não estavam lucrando o suficiente com a antiga Copa Europeia dos Clubes Campeões. Se tivessem um mau desempenho ou dessem azar na primeira fase, poderiam ser eliminados com dois míseros jogos, antes mesmo do fim de outubro. O novo modelo, proposto em 1991 em um Congresso Extraordinário da UEFA em Montreux, previa a introdução de um minitorneio. Todo clube que se classificasse jogaria um mínimo de seis partidas. Isso significava uma garantia de maior arrecadação com bilheteria e mais dinheiro da televisão. Quanto mais longe um clube chegasse na competição, mais lucrativa ela se tornava. Depois da fase inicial, haveria mais um minitorneio antes das semifinais. Com a inclusão não apenas dos campeões nacionais, mas também dos clubes que tinham terminado a temporada anterior em segundo, terceiro, quarto (e hoje até quinto) lugar, a recém-renomeada Champions League passou a ser uma proposta muito mais atrativa comercialmente.

Até certo ponto, esse terremoto não me atingiu, já que eu estava ocupado ajudando Sacchi na seleção italiana. No entanto, quando enfim tive meu primeiro contato com a competição em sua nova versão, não fui muito feliz. Depois de começar na Reggiana, em 1995, fui bem o suficiente naquela primeira temporada para receber uma oferta de trabalho no Parma. Tínhamos um bom elenco, repleto de jovens que, com o tempo, se tornariam grandes estrelas do futebol mundial. Alguns chegariam a conquistar a Copa do Mundo. Lilian Thuram foi um, sagrando-se campeão com a França de 1998; Fabio Cannavaro e Gigi Buffon ganharam com a Itália de 2006. Buffon acabaria representando sua seleção 176 vezes ao longo de mais de vinte anos, um feito impressionante. Quando eu o herdei, ele tinha apenas dezessete anos. Havia também Hernán Crespo. Antes de eu contratá-lo, ele havia acabado de marcar uma penca de gols pela Argentina nas Olimpíadas de Atlanta. Quando o Parma finalmente o vendeu, ele se tornou o jogador mais caro da história até então. Mas em 1996 todos esses jogadores ainda eram jovens e inexperientes. Como técnico, eu também era. Talvez por isso tenha funcionado. Aprendemos juntos.

Na minha primeira temporada no comando, o Parma terminou em segundo lugar na Série A, atrás da Juventus. Foi a melhor colocação da história do clube, e significava que, pela primeira vez, disputaríamos a Champions League. Foi na fase de grupos do torneio, durante aquela segunda temporada, que aprendi outra lição importante: diferentemente de um sistema mata-mata, quando se joga em um minitorneio não basta evitar derrotas; é preciso, de fato, vencer partidas e acumular o máximo de pontos o quanto antes. Conseguimos vencer o Borussia Dortmund, que acabou em primeiro no grupo, mas empatamos os demais jogos. Alguns dos times que ficaram em segundo lugar passariam para a fase seguinte, mas só se tivessem pontuação suficiente. A Juventus tinha doze pontos e chegou até a final. Com nove pontos, acabamos eliminados.

A lição que tirei do meu primeiro contato com a Champions League foi não ser cauteloso demais. E isso levou a uma segunda lição: se você não estiver indo bem no campeonato nacional, precisa ir o mais longe possível na competição europeia, ou então haverá consequências. Em italiano, dizemos que é preciso "pagar a conta", *prima o poi devi pagare il conto*. Em outras palavras: o presente pode parecer ótimo, tudo pode estar indo bem, mas sempre existe um preço pelo sucesso – e ele será cobrado no futuro.

Paguei minha primeira conta com aquele emprego.

E paguei de novo no meu emprego seguinte. Hoje, olhando para trás, não faz muito sentido eu ter virado técnico da Juventus. Eu tinha sido jogador de clubes que estavam entre seus maiores rivais. Pessoalmente, nunca tive grande afeição pela cidade de Turim. Eu a achava sombria. Foi no meio de uma negociação com o Fenerbahçe, da Turquia, que veio o convite para encontrar os dirigentes da *Juve*. Logo chegamos ao acordo de eu assumir o time no início da temporada 1999-2000. Assinei o contrato na *autostrada* entre Turim e Milão, coisa de velha guarda, bem no estilo operação secreta. Alguns amigos acharam que eu tinha enlouquecido. Os torcedores da Juventus também. Eles nunca foram com a minha cara. Lembro perfeitamente do dia em que fui apresentado a alguns representantes da torcida organizada, após ter assumido antes do previsto, quando Marcello Lippi foi demitido no meio da temporada.

"Sei que vocês não estão contentes com isso", disse o diretor-geral Luciano Moggi a eles, "mas ele é o técnico, e não me importa se vocês o apoiam ou não. Nós vamos apoiá-lo 100%."

"Não estamos nem aí", responderam. "Não gostamos dele, e vamos ser do contra o tempo todo."

Tive que ficar sentado ali, ouvindo esse absurdo. Para ser justo, os torcedores foram fiéis ao que disseram. Eles não gostavam mesmo de mim. Quando cheguei para meu primeiro jogo como técnico, fora de casa, contra o Piacenza, vi que os torcedores que viajaram com o time, sempre os mais fanáticos, tinham feito uma faixa: "Gordo não pode ser técnico. Fora Ancelotti". Mais tarde, quando levei o time ao San Siro, os torcedores do Milan me aplaudiram na beira do campo, enquanto os da Juventus vaiavam.

A única maneira de conquistar a torcida, ou pelo menos de mantê-la calada, era vencer tudo o que aparecesse pela frente. A Juventus tinha vencido a Copa Europeia em 1985, naquele dia terrível no Estádio de Heysel, em Bruxelas, quando o desabamento de um muro matou 39 pessoas, a maioria torcedores da própria Juve. Onze anos depois, o clube venceu a Champions League com um time liderado por Gianluca Vialli, meu ex-companheiro de seleção. Quando cheguei à Juventus, o grande astro era Zinedine Zidane. Ele e eu ainda dividiríamos muitas histórias, mas seu primeiro papel foi o de me ensinar uma lição vital, que me acompanharia pelo resto da carreira: a flexibilidade.

Sou um grande fã do 4-4-2. Sempre fui, sempre serei. Para mim, é a forma mais lógica e estruturada de distribuir dez jogadores de linha em campo – campo que, afinal, é retangular. Mas esse sistema tem suas limitações e desafios. No 4-4-2, pode ser mais confortável fazer passes laterais do que verticais, o que pode tornar os jogadores preguiçosos e incentivar aquele jogo "caranguejo", de lado. Ao priorizar a defesa, essa formação faz com que os jogos fiquem mais difíceis de perder; e, pelo mesmo motivo, às vezes também se tornam mais difíceis de ganhar. O problema é que alguns jogadores simplesmente não se encaixam nesse tipo de formação.

No início da minha carreira, quando ainda era menos autoconfiante, eu tinha dificuldade em pensar fora da caixa. Por causa disso, perdi a chance de trabalhar com dois grandes camisas 10 italianos. Gianfranco Zola deixou o Parma rumo ao Chelsea logo depois que assumi, porque eu não conseguia conciliar o estilo de jogo dele com o meu. Se eu tivesse sido mais flexível, é bem possível que ele tivesse ficado. Também cometi o erro de deixar passar a oportunidade de contratar Roberto Baggio, um jogador brilhante, que eu conhecia bem da seleção italiana, tanto como companheiro na Copa de 1990 quanto como assistente técnico em 1994. Para mim, o problema era que, com minha ideia fixa sobre formações, ele não se encaixava no padrão que eu usava. E por isso resisti à contratação.

Eu não iria cometer o terceiro erro com Zidane. Ele era simplesmente bom demais no que fazia para ser limitado por uma formação. Um jogador de puro talento. Quero dizer: ele tinha um físico que não deveria ser tão gracioso, tão suave, tão elegante, mesmo assim era tão potente, tão veloz, tão atlético. Como eu poderia empregar um talento assim em um 4-4-2, jogando aberto pela esquerda ou pela direita? Tive que encontrar uma forma de moldar meu pensamento em torno das habilidades únicas de um camisa 10 completo. Então, pela primeira vez, resolvi improvisar com uma defesa de três zagueiros, quatro meio-campistas à frente, e coloquei Zidane atrás de dois atacantes.

E pareceu funcionar bem na Série A. Assumi o clube em fevereiro de 1999 e não perdemos nenhum jogo até pouco antes da semifinal da Champions League, quando de alguma forma conseguimos perder para o lanterna do campeonato, o Empoli. Talvez já estivéssemos pensando no confronto com o Manchester United de Alex Ferguson. Fomos ao Old Trafford e dominamos a partida, mas saímos de lá com um empate e mais nada. Pelo menos tínhamos o gol fora de casa. De volta a Turim, abrimos o placar rapidamente com dois gols de Pippo Inzaghi, um goleador nato que sempre admirei, e que ainda voltará na minha história com a Champions League. Mas Roy Keane estava inspirado naquele dia e, em um escanteio, fez o primeiro gol deles com uma cabeçada certeira no primeiro pau. Em seguida, ele levou um cartão amarelo, o que significava que perderia a final se o Manchester avançasse. Aquilo só pareceu lhe dar mais motivação, não só para ele como para todo o time. No intervalo, o jogo já estava empatado, o que, pelo critério de gol fora de casa, colocava os ingleses em vantagem. E então eles fizeram mais um.

Essa não seria a última vez em que três gols de virada de um time inglês arruinariam minha noite. Às vezes precisamos simplesmente aceitar que não é o dia certo, e que alguém lá em cima está torcendo para o adversário. Foi uma das noites mais incríveis da história do Manchester United, colocando-os de volta em uma final pela primeira vez desde a era de Best, Law e Charlton. Também foi importante para meu bom amigo Alex Ferguson, ainda que para mim tenha sido uma partida para ser esquecida.

Quando penso no meu tempo em Turim, percebo que minha cabeça de empresário comandou meu coração. Essa foi outra lição valiosa. Como clube, a Juventus parecia ser administrada como uma empresa. Quando você chegava para treinar, era como se estivesse batendo ponto para um turno na fábrica da Fiat. Não tenho do que reclamar dos jogadores. Eles fizeram tudo o que pedi. Infelizmente, não foi o bastante. Eu não fui o bastante. Na temporada seguinte, 2000-2001, a Juventus terminou em segundo lugar pela segunda vez consecutiva. Garantiu a classificação para a Champions League, mas passou raspando. Na mesma temporada, a única completa que passei no clube, fomos sorteados em um grupo que, no papel, não parecia particularmente desafiador, mas de alguma forma, depois de seis jogos contra Deportivo La Coruña, Panathinaikos e Hamburgo, conseguimos terminar em último.

Eu tinha sido contratado para trazer a Champions League para casa. Depois desse fracasso, não havia futuro para mim na *Juve*. O presidente do clube, Gianni Agnelli, comentou que "é difícil trabalhar em uma cidade onde a maior parte dos torcedores e da imprensa está contra você". O fato é que ele e toda a diretoria sabiam disso antes de me contratar, mas decidiram correr o risco assim mesmo – e eu também.

Quando deixei a Juventus, decidi trabalhar em um clube pelo qual eu tivesse um senso maior de pertencimento. Então, quando

Calisto Tanzi, o maior acionista da Parmalat, que praticamente detinha todo o controle do Parma, começou a me cortejar, pareceu uma opção atraente. Quem olhava de fora poderia dizer que parecia um retrocesso, mas, depois de Turim, meu antigo emprego parecia um porto seguro. Eu estava a caminho para assinar o contrato, mas então o telefone tocou e tudo mudou.

Minha família do futebol estava me chamando de volta para casa.

Parte Três

MILAN – OS ANOS COMO TÉCNICO

7
O NATAL CHEGOU MAIS CEDO
2001-2002

Fazia nove temporadas que eu estava afastado do Milan. Durante esse tempo, o clube foi comandado por Fabio Capello, que lá permaneceu até 1996; por Arrigo Sacchi, que voltou por uma temporada; e por Capello de novo, que retornou para a temporada 1997-1998. Alberto Zaccheroni venceu o *Scudetto* em 1999, mas foi demitido na temporada seguinte por não conseguir chegar à final da Champions League, que seria disputada no San Siro. Quatro substitutos passaram rapidamente pelo cargo, incluindo Cesare Maldini, pai de Paolo, e Mauro Tassotti, meu antigo companheiro de time. Na temporada 2000-2001, meu antecessor teve um mau início e Berlusconi perdeu a paciência. A gota-d'água foi uma derrota por 1 a 0 para o Torino.

Acontece que alguns dias antes eu tinha conversado com Adriano Galliani, vice-presidente do clube, sobre um assunto completamente diferente, mas durante a conversa comentei que estava prestes a voltar para o Parma. Mencionar isso não foi um movimento calculado da minha parte, nós só estávamos batendo papo. Mas Galliani agiu rápido. Falou com Berlusconi, que demitiu o técnico vigente e cruzou os dedos esperando que eu ainda não tivesse assinado o contrato com o Parma. E eu não tinha, mas assinaria no dia seguinte. De fato, eu já estava a caminho do clube quando recebi uma ligação de Galliani.

"Estou indo para a sua casa", ele disse.

"Por quê?", respondi.

"Falei com o Berlusconi, e decidimos que você tem que vir para cá, para o Milan. Estamos prontos para você."

Desliguei o telefone, fiz meia-volta e fui para casa assinar com o Milan. Depois liguei novamente para Tanzi, do Parma, cuja mão eu tinha apertado poucos dias antes.

"Desculpe", eu disse a ele, "mas o Milan é minha família. Espero que possa entender." Ele não ficou satisfeito. Nem os torcedores do Parma. Mas há momentos em que o futebol coloca ênfase demais na lealdade, e ela muitas vezes não é correspondida. É algo que raramente funciona em mão dupla. Simplesmente não dava para eu recusar a oportunidade que tinha surgido de repente.

No segundo em que pisei em Milanello, o centro de treinamento do clube, senti que havia voltado para casa. Talvez tenha ajudado o fato de o elenco ainda ter quatro sobreviventes da minha última temporada como jogador, lá em 1992. Paolo Maldini, com 33 anos, estava agora com a mesma idade que eu tinha quando decidi me aposentar, mas, ao contrário de mim, seu corpo não mostrava nenhum sinal de cansaço ou desgaste. Billy Costacurta tinha 35 anos e ainda assim jogou mais de trinta partidas naquela primeira temporada. Demetrio Albertini e Marco Simone também continuavam como *Rossoneri*. São exemplos do que eu quero dizer quando falo que o clube é uma família. Assim que se juntavam ao time, os jogadores italianos não queriam mais sair. Depois de se aposentar, nomes como Baresi e Evani continuaram por lá, e Tassotti virou meu assistente. E isso não se dava só com jogadores. Até o roupeiro e os garçons do restaurante estavam no clube havia muito tempo.

Contei com a ajuda de Maldini nessa transição de jogador do Milan para técnico do Milan. Quando cheguei, me peguei olhando para ele como se ainda fosse meu companheiro de equipe. Mas, como líder do grupo de jogadores, ele deixou claro que precisávamos ter uma relação profissional e que agora era apropriado que ele me tratasse como chefe. Deveria haver uma distância. Eu entendi, e fui grato a ele por isso. Também recebi ajuda dele dentro de campo. Ele era o capitão ideal, com personalidade e capacidade para liderar pelo exemplo. Tinha uma personalidade forte, nunca demonstrava medo ou preocupação e impulsionava os companheiros com seus incentivos.

O elenco era muito mais heterogêneo do que quando eu tinha saído. Naquela época, tirando os holandeses, éramos todos italianos. Agora, eu herdava jogadores de toda a Europa, América do Sul e África. Os nomes mais conhecidos eram Andriy Shevchenko, da Ucrânia; o georgiano Kakha Kaladze; Rui Costa, de Portugal; e os brasileiros Serginho e Roque Júnior. Mas no elenco ainda pulsava sangue italiano, e eu passaria a contar especialmente com três jogadores. No meio-campo, havia Andrea Pirlo, que aos 22 anos ainda estava se firmando, e o incansável Gennaro Gattuso. No ataque, havia Pippo Inzaghi, que eu já conhecia bem do nosso tempo juntos na Juventus.

Mas logo nos primeiros meses ficou claro que, apesar da presença de tantas estrelas, o elenco precisava ser reforçado. Berlusconi já tinha gastado bastante com Inzaghi, Rui Costa e Pirlo. Agora a tarefa era convencê-lo a gastar mais no fim da minha primeira temporada. Os três grandes holandeses tinham partido havia muito tempo, mas contratamos outro: Clarence Seedorf, um meio-campista central tão forte quanto habilidoso. Consegui trazer tanto Seedorf quanto o zagueiro croata Dario Šimić, ambos da Inter.

Seedorf era um jogador interessante de se comandar. Era forte, mas também podia ser teimoso. Embora eu já tivesse alguma experiência com a mentalidade holandesa, ele era de outro nível. Quando chegou, vivia discutindo com os companheiros, como se achasse que estava no comando. Isso era, na verdade, um sinal de sua paixão, mas às vezes ele se expressava de forma um pouco exagerada. "Você não é o técnico", diziam os jogadores. "Não precisa falar assim." Percebi que o melhor era canalizar esse instinto atribuindo a ele algumas tarefas. Se eu lhe dava uma responsabilidade específica em campo, ele a cumpria. Mas também sugeri que, se quisesse ser ouvido, ele deveria ser mais educado. Logo nos entendemos, e ele se tornou um grande líder do meio-campo. É um dos grandes jogadores que tive a sorte de treinar, uma fera com finesse.

Tão importante quanto, o vazio havia tempos deixado por Baresi ainda aguardava ser preenchido. Argumentei que precisávamos gastar dinheiro para buscar qualidade de verdade, e recomendei a contratação de Alessandro Nesta, que tinha sido peça central da defesa da Lazio e da seleção italiana por várias temporadas. Na verdade, mencionei a ideia ao próprio Nesta muito antes que qualquer outra pessoa soubesse. Isso aconteceu porque, alguns meses antes, a seleção estava treinando em Milanello, e aproveitei a oportunidade para ter uma conversa reservada.

"Na próxima temporada", eu disse a ele, "você tem que vir para cá."

"De jeito nenhum", ele respondeu. "Quero continuar onde estou, você sabe que sou torcedor da Lazio. E também não gosto de Milão. Prefiro Roma."

Berlusconi, cuja empresa passava por algumas dificuldades financeiras, estava apreensivo em gastar 30 milhões de euros em um zagueiro. Ele preferia investir em jogadores glamourosos, que davam um espetáculo na outra ponta do campo. Mas não importa quantos gols você marque: se levar mais gols do que isso, não chegará a lugar nenhum. Decidi usar com ele uma tática de pressão parecida com a que Sacchi tinha usado quando convenceu o clube a me comprar da Roma, quinze anos antes. "Presidente", eu disse, "todos queremos ganhar a Champions League, mas se o senhor não comprar o Nesta nós, não vamos ganhá-la. Compre o Nesta e eu lhe dou a Champions." Funcionou, e o Nesta chegou ao fim daquela temporada.

Quando ele chegou, comecei a enfatizar para ele as grandes exigências que lhe seriam feitas agora que estava em um clube maior. Cada jogo era vital, e não só o "Derby de Roma".[1] E eu disse que ele deveria seguir o exemplo de seus novos companheiros. "Se quiser ser o melhor, tem que seguir os melhores", eu disse. "Observe e aprenda com o Maldini, com o Costacurta – com todos os profissionais do Milan. Se você seguir o exemplo deles, vai saber o que fazer."

Claro, não se vence a Champions League se não se classificar para ela. Começamos a melhorar ao longo daquela primeira temporada e conseguimos beliscar a quarta colocação. Mas isso de forma alguma garantia um outono europeu recheado de lucros. Antes de o nosso nome entrar no sorteio da fase de grupos, primeiro teríamos que disputar um daqueles traiçoeiros duelos preliminares, em jogos de ida e volta, no mês de agosto. Pegamos o time tcheco Slovan Liberec, e conseguimos sobreviver por um triz.

Optei por uma escalação relativamente defensiva para o jogo de ida, um tradicional 4-4-2 com o Rui Costa no vértice avançado de um losango achatado; eu me preocupava com o estrago que um gol fora de casa poderia causar, já que ainda estávamos aprendendo a jogar com os novos reforços do time. Dessa forma, manter o zero no placar era minha prioridade.

Levamos um susto logo no começo, quando um chute deles bateu na trave e voltou direto para os braços do nosso goleiro, Dida. Mas conseguimos ir para o segundo jogo com um gol de vantagem, graças a um daqueles típicos gols oportunistas do Inzaghi. Foi no jogo de volta que tivemos o verdadeiro sinal vermelho. Antes mesmo da partida, eu já tinha notado que havia algo errado com nosso estado mental. A estranha experiência de, tão cedo na temporada, disputar um confronto tão improvável, numa cidadezinha ao norte de Praga, parecia ter desestabilizado os jogadores. Lembro que, no treino do dia anterior, eles ficaram frustrados por não conseguirem trocar passes com fluidez.

---

1 Roma x Lazio, o clássico da capital italiana. (N.T.)

A agitação deles estava clara; então, naquela noite, antes do jantar, convoquei uma reunião e pedi que se acalmassem. Disse que no dia seguinte tudo correria bem. Pareceu funcionar, porque no primeiro tempo ampliamos a vantagem e marcamos o crucial gol fora de casa, com Inzaghi finalizando um passe inteligente de Rui Costa. Mas aí os deixamos marcar dois gols. Maldini escorregou na área e permitiu que fizessem o primeiro. Depois, eles marcaram outro aos quarenta e três do segundo tempo. Mesmo com o autor do gol sendo expulso em seguida por um segundo cartão amarelo, sofremos como condenados nos minutos finais, com eles vindo para cima sem parar. Um time pequeno, sem estrelas, quase arruinou minha história como técnico do Milan em uma Champions League antes mesmo de ela começar. Slovan Liberec me ensinou uma lição valiosa: em jogos eliminatórios, nunca, jamais subestime o adversário. Jogue contra os onze homens à sua frente, não contra a reputação do time, nem contra o tamanho do clube ou do país.

Dito isso, vale a pena analisar as circunstâncias específicas daquele confronto. Às vezes, os times voltam meio enferrujados após a pré-temporada, ainda verdes para uma dupla de partidas tão importantes antes mesmo de a Série A ter começado. Poderíamos usar isso como desculpa? É mais provável que todos os jogadores italianos do elenco ainda estivessem abalados pela decepção da Copa do Mundo daquele verão, sediada no Japão e na Coreia do Sul. Maldini era o capitão da seleção italiana, que foi surpreendentemente eliminada pelos sul-coreanos nas oitavas de final. A Itália sofreu o empate nos acréscimos do tempo regulamentar e em seguida veio o golpe fatal, com um gol de ouro marcado na prorrogação. Foi um trauma nacional e tanto. Maldini se aposentou da seleção logo depois.

Tendo passado para a fase de grupos, estávamos agora diante de Bayern de Munique, Deportivo La Coruña e Lens. Felizmente para mim, eu já contava com um elenco forte e tinha muitos jogadores à disposição. Mas isso criou um problema por si só. Eu sabia que o presidente queria mudar o estilo do time. Os times de Capello eram muito bem organizados, mas talvez não jogassem do jeito que Berlusconi gostava. A missão era vencer com mais estilo – algo que se ouve com frequência de donos de clube. Ele queria não só resultados, mas também entretenimento. E, como ele era o dono do Milan, não demorei a entender que o meu trabalho, aos olhos de Berlusconi, era agradar a Berlusconi. Na Juventus, meu trabalho era simplesmente vencer a qualquer custo. Com o tempo, aprendi a aceitar que os caprichos do presidente eram minha responsabilidade. Se ele quisesse entrar no vestiário para contar suas piadas ou até ouvir o papo da equipe, eu tinha que entender que o vestiário era dele.

Para ajudar no projeto de jogar um futebol mais atraente, o clube contratou naquele verão uma das estrelas da Copa do Mundo. Rivaldo tinha marcado cinco gols, atrás apenas de seu companheiro Ronaldo, que fez oito. Juntos, venceram o torneio, derrotando a Alemanha na final. Naturalmente, tanto Rivaldo quanto Berlusconi esperavam que essa estrela entrasse em campo. Ao começar na nossa campanha oficial da Champions League, eu estava com um abacaxi na mão. Um belo abacaxi, mas ainda assim um abacaxi. Eu precisava encontrar espaço no meio-campo para Gattuso, Rui Costa, Pirlo, Seedorf e outros bons jogadores. E no ataque eu tinha Inzaghi, Shevchenko e o dinamarquês alto Jon Dahl Tomasson. De algum modo, era preciso abrir uma casa para o Rivaldo nesse tabuleiro de xadrez.

É claro que fiquei muito feliz com a chegada dele. Tudo fica melhor com um jogador como ele, óbvio. O desafio era manter todos os jogadores felizes individualmente enquanto também tentava fazê-los funcionar como um time. A vantagem de ter muitos jogadores excepcionais era que não precisávamos arriscar a condição física de ninguém. "Você vai ter suas partidas", eu os tranquilizava. "Coisas vão acontecer com o desempenho, lesões, suspensões, e todos terão uma chance." O clima era bom, o que é incrivelmente importante, e, fazendo parte de um elenco fantástico em um grande clube, os jogadores passaram a aceitar com mais facilidade que não jogariam todos os minutos de todas as partidas. Mas alguns eram mais fáceis de convencer do que outros.

A final da Copa do Mundo tinha sido em 30 de junho. A estreia na Champions League foi em 14 de agosto, no primeiro jogo contra o Slovan Liberec. Rivaldo não teve uma pré-temporada completa nem uma preparação adequada para a partida, então não jogou. Duas semanas depois, ele estava pronto para estrear como reserva. Mas então, no começo da temporada doméstica, em meados de setembro, tínhamos um jogo fora de casa contra o Modena, e tive que dizer que o manteria no banco. Foi um choque para ele.

"Rivaldo nunca ficou no banco", ele explicou.

"Tudo bem", eu disse a ele, "sempre há uma primeira vez, e agora é o momento certo para ser a primeira."

"Não, não", ele disse. "Rivaldo não fica no banco."

Eu era o chefe, e tive que lembrá-lo disso.

"Rivaldo, você vai para o banco", eu disse.

A mensagem não pareceu surtir efeito. Ele simplesmente se levantou e foi para casa.

Claro que eu o entendia, até certo ponto. É difícil para jogadores realmente especiais entenderem que não podem jogar, mesmo quando estão apenas 80% em forma. Parte da grandeza deles é querer jogar todas as partidas, com ou sem lesão, porque têm fome de vencer e acreditam, no fundo, que são capazes de fazer a diferença. Isso faz parte da personalidade de um campeão. Ainda assim, era uma situação nova para alguém como eu, que tinha sido criado para demonstrar deferência ao técnico. Rivaldo claramente não entendia nossa relação da mesma forma que eu. Talvez algo no futebol estivesse mudando, e eu é que não estava entendendo.

Durante toda a minha carreira como jogador, havia uma cultura de respeito ao técnico. O homem que me convocou pela primeira vez para a *Azzurra*, em 1981, foi Enzo Bearzot. Ele era um disciplinador, e é impossível imaginar qualquer jogador ousando contestá-lo. Claro, na minha época como jogador, às vezes éramos incentivados a dar nossas opiniões... às vezes. Tome como exemplo Falcão, que chegou à Roma vindo do Brasil e questionou por que treinávamos tão pouco com a bola. Aquilo parecia uma contribuição produtiva. Mas agora estávamos em uma era diferente. O futebol tinha se tornado um esporte verdadeiramente global. Todo jogo passava em algum canal de televisão, e, não importava de onde vinham, os melhores jogadores do mundo estavam todos começando a se juntar em um pequeno grupo de superclubes de elite. Ao mesmo tempo, as recompensas financeiras para os jogadores começavam a atingir níveis estratosféricos. Não vou dizer que o caráter básico dos jogadores mudou, mas eles estavam sujeitos a maiores pressões e a uma exposição pública muito maior, e isso teve consequências inesperadas – por exemplo, Rivaldo ir para casa frustrado ao ser informado de que começaria no banco.

À medida que a temporada se desenrolava, o fato de ele estar passando por um momento difícil em sua vida pessoal não ajudava. Ele tinha deixado os filhos em casa, no Brasil, então seu foco emocional estava dividido entre lá e Milão. Isso certamente não ajudava. No entanto, antes daquele primeiro jogo, o clube conversou com ele e com seu empresário, e ele voltou e se sentou no banco na partida contra o Modena. Só então eu falei com ele de novo.

"Escute", eu disse, "fiz isso por você, não pelo time. Você não deve se aborrecer, porque é uma coisa que pode acontecer hoje ou no próximo jogo, e com qualquer jogador. Temos muitas partidas, e isso significa que você pode estar mais descansado quando jogar na próxima."

Minha busca por uma solução se intensificou. Nem mesmo na Juventus eu tinha tido tanta abundância de talentos para escolher. O que ficou claro para mim foi que era um quebra-cabeça que eu não conseguiria resolver sozinho. Eu precisava manter a mente aberta e envolver também os jogadores. Precisava da ajuda deles para encontrar um sistema que permitisse que eles se combinassem em uma unidade vencedora. Essa era a prioridade absoluta.

Ainda mais do que na Juventus, quando tive que pensar de forma criativa para acomodar o gênio de Zidane, comecei a afrouxar minha fé no 4-4-2. À medida que a temporada avançava, e diferentes soluções eram testadas e colocadas em prática, foram os próprios jogadores que começaram a convergir para uma versão de um sistema conhecido como formação em Árvore de Natal (embora esse termo nunca tenha sido usado). Era mais como uma árvore atrofiada, com quatro na defesa, três no meio-campo, um no espaço entre as linhas e dois no ataque. À medida que eu experimentava, ficou claro que, lá na frente, o melhor parceiro para Inzaghi era Shevchenko. Em termos de bola no pé, talvez ele fosse menos mestre do que Rivaldo, mas sua velocidade incrível, sua força e sua mobilidade nos davam mais opções no ataque, e criavam mais ameaças do que com Rivaldo.

Portanto, receio que as notícias não tenham sido boas para o jogador do nosso elenco que (junto com Roque Júnior) acabara de conquistar uma Copa do Mundo. Enquanto tentava se adaptar à Série A, ele não estava jogando tanto quanto achava que deveria. Parte do problema (para ele, não para mim) era que minha solução de preferir Inzaghi e Shevchenko trazia recompensas imediatas. A dupla estava marcando gols regularmente. E Tomasson era um reserva perfeito, feliz por ser um aprendiz em um time como aquele. Enquanto isso, no meio-campo, era impossível deixar de fora Seedorf ou Pirlo e, especialmente, Rui Costa. Nosso meio-campista português tinha florescido após um começo difícil, tornando-se muito importante para nós. Ela havia nos mostrado o quanto era bom, e seria um erro da minha parte – ou de qualquer outra pessoa – pensar que Rui Costa deixaria de ser uma escolha automática. Quando demos início à nossa campanha europeia, para todos, exceto Rivaldo, o Natal chegou mais cedo.

8
A TERCEIRA VEZ
2002-2003

Se a árvore de Natal foi resultado de um acidente, foi um belo acidente. Estávamos enfrentando o Deportivo La Coruña na fase de grupos da Champions League. Andriy Shevchenko estava lesionado, então eu tive que pensar em uma maneira de jogar sem ele. Nossos adversários jogavam com dois volantes recuados, e eu calculei que, sem a mobilidade de Shevchenko, não seríamos capazes de cobrir defensivamente a posição desses jogadores. Eles jogariam recuados demais para que tivéssemos qualquer impacto sobre eles.

Tive então que pensar em uma solução. Decidi escalar dois meio-campistas ofensivos que pudessem pressioná-los quando estivéssemos sem a bola. Pode-se argumentar que, na verdade, a ideia em si nasceu não de um pensamento ofensivo, mas defensivo. *Como poderíamos parar o adversário?* era a pergunta que ocupava meus pensamentos. Um típico italiano!

Atrás desses dois meio-campistas, recuei Andrea Pirlo para uma função mais profunda, como um armador que era quase como um *quarterback*. Na época, Pirlo era visto por todos, inclusive por ele mesmo, como um meia ofensivo. Mas ele já tinha sido testado antes nessa função mais recuada. Foi na sua época de jovem jogador da Inter, que o emprestou ao Brescia por uma temporada. O técnico deles tinha decidido que jogar logo atrás dos atacantes era um desperdício da sua capacidade de ler o campo, e que tiraria proveito disso com sua imensa variedade de passes. Havia também a questão de ele ser relativamente franzino, com a possibilidade de, quanto mais avançado jogasse, acabar sendo mais facilmente desarmado. Assim, por dez partidas, ele se posicionou à frente da linha de defesa e, apesar de certa confusão inicial, descobriu que podia ser eficaz nesse novo papel. O crédito por essa ideia brilhante precisa ser dado ao técnico do Brescia, Carlo Mazzone.

Como eu estava treinando a Juventus na época, não sei bem como acabei me esquecendo desse experimento. Na minha segunda temporada por lá, recebemos o Brescia e empatamos em 1 a 1. O gol deles veio de uma cavadinha de Pirlo, ainda do meio de campo. A bola caiu no pé direito de Roberto Baggio, que acompanhou a bola com o olhar por sobre o ombro e, com um toque brilhante e habilidoso, a desviou na saída do goleiro e depois a enfiou suavemente com o pé esquerdo. Talvez tenha sido a habilidade deslumbrante de Baggio que apagou da minha memória o garoto que fez aquele passe incrível. Foi um gol extraordinário.

Então, um dia Pirlo veio até mim e sugeriu que eu o colocasse na base do meio-campo. Talvez minha surpresa tivesse a ver com sua personalidade. Todos nós o enxergávamos como um homem bastante tímido e um pouco solitário. E, no entanto, ele tinha grande força interior e uma confiança silenciosa. Ele compreendia bem a dinâmica entre jogador e técnico, mas nunca se deixava intimidar por ela. Tecnicamente, eu tinha ideias preconcebidas a superar. Eu pensava nele como alguém que conduzia a bola. E eu ficava preocupado – e Pirlo também – por ele não ser um defensor por natureza, e que os deveres que acompanham essa parte do campo pudessem ser excessivos para ele. Minha confiança em sua capacidade de comandar o jogo – e de fazer lançamentos longos, com precisão cirúrgica para Shevchenko disputar – aumentou à medida que ele se desenvolvia na função. Quanto às suas obrigações defensivas, eu lhe disse que tudo de que eu precisava era que ele estivesse bem posicionado. Deixei claro mais uma vez: "Você não precisa pressionar, não precisa desarmar, mas deve acompanhar a marcação e estar entre a bola e o gol quando for necessário. Fique entre a bola e o gol, entre o seu homem e o nosso gol".

Acabei deixando minhas dúvidas para trás, e a história apoiou minha decisão. Foi jogando nessa posição que Pirlo conquistou suas 116 convocações para a *Azzurra*, além do prêmio de melhor em campo quando a Itália levantou a Copa do Mundo em 2006.

A nova formação funcionou. Vencemos o Lens por 2 a 1 em casa, com Inzaghi marcando duas vezes em quatro minutos. Depois vencemos o Deportivo por 4 a 0 fora de casa. Gattuso e Seedorf, que abriu o placar com um chute violentíssimo, nos deram toda a energia e força física de que precisávamos à frente de Pirlo. Enquanto isso, Rui Costa e Rivaldo jogaram atrás de Inzaghi, que fez seu primeiro *hat-trick*[1] pelo clube. Pode ser que, se tivéssemos perdido por 4 a 0, eu tivesse abandonado completamente a ideia. Em vez disso, vencemos o Bayern de Munique por 2 a 1 com a mesma formação, contra um excelente time liderado por Michael Ballack e com o grande goleiro Oliver Kahn no auge. Claro, houve mais dois gols de Inzaghi. Um chute de primeira depois de uma bela troca de passes entre Rivaldo e Seedorf que dividiu a defesa ao meio; depois, houve uma cabeçada maravilhosa em um cruzamento brilhante de Serginho. Esse gol foi uma surpresa, já que eu tinha colocado Serginho em campo como uma medida defensiva para manter o placar em 1 a 1.

Estava ficando claro para mim que Inzaghi era um daqueles jogadores que sempre se agigantam nos jogos importantes. Um jogador para ser valorizado, nos moldes do grande Paolo Rossi. Obviamente, havia outros ótimos atacantes que eram mais versáteis e podiam fazer outras coisas em campo. Quando avalio Inzaghi,

---

1 Termo herdado do críquete do século XIX: quem conseguia três feitos seguidos ganhava um chapéu de presente. No futebol, ficou sendo o nome dado a quem marca três gols numa mesma partida.

faço isso em comparação com aqueles cuja única função é marcar um gol atrás do outro. A casa de Inzaghi era o cangote do último zagueiro. A piada de Alex Ferguson de que Inzaghi nasceu impedido talvez fosse verdade. Ele simplesmente tinha faro de gol e uma fome de marcar impossível de satisfazer. Era ágil e atento o bastante para aproveitar as oportunidades, seu cérebro parecia se mover mais rápido que o de todos ao redor, e era habilidoso ao cabecear cruzamentos. Outra qualidade importante que ele tinha, e que muitas vezes passa despercebida, era sua coragem. Grandes atacantes se colocam em perigo, em lugares onde podem facilmente se machucar contra zagueiros maiores. As estatísticas revelaram que, em seu *hat-trick* contra o Deportivo, os três chutes cobriram uma distância total de menos de 20 metros. Isso é outra forma de dizer que ele estava sempre no lugar certo, na hora certa. E que sempre acertava o alvo.

Lembro-me de algo que Emiliano Mondonico, seu antigo técnico na Atalanta, disse sobre sua jovem estrela: "Ele não era apaixonado pelos gols, os gols é que eram apaixonados por ele". Um jogador com tanta fome de gol nunca gostava de ficar de fora. Ele queria estar sempre participando. Sempre que eu o deixava no banco, ele às vezes ficava bravo comigo por dias. Virávamos estranhos. Passavam-se vários dias até que ele decidisse voltar a falar comigo. Que trunfo, ter um time com os jogadores certos para municiá-lo. Ao todo, ele marcou oito gols na fase de grupos.

Enquanto isso, eu tinha definido minha defesa titular com Šimić, Nesta, Maldini e Kaladze. Comecei então a acreditar que o novo sistema, nascido como uma solução rápida para um jogo isolado, era fruto da necessidade. Um grande bônus desse novo sistema, que eu não havia previsto, foi que ele deu mais liberdade para os dois jogadores atrás de Inzaghi se expressarem. O sistema se ajustava ao talento que eu tinha à disposição. Parecia um desperdício abandoná-lo. O estilo dessas vitórias também se alinhava com a filosofia do presidente de oferecer um espetáculo.

Quando o Bayern veio ao San Siro, jogamos bem e com eficiência. Eles fizeram dezoito finalizações, e nós, quatro. Mais uma vez vencemos por 2 a 1, com dois gols de alta qualidade de Serginho e Inzaghi. Enquanto o Bayern terminou em último no grupo, nós lideramos sem grandes problemas. Tendo vencido os quatro primeiros jogos, pude usar vários jogadores do elenco nos dois jogos restantes. Foi uma lição interessante, já que sofremos quatro gols e perdemos ambos os jogos. Naquela ocasião podíamos nos dar esse luxo, mas foi um lembrete de que vencer os primeiros jogos da fase de grupos é sempre importante.

Naquela época, não havia oportunidade de esquecer isso. A Champions League estruturava-se então como dois minitorneios consecutivos. Depois de sair de um grupo, você era imediatamente lançado em outro. Nosso grupo da segunda fase nos colocou contra outras equipes que tinham terminado entre os dois primeiros de seus campeonatos. Além de Lokomotiv Moscou e Borussia Dortmund, reencontrei um velho adversário que conheci bem na minha época de jogador do Milan: o Real Madrid.

O clube espanhol estava no início de seu período de contratação dos *galácticos*: as estrelas comandadas pelo técnico Vicente del Bosque eram Zinedine Zidane, Luís Figo e Raúl jogando atrás de Fernando Morientes, com Roberto Carlos cobrando faltas de longa distância. Mesmo sem Ronaldo em campo, era bastante coisa com que lidar. Tendo sido técnico de Zidane, eu tinha um motivo especial para temê-lo. Mas conseguimos contê-los quando vieram ao San Siro em novembro, em um jogo apertado que vencemos por 1 a 0. Em um contra-ataque, Shevchenko – Inzaghi estava lesionado – correu para receber um passe de 50 metros de Rui Costa, ainda no nosso campo, e, da entrada da área, finalizou no canto do goleiro.

Depois, fora de casa contra o Dortmund, decidi voltar a escalar dois atacantes à frente de um losango no meio-campo e fui recompensado quando Inzaghi aproveitou um passe em profundidade de Seedorf. Minha outra lembrança principal, além do chute violento de Tomáš Rosický que explodiu dramaticamente no travessão, foram as travessuras do goleiro deles, Jens Lehmann. Primeiro, ele foi dar um passeio fora da área para tentar desarmar Rivaldo. No meio de um grupo de jogadores de linha, acabou mais perto do meio de campo do que do próprio gol e estava voltando lentamente quando o chute elevado de Seedorf passou por cima, bem perto. Depois, apareceu na nossa área no fim do jogo e ainda tentou uma bicicleta. Dizem sempre que o cérebro dos goleiros é diferente, e Lehmann deixou isso bem claro. Ao longo desses anos, eu tive muita sorte com meus goleiros. Nunca precisei conter esse tipo de extravagância com Dida, por exemplo, que certamente é um dos melhores que o Brasil já produziu para essa posição, e acabou jogando mais de trezentas partidas pelo Milan.

Depois vieram duas vitórias por 1 a 0 sobre o Lokomotiv Moscou, o que significava que estávamos definitivamente classificados e me permitia poupar alguns jogadores-chave para a partida em Madrid. Eles precisavam mais do resultado do que nós, e podíamos nos dar ao luxo de tomar um 3 a 1. Também perdemos para o Dortmund. Ainda assim terminamos em primeiro, o que nos dava uma leve vantagem nas quartas de final. O impacto desse tipo de coisa é sempre pequeno, mas o sorteio nos colocaria contra um clube que tinha terminado em segundo lugar em seu grupo.

Esse time acabou sendo o Ajax. Havia todos os motivos para temê-los, principalmente porque no ataque eles tinham um sueco alto de 21 anos chamado Zlatan Ibrahimović, embora ele não tenha sido um problema naquele dia. Já era abril de 2003. Meu problema era que Pirlo tinha sofrido uma contusão durante um treino, o que significava que ele ficaria de fora tanto da quarta de final quanto, se chegássemos, provavelmente também da semi. Depois, Seedorf se machucou em Amsterdã. Aquele primeiro jogo, um empate sem gols morno e cauteloso, não poderia ter sido mais diferente do segundo jogo. Com a ausência desses dois jogadores cruciais e Gattuso suspenso (ele tinha levado um cartão amarelo no jogo de ida que, somado, o deixava fora da volta), tive que reconstruir completamente meu meio-campo e implementar uma mentalidade de máxima cautela. Escalei dois reservas defensivos e esperava impedir o Ajax de marcar o gol fora de casa. No primeiro tempo, Inzaghi se desvencilhou da marcação e cabeceou um bom cruzamento de Shevchenko. Então o jogo simplesmente explodiu. Jari Litmanen apareceu livre para marcar depois de um cruzamento, dando a eles a vantagem do gol fora de casa. Dois minutos depois, Inzaghi escapou pela esquerda, e um desvio em seu cruzamento foi perfeito para Shevchenko cabecear para dentro. Depois, o Ajax empatou de novo em um bate-rebate na pequena área.

A câmera me flagrou fumando mais cedo no jogo. Não sei quantos cigarros fumei naquela noite, mas aquilo já tinha se tornado um teste para os nervos. (Mais tarde na minha carreira, larguei a nicotina e passei a mascar chiclete durante os jogos.) Nos últimos dez minutos, joguei a cautela para o alto e coloquei três jogadores ofensivos para tentar decidir a classificação. A salvação chegou nos segundos finais, quando Maldini lançou uma bola longa da lateral esquerda para Massimo Ambrosini, que escorou de cabeça para a área. Inzaghi alcançou a bola quicando e encobriu com categoria o goleiro. Tomasson, um dos jogadores que eu tinha colocado, garantiu que ela entrasse de vez, dando um toquinho para o gol a apenas 15 centímetros da linha.

Fiquei obviamente satisfeito com o resultado, mas aquilo estava bem longe do que eu tinha imaginado. O plano era controlar o jogo e não sofrer gols. Eu teria ficado bastante contente com um 1 a 0. Em vez disso, o Ajax, treinado por Ronald Koeman, teve uma excelente posse de bola, e fui obrigado a me contentar com um 3 a 2 aos quarenta e cinco do segundo tempo. O plano não importa. O verdadeiro desafio é como o time se comporta quando os planos são desfeitos. Sempre lembro aos meus jogadores que nada está decidido até o apito final. E assim foi. Tivemos sorte e demos conta. Por pouco.

Se o jogo de ida, estéril daquele jeito, era o tipo de partida que os críticos costumam atribuir à culpa da regra do gol fora de casa, ele não era nada comparado à nossa semifinal. O destino tinha nos colocado diante de nosso maior rival: a Internazionale. Essas inimizades futebolísticas existem em toda cidade que tem mais de um grande clube. Mas há algo especialmente apimentado quando se compartilha não apenas a cidade, mas também o estádio, como era o nosso caso no San Siro. Acabamos na situação inusitada de jogar a partida fora de casa... em casa. Claro, estávamos acostumados a ocupar o vestiário dos visitantes uma vez por temporada na Série A. Mas, por causa da regra do gol fora de casa, aquilo era diferente.

O clima na cidade foi inédito para mim. Nossos confrontos no campeonato italiano já eram suficientemente intensos – os jogadores sentiam que eles dominavam cada dia de sua vida durante todo o mês antes da partida. Pelo menos desta vez eram só duas semanas de expectativa. Mas era um clássico turbinado, em outro nível. A única coisa que poderia tornar tudo ainda mais intenso seria se estivéssemos disputando a final. A semifinal já bastava.

Pelo menos Seedorf estava de volta. Os médicos tinham previsto dois meses de recuperação, mas eles não conheciam Seedorf. Ele era uma máquina, e estava de volta. O substituto de Pirlo, Ambrosini, estava suspenso, então escalei Cristian Brocchi para a base do losango. Minha maior instrução foi para os laterais: eles tinham que segurar a bronca. O atacante que me preocupava era Hernán Crespo, o argentino com quem eu já tinha trabalhado no Parma e que, tanto quanto Inzaghi, era uma máquina de fazer gols. Do outro lado, eles tinham Fabio Cannavaro, outro dos meus antigos jogadores do Parma. Para marcar, teríamos que passar por ele e por seu companheiro *Azzuri*, Marco Materazzi.

Enquanto minha prioridade era evitar que eles marcassem, a do presidente era que nós marcássemos, e ele invadiu o vestiário durante o intervalo para ordenar mudanças da parte tática. "Você tem que trocar os laterais, eles não estão subindo", disse ele na frente dos jogadores, o que, devo dizer, não me agradou. Mas eu sabia como lidar com ele.

"Tudo bem, sem problemas. Pode ir", respondi. "Vou trocar os laterais." Claro que não fiz nada disso, e o jogo terminou sem que sofrêssemos um gol fora de casa e sem que marcássemos também. Lembro que houve vários chutes de longe. Berlusconi não ficou satisfeito, mas nossa relação era boa, e no dia seguinte tudo já estava esquecido.

Eu não diria que o jogo de volta foi menos tenso ou nervoso, mas, como visitantes, tentamos ser mais positivos, e ajudou o fato de termos Pirlo de volta. No último lance do primeiro tempo, Seedorf enfiou uma bola inteligente para Shevchenko, que desequilibrou o lateral e venceu o goleiro; naquele momento, estávamos efetivamente no controle da classificação. Como mandante, a Inter teria que marcar dois gols para nos eliminar. Tudo correu conforme o plano até dez minutos antes do fim. Um reserva da Inter, Obafemi Martins, subiu para disputar uma bola alta com Maldini e, de alguma forma, ela bateu em seu ombro, permitindo que ele seguisse na jogada e marcasse o gol. Dali, ele iniciou uma sequência de saltos mortais digna de Olimpíadas. Esvaziei o banco de reservas para lotar a defesa e, apesar de alguns sustos, resistimos. Aqueles minutos finais foram uma dureza.

É em confrontos como esse que o verdadeiro caráter se revela. Basta olhar as escalações de ambos os lados: estão cheias de jogadores que mais tarde ocupariam posições de responsabilidade além do mundo técnico. Penso em Javier Zanetti, que se tornou um longevo vice-presidente da Inter, e em Paolo Maldini, que foi diretor técnico do Milan. Rui Costa virou presidente do Benfica. Shevchenko se tornou um defensor influente do esporte ucraniano desde a invasão russa. Talvez o mais impressionante: em 2017, Kakha Kaladze se tornou prefeito de Tbilisi, sua cidade natal, na Geórgia. Todos foram bons jogadores porque em parte sabiam assumir responsabilidades, e em parte porque eram bons pensadores, capazes de manter a calma.

Tendo sobrevivido à pressão intensa de duelar com um rival local, descobrimos então que os deuses do futebol tinham outra surpresa reservada para nós. Três dos quatro semifinalistas da Champions League daquele ano vinham da Itália, e o vencedor da outra semifinal foi a Juventus. Assim, para conquistar o título, teríamos que derrotar um segundo rival. Para todos no clube, aquilo tinha grande importância. Para mim, tinha um significado pessoal. Dois anos antes, a Juventus havia me dispensado por eu não ter vencido a Champions. Agora, meu trabalho era garantir que eles fracassassem mais uma vez.

Finais entre clubes do mesmo país não são exatamente o que a competição europeia foi criada para promover. Mas, como o campeão se classificava automaticamente para defender o título, isso já era teoricamente possível mesmo antes de a Champions League substituir a antiga Copa Europeia dos Clubes Campeões. De algum modo, isso nunca tinha acontecido até o ano 2000, quando Real Madrid e Valencia chegaram juntos à final. Desde então, virou algo recorrente: Chelsea e Manchester United em 2008, Bayern e Dortmund em 2013, Real e Atlético de Madrid em 2014 e 2016, Liverpool e Tottenham Hotspur em 2019, Chelsea e Manchester City em 2021. Mas em 2003 ainda parecia um evento excepcional.

O time da Juventus tinha e não tinha mudado desde a minha passagem. Marcello Lippi, que eu havia substituído, agora era o meu substituto. Edgar Davids ainda era uma presença dominante no meio-campo, e Alessandro del Piero era o ícone e capitão. Seu parceiro regular no ataque era David Trezeguet, que eu tinha usado principalmente como reserva. Eles também tinham contratado Gigi Buffon e Lilian Thuram, dois jogadores com quem eu havia trabalhado no Parma e que agora estavam no auge da forma.

A final seria disputada no Old Trafford, em Manchester. Entramos no jogo com uma vantagem inesperada. Eu não tinha nenhum problema com o elenco e pude colocar em campo meus dois atacantes titulares à frente do meu losango titular no meio-campo. Na defesa, Costacurta jogou fora de posição, na lateral direita, e conseguiu atuar por sessenta e cinco minutos. Ele pretendia se aposentar antes do início da temporada, mas felizmente foi convencido a assinar por mais um ano e, aos 36, ainda era um jogador valioso para mim. Continuou renovando por mais uma temporada sucessivamente e chegou a jogar na Champions League aos 40 anos. Que atleta!

A verdadeira estrela da Juventus, e a fonte de boa parte de sua ameaça criativa, era o dinâmico meio-campista tcheco Pavel Nedvěd. Ele tinha vencido a Bola de Ouro daquela temporada e, felizmente para nós, estava suspenso. Isso impactou as minhas táticas, pois Lippi decidiu substituí-lo na esquerda do meio-campo com o lateral direito Gianluca Zambrotta, e deslocar seu zagueiro central Paolo Montero para a lateral esquerda. Com não um, mas dois jogadores fora de posição naquele lado, decidi explorar essa fraqueza incentivando Shevchenko e Rui Costa a atacarem aquela zona do campo.

Para ser sincero, não foi um grande jogo. Ambos os lados o travaram, provavelmente pelo medo absoluto de perder e pelas mudanças táticas que se tornaram necessárias. Talvez eu pudesse ter sido mais ofensivo. Mas não é fácil romper um time formado por cinco defensores natos liderados pelo formidável Ciro Ferrara, além de dois volantes. Inzaghi não teve sorte contra seus antigos companheiros. Sua melhor tentativa foi uma cabeçada que, com reflexos incrivelmente rápidos, Buffon espalmou para escanteio. No segundo tempo, eles acertaram o travessão. Faltando vinte minutos, tirei Pirlo, cujos passes não conseguiam encontrar um caminho nem por cima nem por dentro daquela retaguarda congestionada, e coloquei Serginho, na esperança de que ele trouxesse mais energia.

Qualquer ganho que isso pudesse ter trazido foi anulado pelo fato de que Roque Júnior, que tinha entrado no lugar de Costacurta, lesionado, também se machucou. Então, na prática, estávamos jogando com dez homens. Felizmente, com a prorrogação se aproximando, eles estavam tão exaustos quanto nós. Minha última substituição foi tirar Rui Costa e colocar Ambrosini. Na prorrogação, quase nada ameaçou qualquer um dos gols, e me vi diante de mais uma disputa de pênaltis.

Dessa vez foi diferente das disputas de pênaltis às quais assisti em Roma, em 1984, e em Pasadena, em 1994. Aquelas duas finais foram decididas por pênaltis que voaram por cima do travessão. Nessa ocasião, ninguém chutou para fora, mas o drama refletiu as duas horas que tinham acabado de se passar. Havia certa timidez diante do gol. Era como se ninguém quisesse marcar. E os goleiros dominaram. Quando escolhi os cobradores, criei um problema para a equipe ao ter substituído os que normalmente bateriam os pênaltis, tudo para nos proteger de sofrer um gol no tempo normal. Dois dos jogadores que foram para a marca do pênalti eram zagueiros. Talvez isso tenha sido um erro.

Eu queria que Shevchenko cobrasse primeiro, mas ele insistiu em ir por último. Eu sempre preferi que o melhor batesse primeiro. Inzaghi queria ser sempre o sexto – não me pergunte por quê. Serginho foi o primeiro e, felizmente, marcou. Depois, Trezeguet e Seedorf, de quem também se esperava que marcassem, não converteram. Alessandro Birindelli empatou, e então veio uma sequência de nada menos que três defesas. Talvez hoje em dia o árbitro desse mais atenção aos movimentos dos goleiros. No momento em que Montero completou sua corrida e chutou a bola, Dida já estava quase na linha da pequena área, o que naturalmente reduziu bastante o ângulo. Nesta e Del Piero marcaram, deixando a decisão nas mãos de Shevchenko.

Ele ficou muito emocionado após a vitória. “Só uma coisa passou pela minha cabeça. Coloquei a bola exatamente onde queria. Pensei em tudo quando estava prestes a bater o pênalti. Na minha infância em Chernobyl, nos meus amigos que morreram, em tudo.

Fiquei encarando o árbitro porque o barulho da torcida cobria todo o resto, e eu não tinha ouvido o apito. Ele fez um aceno com a cabeça, e então eu parti. Quando a bola estava no meio do caminho, vi Buffon indo para o lado oposto. Entendi antes de todo mundo que estava feito, e essa imagem vai ficar comigo para sempre." Mais tarde, ele disse a quem quisesse ouvir que aquele foi o gol mais importante de sua vida.

Também foi um gol importante na minha vida! Graças à vitória por 3 a 2 na disputa de pênaltis, demos ao Milan sua primeira Champions League desde a conquista de Capello, nove anos antes. Às vezes me perguntam se fiquei feliz por ter vencido a Juve depois da minha passagem pouco feliz por lá. Não posso negar que foi bom levar o troféu de volta ao San Siro, bem debaixo do nariz dos meus antigos empregadores.

Foi um sonho me tornar jogador de futebol profissional, e um sonho vencer a Copa Europeia como jogador, em campo. Vencer minha primeira Champions League logo na minha primeira temporada completa como técnico do Milan foi mais um sonho realizado. Essa conquista tem um sabor especial, reforçado pelo fato de que, depois de termos vencido outro time italiano na semifinal, essa final também foi entre duas equipes italianas. O futebol italiano estava no auge. Foi bom para a campeonato nacional e bom para a Itália. E foi bom para o presidente. Eu tinha feito meu trabalho: tinha deixado Berlusconi feliz. Antes do jogo, eu tinha "permitido" que o presidente entrasse no vestiário. E agora ele voltava com um enorme sorriso no rosto.

9
DE LA CORUÑA... A ISTAMBUL
2003-2005

Aquele sorriso ainda estava lá quando, três dias depois, vencemos a Copa Itália. Havia um motivo a mais para estarmos satisfeitos. Nos dois jogos disputados durante a viagem a Manchester, eu poupei muitos jogadores. Nenhum dos titulares da Champions League entrou em campo na partida de ida contra a Roma, fora de casa, e mesmo assim vencemos por 4 a 1. Na volta, no San Siro, com metade do time titular de volta, empatamos em 2 a 2. Foi um esforço coletivo do elenco.

E na temporada seguinte ficou ainda melhor. Vencemos o *Scudetto* com folga. Isso teve um sabor especial para mim, porque enfim consegui responder a uma crítica que costumavam me fazer. Diziam que eu era bom no drama das competições eliminatórias, mas não conseguia manter o ritmo durante uma temporada inteira em campeonatos de pontos corridos. O Milan não perdeu nenhum jogo até pouco antes do Natal, e só perdeu de novo na penúltima rodada da temporada. Terminamos onze pontos à frente da Roma. Nosso total de 82 pontos foi um recorde da Série A. Assim, pela primeira vez na minha carreira como técnico, depois de nove temporadas tentando, eu finalmente tinha conquistado um campeonato nacional.

Mas essa é a história da minha relação com a Champions League. O objetivo, claro, era vencê-la mais uma vez. Os registros mostram que a tarefa era difícil. Vários clubes tinham chegado a finais seguidas, mas nenhum havia conseguido permanecer no topo da Europa por duas temporadas seguidas desde o Milan de quando eu ainda era jogador. Isso foi em 1990. E o último time a conseguir isso antes tinha sido o Nottingham Forest, em 1980. Já estávamos em 2003-2004. O sorteio da fase de grupos foi favorável. Não incendiamos o continente, mas fizemos o básico bem-feito. Vencemos o Ajax por 1 a 0 duas vezes, ganhamos e perdemos por 1 a 0 contra o Club Brugge, mas conquistamos apenas um ponto contra o Celta de Vigo. Quando eles nos venceram na última rodada, nós já tínhamos garantido o primeiro lugar do grupo.

Naquela temporada, houve uma mudança no formato da competição. Em vez de uma segunda fase de grupos, agora havia um mata-mata de oitavas de final. Como fã da Champions League, eu na verdade preferia o formato anterior, pois ele cumpria a promessa de oferecer mais jogos entre os maiores clubes. Mas eu também entendia que era necessário reduzir o número de partidas nas competições nacionais, e esse era um remédio que nenhuma federação estava disposta a engolir naquela época.

Nosso adversário foi o Sparta Praga. O jogo de ida, fora de casa, terminou 0 a 0, e na volta, no San Siro, não houve gols até os acréscimos do primeiro tempo, quando Inzaghi, no primeiro pau, cabeceou com inteligência no canto oposto. O Sparta Praga empatou e ficou em vantagem, mas então Shevchenko marcou dois gols. Há uma imagem minha pulando da área técnica e socando o ar, avançando até bem longe da linha lateral. Parece êxtase, mas provavelmente era mais alívio. Gattuso marcou o quarto com um chutaço, faltando cinco minutos para o fim.

E então vieram as quartas de final e o Deportivo. Os presságios eram bons para esse confronto. Tínhamos vencido por nada menos que 4 a 0 na temporada anterior, e fora de casa. Havia um motivo a mais para estarmos confiantes: nosso elenco era ainda mais forte do que no ano anterior. Qualquer equipe pode se beneficiar de reforços. Tínhamos perdido dois brasileiros da estatura de Rivaldo e

Roque Júnior, mas ganhado outros dois do porte de Cafu e Kaká. Ambos representando melhorias e trazendo grandes qualidades, embora fossem tipos muito diferentes de contratação. Cafu vinha com uma imensa experiência. Aos 33 anos, tinha capitaneado o Brasil na conquista da última Copa do Mundo e vencido o *Scudetto* com a Roma. Os torcedores o apelidaram de *Il Pendolino*, porque ele era como um trem expresso subindo e descendo pela lateral direita.[1] Admito que, quando ele se juntou a nós, a idade média da defesa aumentou, considerando que Costacurta e Maldini também já estavam firmes na casa dos trinta. Mas ele ainda tinha energia de sobra. E, sem comprometer nada defensivamente, dava ao time mais amplitude e mais velocidade pelo lado direito do campo, o que estava nos fazendo certa falta.

Quanto a Kaká, ele tinha apenas 21 anos quando chegou, mas já era bom o suficiente para ser titular. Quando vi Kaká pela primeira vez, bem-vestido em sua chegada a Milão, ele parecia um estudante universitário, de óculos. Mas quando o vi jogar fiquei sem palavras. Eu não sabia como descrever o que estava vendo. No seu primeiro treino, ele enfrentou Gattuso e depois Nesta, e nenhum dos dois conseguiu pará-lo. Tiramos os óculos de estudante dele, colocamos um uniforme de futebol, e ele virou um fenômeno. Era como o Superman saindo da cabine telefônica. Ele jogou 45 partidas naquela temporada, tantas quanto Seedorf e Gattuso no meio-campo. Ninguém no elenco jogou mais. Admito que sua chegada recriou a mesma dor de cabeça que eu tive na temporada anterior ao tentar encaixar Rivaldo. A diferença é que Kaká estava a caminho da grandeza, enquanto Rivaldo já não estava mais em seu auge. Havia algo na maneira como Kaká se movia ao redor da área que me lembrava Michel Platini. Às vezes, ele era impossível

---

1 *Pendolino* é o nome de um modelo de trem italiano de alta velocidade, famoso pela velocidade constante, pela capacidade de fazer curvas suavemente sem reduzir muito a velocidade e pelo vaivém contínuo que faz entre cidades. (N.T.)

de marcar. Ainda assim, como encaixar Pirlo, Seedorf, Rui Costa e Kaká no mesmo time? A resposta é: não tem como. Eu disse a todos eles que teriam que me ajudar a resolver esse enigma ou passariam um tempo no banco. Naquela temporada, Kaká começou no banco cinco vezes, Rui Costa, catorze. Eu acabei encaixando (mais ou menos) todos eles ao criar um losango, com Pirlo na base e Kaká mais adiantado.

Com Serginho e Dida já no elenco, o Milan agora tinha um sabor brasileiro intenso para combinar com o estilo holandês que caracterizava o time quando eu era um de seus jogadores. Rivaldo tinha rescindido seu contrato e voltado a jogar no Brasil. Mas logo retornaria à Europa para um interessante epílogo de sua carreira, na Grécia, onde marcou muitos gols pelo Olympiacos e depois pelo AEK Atenas. Um desses gols, em especial, poderia ter exercido um grande impacto em seus antigos companheiros, mas chegarei a isso em breve.

O time estava amadurecendo. As atuações dos jogadores eram mais cerebrais, mais sutis e com mais variação. Eles eram capazes de controlar os jogos com mais eficácia. A posse de bola passou a ser uma arma tanto defensiva quanto ofensiva. O objetivo era ser eficiente, obtendo o máximo de resultado com o mínimo de esforço. E, na maioria das vezes, funcionava.

Mas falhou de maneira espetacular na Champions League. Na partida de ida contra o Deportivo, no San Siro, o placar mostra que jogamos como favoritos que pretendiam manter o título. Na realidade, deixamos que eles abrissem o placar com uma cabeçada no primeiro pau. Dizer que nos arrependeríamos desse gol dentro de casa seria pouco. Durante todo o primeiro tempo, fomos um tanto inofensivos no ataque, até que, em dois movimentos suaves, Kaká dominou um cruzamento de Cafu e finalizou de primeira. De repente, acordamos. Isso foi pouco antes do intervalo. Logo depois, Shevchenko dobrou nossa contagem. Três minutos mais tarde, Kaká mandou um chute seco da entrada da área e fez o terceiro.

Mais quatro minutos, e Pirlo marcou o quarto em uma espetacular cobrança de falta. Quatro gols em oito minutos. Isso só mostra que, em um período muito curto, qualquer coisa pode acontecer em um campo de futebol – algo que, para meu próprio prejuízo, eu logo provaria.

Obviamente, a classificação ainda não estava garantida, mas era uma vantagem sólida para levar à Espanha. Reverter uma vantagem de três gols não é impossível, mas é raro. E lembre-se: tínhamos vencido lá por 4 a 0 na temporada anterior. Não dava para dizer que eles tinham um time cheio de superestrelas. Mauro Silva, na base do meio-campo, tinha 36 anos. Juan Carlos Valerón era um "internacional" espanhol. Ainda assim, o clima no estádio do Deportivo subiu um grau quando o atacante uruguaio Pandiani, o mesmo que tinha marcado no jogo de ida, fez outro gol com um giro preciso logo aos cinco minutos. E eles continuaram marcando. Foram mais dois gols antes do intervalo.

O segundo tempo foi dominado por uma grande pergunta: eles conseguiriam selar o confronto? Eu queria restabelecer alguma sensação de estabilidade e, pouco depois de Pirlo levar cartão amarelo, o substituí por Serginho. Em busca de um gol na casa deles, coloquei Inzaghi no lugar de Tomasson. Inzaghi estava no banco porque precisava descansar, e Tomasson precisava de minutos em campo, então a escalação fazia sentido com a vantagem que tínhamos levado para o segundo jogo. Agora não fazia mais. Mas nada parecia surtir efeito. Fran, meio-campista do Deportivo, soltou um chute forte que desviou no pé de Cafu e enganou Dida, que caiu para o lado oposto. O estádio veio abaixo. Faltando cerca de vinte minutos para o fim, eu ainda tinha uma última carta. Coloquei Rui Costa no lugar do lateral esquerdo Giuseppe Pancaro, o que quase funcionou. Ele mandou um chute longo e potente que exigiu uma acrobacia do goleiro. Quando o apito final soou, todos nos entreolhamos como se estivéssemos em transe. O que é que tinha acabado de acontecer?

Após nossa eliminação, a imprensa e todo mundo perguntavam a mesma coisa: o que diabos aconteceu? A resposta era – e ainda é – que eu não sei. É difícil explicar. Será que subestimei o adversário ao fazer algumas mudanças no time? Será que o time sofreu psicologicamente por conta daquele belo e precoce gol? Essas coisas podem mudar o estado mental da equipe, e depois que acontece pode ser difícil voltar ao normal. De algum modo, a dinâmica do jogo passa para o outro lado e, por mais que você tente, fica difícil mudar o curso. O que posso dizer? Quando é algo tão estranho e inesperado, é difícil saber que lições tirar do ocorrido. Enfrentamos um time muito bom, que jogou muito bem, e alguns jogadores muito experientes e muito bons cometeram erros. Acontece. Essa é a beleza do futebol. Nunca se sabe o que pode acontecer.

Como um exemplo da crueldade do futebol, nossa noite em La Coruña foi apenas um aperitivo. A temporada doméstica terminou em glória, com meu primeiro *Scudetto* como técnico. Depois disso, vários dos meus jogadores partiram para Portugal, para disputar a Eurocopa. Os italianos – Pirlo, Gattuso e Nesta – voltaram mais cedo do que gostariam. Foram eliminados por saldo de gols inferior, depois de empatarem em pontos no grupo com Dinamarca e Suécia. Ibrahimović empatou contra eles a cinco minutos do fim. Pelo menos tiveram mais tempo de férias para descansar. Portugal chegou até a final e, surpreendentemente, enfrentou a Grécia. Rui Costa entrou nos últimos trinta minutos, pouco depois de a Grécia marcar aquele que se tornaria o gol da vitória.

Alguns meses depois, o futebol grego teve um efeito mais direto na minha temporada. Na Champions, o Olympiacos caiu no mesmo grupo do Liverpool, que tinha passado por uma repescagem. No sexto e último jogo do grupo, o Liverpool recebeu os gregos no Anfield; tendo perdido para eles fora de casa, precisava vencer por dois gols de diferença. Naquele momento, Rivaldo já tinha retornado à Europa e vinha se saindo bem no Olympiacos. Ele marcou de falta no primeiro tempo, e de repente o Liverpool precisava fazer três. Soa familiar? Mas Steven Gerrard teve uma daquelas partidas *à la* "Stevie G", coroada com um terceiro gol num semivoleio disparado de fora da área. "Sinceramente, não sei como conseguimos aquilo", disse ele depois da partida. Todo torcedor do Milan logo desejaria que eles não tivessem conseguido. O Deportivo, nosso outro algoz, terminou em último naquele grupo, com dois pontos. Não marcou um único gol. Que pena.

Quanto ao nosso grupo, demoramos para furar o bloqueio do Shakhtar Donetsk, o que levou Shevchenko de volta a um raro jogo na Ucrânia. No fim, Seedorf fez o gol da vitória. Depois vencemos o Celtic por 3 a 1 em casa, graças a dois gols bem tardios de Inzaghi e Pirlo. Também tivemos dois confrontos consecutivos contra o Barcelona, que provavelmente decidiriam quem ficaria em primeiro lugar no grupo. Por mais empolgante que aquilo parecesse para os torcedores e para os neutros, para mim havia um enredo sentimental, porque o Barça era treinado pelo meu antigo parceiro de meio-campo, Frank Rijkaard. Tínhamos muitas lembranças felizes das vezes em que jogamos juntos, e relembramos essas memórias quando nos encontramos antes e depois das partidas. Continuamos bons amigos. Mas naquele momento estávamos em lados opostos, e de terno. Tudo tinha mudado.

Nossos times estavam bem equilibrados, mas uma cabeçada solitária de Shevchenko nos deu a vitória em casa. No Camp Nou, ele marcou de novo, correndo para receber uma bola lançada por Pirlo com perfeição. Mas eles também tinham jogadores excelentes. Primeiro, Xavi rolou um passe muito esperto no caminho de Samuel Eto'o, que finalizou de primeira. Parecia que sairíamos de lá com um empate, até que Ronaldinho recebeu a bola bem fora da meia-lua, deu um toque leve para a esquerda, enganou dois dos nossos zagueiros e mandou um chute no ângulo esquerdo superior. Não adianta manter um jogador como ele neutralizado por apenas oitenta e nove minutos. Tem que ser pelos noventa.

Mas conseguimos uma vitória e um empate nos dois últimos jogos e terminamos em primeiro no grupo, com três pontos de vantagem. Uma das coisas empolgantes na vitória por 4 a 0 em casa contra o Shakhtar foram os dois gols marcados por Crespo, que havia tido um período infeliz no Chelsea e chegou por empréstimo de uma temporada. Eu o conhecia desde os tempos de Parma, quando era mais jovem, e achei que conseguiria extrair o melhor dele. Era útil ter um atacante com grande faro de gol a quem recorrer, porque naquele ano Inzaghi precisou fazer duas cirurgias no tornozelo, motivo pelo qual ele ficou fora da seleção italiana na Euro.

Enquanto isso, na defesa, tínhamos Jaap Stam, que compramos da Lazio. Mantive meu interesse por ele em segredo da imprensa, mas então meu filho, Davide, que tinha 15 anos na época, me ouviu negando que estava de olho nele e acabou entregando tudo.

"Mas papi, por que você não compra ele?", perguntou na frente de alguns jornalistas. "Você vive falando dele!"

Stam nem sempre era titular – Nesta e Maldini jogaram bem mais partidas do que ele naquela temporada –, mas sua força e experiência foram recursos muito valiosos, especialmente porque mais jovem Costacurta não ficaria (se chegássemos à final da Champions League, ele teria 39 anos). Apesar de já estar na casa dos trinta, quando entrava em campo, Stam baixava a média de idade da defesa. Se eu escalasse uma linha defensiva com Maldini, Costacurta, Nesta e Cafu – e nem lembro se cheguei a fazer isso –, a soma das idades seria 136 anos.

Nas oitavas de final enfrentamos o antigo clube de Stam, o Manchester United. Jogamos a primeira partida lá, e, para muitos, seriam os jovens atacantes do Manchester enfrentando as pernas cansadas do Milan. Na verdade, eu já tinha enfrentado boa parte dos jogadores daquele time seis anos antes, em 1999, quando a Juventus jogou contra eles na semifinal. Jogadores como Scholes, Keane e Giggs já estavam na casa dos trinta. O vigor estava nas pernas de Cristiano Ronaldo e Wayne Rooney e, no jogo de volta, também de Ruud van Nistelrooy, que começou como titular. Nossos veteranos na defesa conseguiram evitar por cento e oitenta minutos que eles marcassem. Maldini, zagueiro na ida e lateral esquerdo na volta, foi imenso, tanto como líder inspirador quanto como um calmo organizador. Mais uma vez ele provou que é mesmo um dos maiores zagueiros de todos os tempos.

A primeira partida foi um jogo com mais energia gasta do que chances criadas. O Manchester não chegou a ameaçar seriamente o nosso gol, e no primeiro tempo Seedorf acertou o travessão em uma fortíssima cobrança de falta. No fim do segundo tempo, outro chute violento dele foi mal defendido pelo goleiro deles e Crespo apareceu para aproveitar. No San Siro, Crespo fez a diferença de novo quando, de longe, cabeceou com tanta precisão um cruzamento de Cafu que a bola fez um arco sobre o goleiro deles (que era outro).

Se aquele confronto foi uma extenuante guerra de atrito, nossas quartas de final acabaram sendo muito mais fáceis do que poderíamos ter previsto. Mais uma vez, Milan e Inter, com todo o drama que isso trazia. Nossa semifinal duas temporadas antes tinha sido incrivelmente equilibrada, e parecia sensato esperar algo semelhante, mesmo que Cannavaro já não fosse mais o pilar do centro da defesa deles, tendo se transferido para a Juventus. Na verdade, o drama veio por um motivo inesperado. Vencemos por 2 a 0 no jogo de ida, em casa, com gols de Stam e Shevchenko, ambos de cabeça, aproveitando cobranças de falta de Pirlo. No intervalo do jogo de volta, já tínhamos ampliado com mais um gol de Shevchenko, em uma canhota com efeito que entrou de longe.

Mas, a menos de vinte minutos para o fim e com o Milan vencendo por 3 a 0 no agregado, sinalizadores caseiros foram arremessados para o campo atrás do nosso gol, vindos da torcida mandante. O árbitro parou o jogo duas vezes, e apelos foram feitos aos torcedores da Inter para que parassem. Então um sinalizador atingiu

Dida no ombro. Nossa grande área parecia uma zona de guerra. A partida foi encerrada, e a UEFA nos concedeu dois gols adicionais. Foi uma reversão estranha de destino para mim, Maldini e Costacurta. O placar de 3 a 0 evocava a lembrança de quando Galliani se recusou a nos deixar voltar a campo para terminar o jogo contra o Olympique de Marselha, em 1991. A Inter foi multada e punida com quatro partidas de portões fechados.

A semifinal parecia menos assustadora. Em tese, o PSV Eindhoven não representava ameaça, e em casa conseguimos superá-los por 2 a 0, com mais um gol de Shevchenko e outro de Tomasson, ambos beneficiados pelos passes de Kaká. No jogo de volta, deixei Shevchenko sozinho no ataque e adensei o meio-campo. Mas as coisas não saíram como planejado, e com noventa minutos jogados o confronto estava empatado no agregado. Então, com a prorrogação se aproximando, Kaká escapou discretamente pela esquerda e cruzou com precisão milimétrica para Ambrosini desviar de cabeça. O PSV respondeu imediatamente com um gol, mas nós tínhamos nosso precioso gol fora de casa e avançamos por um fio.

E então veio Istambul. A data – 25 de maio de 2005 – está gravada na memória de todos os torcedores que estavam lá, assim como dos milhões que assistiram pela TV.

O que deu errado na final contra o Liverpool é um dos grandes mistérios que fazem do futebol o que ele é. Se havia uma preocupação, era o fato de nossa campanha no campeonato italiano ter perdido fôlego em abril, depois de termos acompanhado de perto a Juventus por toda a temporada. O cansaço estava se acumulando, então poupei os titulares no último jogo da Série A. Mesmo assim, havia motivos para confiança. O Liverpool estava de volta a uma final pela primeira vez desde que venceu a Roma nos pênaltis, comigo assistindo tudo da arquibancada, vinte e um anos antes, em 1984. Contra o Manchester United, tínhamos superado um time inglês aparentemente mais forte, com mais jogadores comprovadamente decisivos. Harry Kewell e Milan Baroš eram bons jogadores, mas não eram Ronaldo e Rooney, que conseguimos neutralizar. O goleiro deles, Jerzy Dudek, também era conhecido por cometer erros. Steve Finnan, Jamie Carragher, Sami Hyppiä e John Arne Riise formavam uma defesa sólida, mas não eram Cafu, Nesta, Stam e Maldini. O coração do time estava no meio-campo, onde Xabi Alonso jogava ao lado de Gerrard. Era Gerrard o jogador com quem sabíamos que teríamos que nos preocupar, mas estávamos confiantes de que Gattuso e Seedorf dariam conta.

Quanto ao Milan, escalei um time inicial muito forte, cheio de vencedores. Maldini estava jogando sua sétima final. Seedorf já tinha sido campeão em três clubes diferentes. Ao mover Maldini para a lateral esquerda, escalei Stam e Nesta como zagueiros centrais, com Cafu na lateral direita. No meio-campo, Pirlo jogou na base de um losango, atrás de Seedorf e Gattuso, com Kaká servindo Shevchenko e Crespo. Deixei Inzaghi, lesionado em boa parte da temporada, fora do elenco do dia do jogo.

Nossa superioridade e maior experiência se manifestaram como os comentaristas previam. Até Gerrard concordou. "Eles têm os melhores jogadores do mundo", diria depois. "Nós não éramos tão bons quanto eles." Sinceramente, penso nesses primeiros quarenta e cinco minutos como a melhor exibição de excelência futebolística que qualquer time meu já produziu em uma final – ou em qualquer outro jogo, aliás. Pressionando o adversário até subjugá-lo, parecíamos recuperar a posse quando quiséssemos. Estávamos imbatíveis. No intervalo, já vencíamos por 3 a 0.

Começamos em grande estilo desde o primeiro minuto, quando Maldini marcou com um belo chute de pé direito, convertendo um cruzamento difícil após uma cobrança de falta de Pirlo. A jogada foi perfeitamente ensaiada, com alguns correndo para despistar e outros abrindo o espaço quase sobre a marca do pênalti, para onde Maldini chegou livre. Aos 36 anos, ele se tornou o jogador mais velho a marcar em uma final da Champions League. Às vezes marcar cedo demais é um problema, mas a bola continuava fluindo em direção ao gol do Liverpool. Pirlo lançava verticalmente para Kaká entre as linhas, da base do losango direto até o topo. Kaká então corria com a bola ou acionava os atacantes. Era devastador.

E os gols só ficavam mais bonitos. O segundo veio quando recuperamos a bola do Liverpool pela enésima vez e contra-atacamos de imediato, com Kaká conduzindo diretamente contra a defesa recuada do adversário, antes de tocar para Shevchenko, que tinha se infiltrado pela meia-direita. De forma incomum e surpreendente para um artilheiro, Sheva rolou a bola para Crespo, que a empurrou com calma para o fundo da rede do Liverpool.

O terceiro gol foi ainda mais bonito. Kaká dividiu a defesa deles ao meio com um passe tão precisamente calibrado na direção de Crespo que, sem quebrar o ritmo, ele conseguiu bater de trivela, com o lado externo do pé direito, superando o avanço de Dudek.

Mas todo jogo, como nunca me canso de dizer, é disputado ao longo de noventa minutos. Ou, se não for suficiente, em cento e vinte minutos. Ou, se não for suficiente, numa disputa de pênaltis. Só acaba quando termina. No intervalo, eu disse exatamente isso a eles. A partida ainda não tinha terminado, mas terminaria se marcássemos mais um ou dois gols. Para que não reste dúvida: não estávamos comemorando no vestiário no intervalo. Na verdade, era o oposto. Eu dizia aos jogadores para começarem de novo, como se fosse o início, para continuar e não pensar no primeiro tempo, para concluir a final, para matar o jogo.

O técnico deles, Rafa Benítez, deve ter dito algo incrivelmente inspirador, porque eles voltaram ao campo com sangue nos olhos. Seus torcedores os receberam de volta com uma emocionante interpretação de "You'll Never Walk Alone". Para eles, não estava tudo acabado e ninguém tinha nada a perder.

No intervalo, Benítez substituiu Finnan, lateral direito, por Didi Hamann no meio-campo defensivo, alterando o esquema do Liverpool para um 3-5-2. Não foi exatamente um ato de genialidade tática, como alguns sugeriram. Foi simplesmente uma tentativa de igualar o número de jogadores no nosso meio-campo e conter a avalanche dos nossos ataques. Embora fosse, em essência, uma mudança defensiva, a entrada de Hamann liberou Gerrard para uma posição mais ofensiva e permitiu que os alas, Riise e Vladimir Šmicer, avançassem sobre nossos laterais. E então a coisa começou a acontecer.

Todo mundo amava Gerrard e queria contratá-lo, inclusive eu, mas ele gostava demais do Liverpool. A nova formação permitiu que ele mudasse o jogo sozinho. Foi uma daquelas atuações que apenas os grandes atletas são capazes de fazer. Nossos grandes jogadores tinham nos dado uma vantagem de três gols e ainda controlávamos a maior parte da partida – com exceção, claro, do período entre os 54 e os 60 minutos. Talvez o primeiro gol já devesse ter sido um sinal de alerta. Šmicer levantou um cruzamento da esquerda, e Gerrard apareceu livre no fim da jogada, dentro da nossa área. Sua cabeçada potente, vinda da marca do pênalti, passou por Dida e ele já corria de volta para o meio, incentivando os companheiros no caminho. Uma verdadeira demonstração de liderança. Tempos depois, Gattuso sugeriria que o time inteiro havia paralisado de medo. Isso foi aos cinquenta e quatro minutos. Mas estávamos jogando tão bem que imaginei que faríamos mais gols. Não havia motivo para pânico, ainda estávamos dois gols à frente e dominando. Nenhuma substituição era necessária. Com o benefício do tempo, vejo hoje que eu poderia ter feito uma troca naquele momento para afetar a mentalidade da partida, esfriar o entusiasmo do Liverpool, matar a esperança.

Dois minutos depois, no entanto, Šmicer, também sem marcação, arriscou de fora da área e de alguma forma o chute atravessou uma zona congestionada e entrou. De supetão, ficou claro o que estava acontecendo. Eu precisava fazer uma substituição defensiva, tanto para quebrar o ritmo do jogo quanto para melhorar nossa intensidade na zaga. Enquanto eu fazia isso, e antes de conseguir colocar um reserva em campo, Gerrard fez uma arrancada forte para dentro da nossa área. Gattuso tocou seu calcanhar. Pênalti. Quando Alonso foi bater, Dida pulou para a direita e defendeu o chute, mas não conseguiu impedir o rebote.

Os noventa minutos terminaram em 3 a 3. Era o Deportivo de novo. Só que agora era a final. Em seis minutos, o Liverpool tinha empatado na base da força de vontade. Nós os tínhamos atordoado no começo. Agora eram eles que nos atordoavam de volta.

Isso mostra que você pode fazer tudo certo em termos de preparação, escalação e tática. Mas às vezes existirão variáveis aleatórias sobre as quais nenhum técnico tem controle. A variável aleatória, nesse caso foi a paixão de Gerrard, de seus companheiros de equipe e de sua torcida. E, no final da prorrogação, houve Dudek. Os zagueiros do Liverpool se jogaram na frente de tudo, mas foi o goleiro deles quem salvou a partida, fazendo duas defesas incríveis, de reação rápida, para impedir Shevchenko, a três minutos do fim.

O que houve de bom em nós naquele dia foi que conseguimos retomar nosso jogo e ainda deveríamos ter vencido a partida. Dominamos por cento e catorze minutos. Permitimos que nos dominassem por seis minutos. Os erros que nos derrotaram aconteceram nesses seis minutos de loucura em que atuamos fora da nossa posição. Se eu tivesse agido diferente após o primeiro gol, talvez pudesse ter enviado uma mensagem mais forte aos meus jogadores e mudado as coisas de um jeito que lhes permitisse recuperar a confiança e o ritmo. Eu sempre gosto de tirar um tempo para pensar. Acontece que seis minutos simplesmente não foram tempo suficiente para isso; as coisas aconteceram rápido demais. O resultado foi a disputa de pênaltis.

Tive a mesma conversa com Shevchenko. "Você bate o primeiro." "Não, deixa que eu bato o último." Os grandes atacantes sempre querem bater o último, o pênalti da glória. Eu disse: "Tudo bem". Afinal, ele é o Sheva, quem sou eu para discutir? Então escolhi o Serginho para começar e o Shevchenko para fechar, assim como tinha sido dois anos antes, na final contra a Juventus. Mas dessa vez eu tinha mais jogadores técnicos em campo, então não precisei pedir para nenhum defensor bater.

Houve alguns lembretes da disputa de pênaltis de 1985. Um dos nossos chutes indo por cima do travessão. Dudek balançando os joelhos como uma imitação de Bruce Grobbelaar (o que não atrapalhou Kaká, que converteu). Talvez tenhamos ficado psicologicamente abalados justamente no momento em que precisávamos manter a calma. Talvez não tenha ajudado o fato de Dudek avançar antes das cobranças. Depois de dois pênaltis para cada lado, estava 2 a 0 para eles. Depois 2 a 1, após três. Depois 3 a 2, após quatro. Shevchenko precisava marcar para nos manter vivos. Ele bateu no meio. Dudek, pulando para a direita, defendeu o chute com as pernas.

No fim das contas, tenho que aceitar que fizemos uma final maravilhosa. Perdemos sem merecer perder, e tivemos que aceitar a derrota. Estávamos infelizes, mas acho que foi uma perda honrosa. Depois do jogo, todos no grupo do Milan pareciam atordoados. Do lado de fora, até o grande Maradona parecia chocado. "Nem a seleção brasileira que venceu a Copa de 1970 teria conseguido uma virada com o Milan vencendo por 3 a 0", ele disse. "Já vi viradas como essa no futebol, mas nunca contra um time que era tão claramente superior quanto o Milan foi."

Acabou se tornando uma das finais mais famosas da história da competição, e, infelizmente, eu era o técnico do time derrotado. Se eu estava com raiva? Como poderia estar? O Milan jogou maravilhosamente. Em outra noite, Dudek não teria defendido um ou outro daqueles dois chutes finais do Shevchenko, que não fez nada errado. Acho que eu não teria mudado nada na maneira como jogamos. Às vezes você simplesmente não vence. Mas o importante é continuar tentando. Às vezes o sonho está fora do alcance, e você acorda antes de chegar ao destino final.

10
A QUARTA VEZ
2005-2007

Se é verdade, como dizem, que se aprende mais com a derrota do que com a vitória, então a Champions League estava se tornando uma grande professora para mim.

Nas duas temporadas seguintes, a competição nos reservaria um tipo diferente de drama. Tínhamos chegado tão perto em Istambul que não senti necessidade de fazer muitas mudanças no elenco. Para minha quarta temporada completa no Milan – no total, a minha quinta –, tive que embaralhar um pouco as peças na defesa, porque Maldini passou parte do tempo lesionado. Cafu também nem sempre estava disponível, e Stam acabou jogando algumas partidas como lateral direito. No meio-campo, Rui Costa, que completou 34 anos naquela temporada, já não era mais uma primeira escolha.

As principais alterações no elenco foram no ataque, onde recrutei dois atacantes fortes. Christian Vieri, que tinha sido uma figura bem importante na Inter, mudou de lado e se juntou a nós no Milan. Pode ser que houvesse uma fantasia de que ele pudesse retomar a parceria de ataque com Crespo, que ambos tinham exercido em seu antigo clube. Mas os anos estavam pesando, e ele carregava um histórico de lesões, então não foi uma passagem feliz, e ele não disputou muitas partidas. Alberto Gilardino foi uma contratação mais forte, vindo do Parma. Isso implicou que permitíssemos a saída de Jon Dahl Tomasson, que me impressionou com sua ética exemplar nos treinos, apesar das oportunidades limitadas que teve. Ele era um bom soldado e viria a conquistar mais de cem convocações pela seleção da Dinamarca. Fiquei orgulhoso ao vê-lo ser nomeado técnico da seleção sueca em 2024.

A boa notícia para mim foi que Shevchenko não tinha sido afetado psicologicamente por Istambul. Eu o promovia a capitão sempre que Maldini ou Costacurta não entravam em campo, e ele começou a marcar muitos gols em um grupo que também incluía PSV, Schalke 04 e Fenerbahçe. Inzaghi também voltou a marcar gols nas fases eliminatórias. No jogo de ida das oitavas de final, disputado no San Siro, ele fez dois de cabeça contra o Bayern de Munique; vencemos por 5 a 2 no agregado. E nas quartas de final ele marcou mais dois, em casa, contra o Lyon. Foi uma partida tensa, porque a dois minutos do fim o placar estava 1 a 1, e eles prestes a se classificar pelo gol fora. Então, aos oitenta e oito minutos, algo muito incomum aconteceu, sugerindo que a sorte estava do nosso lado. Um cruzamento de Shevchenko acertou o segundo pau, depois voltou e bateu no outro. Antes que qualquer outro chegasse à bola, Inzaghi a tocou para o gol a menos de um metro. Shevchenko selou o resultado aos noventa minutos, marcando após invadir a área e driblar o goleiro.

Assim, pelo segundo ano consecutivo, estávamos de volta à semifinal, dessa vez contra o Barcelona e meu velho companheiro de equipe, Frank Rijkaard – e mais uma vez passamos um tempo agradável juntos, relembrando velhos amigos e velhos tempos. O resultado foram dois jogos soberbos, de um futebol de intenso atrito e de alta qualidade. Foi uma partida de muito equilíbrio, e ao longo das três horas de combate não houve absolutamente nada que nos diferenciasse, exceto um único ato de genialidade. Pirlo fazia as vezes de nosso maestro, e agora, na base do nosso losango de meio-campo, se portava como um jogador de primeira classe. No San Siro certamente começamos como o melhor time, mas pagamos pela nossa falta de precisão na frente do gol.

Depois de quase uma hora de jogo, Ronaldinho produziu o tal momento de genialidade. Ele não tinha conseguido se livrar da marcação de Gattuso, que estava encarregado de marcá-lo homem a homem, mas, no meio do caminho entre o círculo central e a meia-lua da grande área, tentou uma pedalada. Como Gattuso não caiu naquilo, então ele virou de costas, depois se virou novamente, levantou a cabeça e meteu um leve toque por cobertura para o lado esquerdo da área. Foi quase como uma tacada suave de golfe. A bola quicou perfeitamente para Ludovic Giuly girar e bater forte antes que Dida pudesse se mover.

Sempre temos o segundo jogo. Eles tinham vencido no San Siro, então por que não poderíamos vencer no Camp Nou? Não precisaríamos de um milagre, mas sim de uma atuação extraordinária para conseguir a classificação. O jogo teve tudo, menos o gol. Foi entretenimento do começo ao fim, com ataques e defesas se testando ao máximo. Dida bravamente nos manteve no jogo com várias grandes defesas. O mesmo fez Juliano Belletti, jogador do Barça, quando de algum modo não conseguiu converter uma chance claríssima. Shevchenko quase levou o jogo para a prorrogação com uma bela cabeçada bruscamente anulada por uma suposta falta em Carles Puyol. Isso me irritou na hora, e ao rever o lance ainda não consigo enxergar o que ele fez de errado, já que mal houve contato antes de Puyol cair no chão. Mas, na verdade, mesmo que o VAR estivesse disponível, a decisão provavelmente não teria sido revertida. Estivemos perto, mas não o suficiente. Ao menos fiquei feliz por Rijkaard, que, na final em Paris, levou o Barcelona à vitória contra o Arsenal.

Enquanto isso, aquela temporada foi dominada por um escândalo que envolveu o futebol italiano. O episódio ficou conhecido como *Calciopoli*, e envolvia a descoberta de contatos impróprios entre associações de árbitros e certos dirigentes do futebol. Ficou provado que alguns clubes tinham tentado arranjar para que árbitros favoráveis fossem escalados para algumas partidas. A história veio à tona no fim de 2005-2006, mas também cobria a temporada anterior. A Juventus foi despojada de seus *Scudetti* de ambas as temporadas e rebaixada compulsoriamente. Foi algo extraordinário em se tratando de um clube cujo tamanho e influência podiam ser medidos pelo que aconteceu na Copa do Mundo daquele verão. Nada menos que oito jogadores da Juventus participaram da final que aconteceu em Berlim: quatro pela Itália, quatro pela França. A Itália teve mais sorte na disputa de pênaltis do que quando eu era assistente técnico na final de 1994. Pirlo marcou o primeiro pênalti, e todos os outros *Azzurri* também.

Infelizmente, o Milan foi implicado no *Calciopoli*. A punição original era uma dedução de trinta pontos no início da temporada 2006-2007. Com uma tesourada dessas, eu sabia que seria impossível nos classificarmos para a Champions League, pois não haveria como terminar o campeonato italiano entre os primeiros colocados. No entanto, a UEFA também nos baniu de sua competição, então liberei os jogadores para entrarem de férias. Esse banimento, porém, foi revertido quando se determinou que a UEFA não tinha o direito legal de sobrepor à punição da federação italiana uma própria. Eles não ficaram satisfeitos e divulgaram um comunicado seco: "A UEFA deseja deixar claro ao clube que essa admissão [à competição] está longe de ser concedida com plena convicção".

Portanto, desde o início daquela temporada da Champions League, o clube não estava exatamente popular entre os dirigentes do futebol. Para mim, ele era, já que isso significava que não haveria um êxodo de jogadores como na Juventus, onde muitos atletas foram fisgados pelos rivais. No entanto, eu precisava urgentemente convocar os jogadores de volta das férias, pois a consequência da nossa punição atenuada foi que pudemos entrar na Champions League, ainda que no final da fase preliminar. Não era necessariamente um desastre para nós. Da última vez que isso aconteceu, quatro anos antes, contra o Slovan Liberec, em agosto de 2002, acabamos vencendo a competição. O único problema era que o primeiro jogo estava marcado para 9 de agosto, exatamente um mês após a final da Copa do Mundo, da qual Pirlo havia participado. Outros três jogadores do Milan estavam no banco.

Foi a pior preparação possível para um jogo tão importante. Cafu chegou um dia antes da primeira partida, em casa, contra o Estrela Vermelha de Belgrado. Ele nem chegou a treinar, mesmo assim jogou os noventa minutos, subindo e descendo pela direita como a máquina que era. Vencemos por 1 a 0, depois por 2 a 1 fora de casa. O Estrela Vermelha estava longe de ser tão forte quanto o time contra o qual joguei em 1988, ou o que venceu a Copa Europeia dos Clubes Campeões em 1991. Ainda assim, foi um jeito incomum e desconfortável de começar a campanha. A boa notícia era que Inzaghi voltou a marcar, balançando a rede nos dois jogos.

Nossa dedução de pontos foi reduzida para 15, e depois para 8. Mas a perspectiva de vencer o *Scudetto* naquela temporada ainda parecia muito remota, e até mesmo alcançar a quarta vaga de classificação seria bem difícil. Por isso, embora ninguém dissesse em voz alta, nosso foco principal naquela temporada era a Champions League.

Infelizmente, se quiséssemos vencê-la, teríamos que fazê-lo sem a ajuda de Shevchenko, que decidiu ir para o Chelsea. Stam e Rui Costa também saíram. A pergunta sobre como eu iria substituir os gols e a velocidade dele foi algo que me fiz durante toda a temporada. Inzaghi já tinha 33 anos. Uma das soluções encontradas no meio da temporada foi trazer por empréstimo o Ronaldo original. Quando o astro brasileiro chegou, na janela de transferências de inverno, completou uma jornada única para um jogador de elite, tendo passado do Barcelona para a Inter, depois para o Real Madrid e por fim para o Milan. Ele tinha perdido parte de sua explosão e força, mas ainda assim marcou um gol a cada dois jogos na Série A. Outro brasileiro contratado foi Ricardo Oliveira, mas foi impossível para ele render o melhor de si depois que sua irmã foi sequestrada em outubro de 2006. Felizmente, ela foi libertada sem ferimentos em março seguinte.

A saída de Shevchenko acabou sendo o catalisador que permitiu a adoção plena da versão final da formação em árvore de Natal. Na maioria dos jogos importantes, escalei um time com Inzaghi na frente e, logo atrás, Kaká e Seedorf, que agora atuava numa posição mais avançada do que estava acostumado. O sucesso do sistema só foi possível porque em cada linha do campo havia jogadores capazes de fazer bons passes entre as linhas. Pirlo conseguia controlar a posse de bola e, à sua frente, Kaká se movia bem demais nos espaços. Tínhamos dois bons laterais que podiam avançar porque Nesta e Maldini eram suficientes para cuidar da retaguarda. Gattuso e Ambrosini eram muito fortes defensivamente, então, sem a bola, nossos laterais nos permitiam fazer a transição rápida de um losango 4-4-2 para uma formação ofensiva 2-5-2-1. Com aqueles cinco jogadores centrais, sempre superávamos o adversário em número, com ou sem a bola.

Eu sabia que a formação tinha duas possíveis desvantagens. Primeiro, poderia haver falta de amplitude. Segundo, poderíamos ficar expostos na defesa se os meio-campistas dos lados de Pirlo fossem puxados para cobrir as pontas. Mas essas falhas também podiam ser forças. A suposta falta de amplitude era compensada pela velocidade e intensidade dos laterais que eu tinha à disposição. Fomos fortalecidos pelas atuações de Marek Jankulovski, nosso lateral esquerdo tcheco, que tinha chegado na temporada anterior mas agora se firmava como titular. E na lateral direita havia Cafu ou Massimo Oddo, que eu contratei da Lazio na janela de transferências, e que talvez fosse um cruzador mais preciso. Todos eram formidáveis no ataque. A capacidade deles de se juntar àquele bloco central de cinco jogadores permitia que os três meio-campistas centrais permanecessem compactos. Outro ponto positivo da entrega de Ambrosini e Gattuso era que isso libertava Seedorf e Kaká para fazerem sua mágica mais à frente no campo, onde podiam desequilibrar o adversário.

Acima dessas considerações táticas, havia algo mais que nos ajudava. Em um momento difícil para o clube, eu sabia que podia contar com a família Milan. Cinco anos depois de assumir o cargo de técnico no meu antigo clube ao lado do meu companheiro Tassotti, um núcleo forte do mesmo grupo de jogadores ainda estava comigo. Eram ao todo doze: Maldini, Costacurta, Dida, Nesta, Kaladze, Serginho, Pirlo, Gattuso, Seedorf, Inzaghi, Šimić e Brocchi. Isso é incomum, mesmo entre os grandes clubes. O sentimento de união que compartilhávamos era fruto de todo aquele tempo de convivência. Não estou dizendo que tudo era perfeito. Nenhum elenco vai ter harmonia total. Não vou citar nomes, mas naquela temporada um jogador da reserva testou positivo para uma substância proibida, e uma promessa recém-chegada teve dificuldades em campo porque não conseguiu se integrar com os companheiros de time, mas esse tipo de distração não é nada incomum. Considerando tudo, havia uma camaradagem muito forte.

Precisávamos daquele senso de união porque, na Série A do campeonato italiano, as coisas não iam bem. Vencemos os três primeiros jogos, empatamos os três seguintes e depois, em casa, perdemos três partidas na sequência, algo que não acontecia havia quarenta anos. Pela primeira vez na história, o Palermo nos venceu no San Siro. A derrota coincidiu com minha decisão de acabar com a tradição do *ritiro* pré-jogo. Em vez de passarmos num hotel a noite anterior à partida, deixamos os jogadores irem para casa. Para ser sincero, o *ritiro* já estava ultrapassado, e acho que só acelerei o fim dele. Depois, perdemos para a Inter por 4 a 3. Foi um típico dérbi. Materazzi fez o gol da vitória e foi expulso logo em seguida. Outros oito jogadores foram advertidos com cartão.

O tempo todo, estávamos com muita dificuldade para marcar gols. Surgiram rumores entre os torcedores e a imprensa de que eu poderia ser substituído. Posso dizer com toda a sinceridade que isso não me incomodou. No futebol, quando as coisas não vão bem, às vezes você paga o preço. Eu sabia que podia acontecer, mas nunca me senti ameaçado.

Provavelmente o pior resultado foi o último jogo da fase de grupos da Champions. O sorteio tinha sido generoso, colocando-nos contra o trio relativamente inofensivo de Lille, AEK Atenas e Anderlecht. Tivemos pouca dificuldade em cumprir o plano de garantir os pontos logo no início, antes que eu começasse a revezar o elenco, algo a que fui obrigado também por uma série de lesões ocorridas ao mesmo tempo. Vencemos o AEK por 3 a 0, empatamos em 0 a 0 com o Lille, vencemos o Anderlecht por 1 a 0, fora de casa, mesmo com uma expulsão no segundo tempo; depois, em casa, fizemos um 4 a 1, com um *hat-trick* de Kaká. Isso foi suficiente para garantir o primeiro lugar do grupo, mesmo com derrotas nos dois jogos finais. A derrota para o Lille foi particularmente ruim. Foi uma noite feia. Mostramos pouca determinação, fomos lentos e jogamos como indivíduos. Se medirmos a vontade de vencer de um time pelo número de faltas cometidas, parecia que não estávamos nem aí. Fizemos apenas nove.

Em dezembro, as coisas estavam ruins o suficiente para que outros times começassem a torcer para nos pegar no sorteio das oitavas de final. O Celtic tirou o bilhete premiado e estava pronto para nos receber em Glasgow no dia 20 de fevereiro. Para mim, é nesse momento que uma temporada da Champions League realmente ganha vida. E felizmente, naquele ponto, já não éramos mais um time fácil de enfrentar. Tínhamos vencido seis dos últimos sete jogos da liga, com dezesseis gols marcados. Conseguimos corrigir nossos problemas.

Uma das coisas que mudaram o rumo da nossa temporada foi uma pausa que nos levou para Malta. Isso foi na primeira metade de janeiro, quando o campeonato italiano dá uma breve parada. Trabalhamos muito bem por lá, o time estava com bom ânimo e combinamos que queríamos esquecer todas as coisas negativas que tinham acontecido desde agosto: os pontos deduzidos, as más atuações. E eu cruzei os dedos para que muitos jogadores lesionados conseguissem voltar a campo.

Mas nossa capacidade ofensiva falhou contra o Celtic. Nenhum gol após os dois jogos, três horas de impasse. Em comparação ao adversário, nos esforçamos mais para romper o empate, com quatro vezes mais finalizações. Não posso desrespeitar o técnico deles, Gordon Strachan, por ter escolhido jogar com um bloco baixo. Afinal, sou discípulo de Sacchi e muitas vezes já tive sucesso com a mesma estratégia. Para furar aquela defesa, tivemos que correr o risco de manter os laterais bem avançados, o que pode deixar o time vulnerável a contra-ataques. À medida que o segundo jogo no San Siro se aproximava da prorrogação, estávamos atacando com os dez jogadores de linha. Mas não conseguimos achar um caminho. Um cabeceio à queima-roupa de Maldini foi bloqueado, um chute de Seedorf foi defendido com agilidade e uma finalização de Kaká bateu no travessão. Comecei a temer que acabaríamos decidindo tudo nos pênaltis.

Eu não precisava ter me preocupado. Três minutos após o início da prorrogação, Kaká desempatou. Eles tinham se defendido com muita firmeza por muito tempo, mas de repente ele teve velocidade para disparar livre por entre os defensores pelo corredor esquerdo e finalizou por entre as pernas do goleiro. Foi um confronto difícil, e Kaká fez a diferença. Estávamos nas quartas de final. Se não vivíamos nossa melhor temporada, ao menos estávamos indo melhor do que todos os outros times que tinham chegado às quartas no ano anterior. Nenhum deles tinha voltado a alcançar a mesma fase naquele ano.

Mas isso não significava que haveria confrontos fáceis. O adversário seguinte era o Bayern de Munique, que veio ao San Siro no começo de abril. A boa notícia era que eu tinha à disposição a maior parte dos titulares, incluindo Nesta, que havia um tempo que estava sem jogar. Pirlo nos colocou à frente no primeiro tempo com um gol bem incomum para ele. Um lançamento profundo na área pegou de surpresa a defesa deles, e ele cabeceou encobrindo Oliver Kahn. Kaká sofreu um pênalti e marcou a seis minutos do fim. Mas, antes e depois disso, cedemos dois gols dentro de casa em lances confusos, incluindo um nos acréscimos.

Pelo menos isso deixou claro o que teríamos que fazer em Munique: vencer. No fim das contas, a tarefa se mostrou surpreendentemente fácil. Eles começaram bem, mas nós fomos calmos e disciplinados, e marcamos dois gols fora de casa: Seedorf e Inzaghi, ambos chutando mais ou menos do mesmo lugar, na entrada da área. O Bayern nos pressionou bastante, mas conseguimos manter o controle. Em termos estatísticos, fomos um exemplo de eficiência. Eles tiveram quase 60% de posse de bola e mais do que o dobro de finalizações. A estatística que mais importava para mim: Inzaghi tinha voltado a marcar depois de dois meses e meio.

Ao avançarmos para uma semifinal pela quarta vez em cinco anos, a única conclusão possível era a de que o intenso calor da competição europeia era o nosso hábitat. Gostávamos da Champions, e a Champions parecia gostar da gente. E, para ser sincero, eu precisava desse sucesso, porque, naquele ponto da temporada, a Inter já tinha vencido o *Scudetto* e nosso presidente estava impaciente por mais um troféu. Ele chegou a reunir os jogadores e a equipe do clube e exigiu que encerrássemos a temporada em alta. "Quero um mês do velho Milan", disse ele.

A semifinal nos colocou frente a frente com o Manchester United de Alex Ferguson. A última vez que os enfrentei nessa fase tinha sido em 1999, com a Juventus. Nos últimos anos, o domínio deles no futebol inglês já não era tão forte quanto antes. Eles não venciam a Premier League havia quatro anos, embora tivessem ficado prestes a conquistá-la três vezes seguidas. Suas estrelas eram Rooney e Cristiano Ronaldo, abastecidos por Giggs e Scholes, e foi essa combinação que conseguiu arrancar uma vitória por 3 a 2 num jogo maluco no Old Trafford.

Nosso plano era contra-atacar com o trio ofensivo e contar com uma resoluta barreira defensiva. As coisas não saíram exatamente assim. A liderança parecia mudar de mãos a cada poucos minutos. Primeiro Ronaldo abriu o placar para o Manchester logo aos cinco minutos, e então Kaká respondeu com dois gols inteligentes e bem executados para nos colocar à frente antes do intervalo. O primeiro foi uma combinação de genialidade e efeito cômico em partes iguais. Primeiro, Kaká deu um chapéu em Gabriel Heinze, depois amorteceu de cabeça para além do avanço de Patrice Evra, que então trombou com Heinze enquanto Kaká, com toda a calma, deslizava a bola para dentro do gol defendido por Edwin van der Sar. Kaká olhou para trás e viu Patrice e Heinze se levantando do chão.

Mas, como único atacante, eles tinham Rooney, um talento especial. Ele marcou uma vez aos sessenta minutos e depois novamente no primeiro minuto dos acréscimos, dando ao Manchester a vantagem de um gol para levar a Milão. Pelo menos tínhamos dois gols fora de casa. Ainda estávamos vivos.

Para o jogo de volta, minha principal mudança tática foi reposicionar Pirlo de modo que fosse mais difícil para Scholes marcá-lo individualmente durante toda a noite. As únicas alterações na escalação foram a entrada de Kaladze no lugar de Maldini, que estava indisponível, e de Oddo, que era um cruzador ligeiramente mais preciso que Cafu. Eu não queria que ele tivesse de marcar Ronaldo sozinho, então pedi a Gattuso que também o vigiasse.

A essa altura, tínhamos adotado a Árvore de Natal como nossa formação padrão, embora talvez fosse mais exato chamá-la de um híbrido entre um 4-4-1-1 sem a bola e um 4-3-2-1 com ela. Dominamos desde o início embaixo de chuva forte no San Siro. Como precisávamos vencer, pressionamos desde o começo. Abrimos o placar com apenas onze minutos, Kaká tabelando com Seedorf antes de finalizar com precisão de fora da área. Foi o terceiro gol dele na eliminatória. O Manchester devia estar cansado dele. Dez minutos depois, Seedorf se impôs fisicamente contra dois defensores e marcou de uma distância semelhante. Atuando atrás de Inzaghi, os dois se complementavam perfeitamente, apesar das diferenças. Kaká era pura velocidade e habilidade, enquanto Seedorf se baseava na força e resistência. Juntos, eram um tormento. No segundo tempo, coloquei Gilardino e ele encerrou qualquer dúvida, correndo para alcançar o passe de Ambrosini vindo de trás e fazer 3 a 0, completando uma aula de futebol.

Fui técnico em mais de oitocentas partidas. Se tivesse que escolher as duas melhores atuações de qualquer um dos meus times, uma seria essa semifinal contra o Manchester United. Ver o time jogar como jogou no primeiro tempo foi tão bom que simplesmente me recostei e aproveitei, quase como um torcedor. Não precisei fazer nada. Nos primeiros quarenta e cinco minutos, jogamos um futebol perfeito. Pirlo e Seedorf ditaram o ritmo da partida, e Kaká, sendo Kaká, foi simplesmente mágico. Mas o homem do jogo foi Gattuso. Ele foi uma fera e um demônio ao perseguir Ronaldo por toda parte, impedindo que ele tivesse qualquer influência real. Como Gattuso conseguiu levar um cartão amarelo só aos oitenta minutos é um mistério, mas assim que foi advertido eu o substituí por Cafu. Naturalmente, foi com Scholes, outro guerreiro, que ele teve problemas. Ao sair de campo, Gattuso transbordava de emoção. Começou a incitar a torcida a demonstrar apoio pela nossa atuação. A torcida respondeu. Talvez isso não tenha sido muito legal, mas coisas assim acontecem nesse nível da competição.

Depois do jogo, meu bom amigo Alex Ferguson me disse que nossa atuação foi uma das melhores da história do Milan. Enquanto nos desejava sorte para a final, acrescentou que não precisaríamos dela. Dei a ele minha melhor garrafa de vinho, e ele disse que só a abriria quando me visse levantar o troféu.

Por incrível que pareça, o Milan estava de volta a uma final pela terceira vez em cinco anos. Era um feito do qual podíamos nos orgulhar, especialmente considerando tudo o que estava acontecendo naquela temporada. Mas havia uma reviravolta. Também estava de volta à final, pela segunda vez em três anos, o Liverpool, que tinha vencido o Chelsea de José Mourinho nos pênaltis, na outra semifinal. Depois de nos encontrarmos em Istambul, agora teríamos de cruzar o Egeu para um novo encontro, em Atenas. Estávamos torcendo desesperadamente para que eles vencessem o Chelsea, de modo a podermos corrigir os erros do chamado "milagre de Istambul". A vingança certamente ocupava o primeiro plano na mente do nosso presidente. "Vamos a Atenas buscar de volta a taça que o Liverpool tirou da nossa mão há dois anos", disse ele. "Há dois anos perdemos uma partida inacreditável, mas dessa vez estaremos prontos para qualquer coisa."

Em alguns aspectos, o Liverpool era um time mais forte em comparação àquele que nos venceu nos pênaltis dois anos antes. Benítez tinha reforçado o meio de campo com as contratações de Javier Mascherano, e contava com Bolo Zenden na esquerda. Dudek estava no banco, assim como Hyppiä, enquanto Pepe Reina era o titular. Em vez de Baroš no ataque, eles tinham o incansável Dirk Kuyt. O estilo de jogo deles era mais físico que o do Manchester United. E estavam muito bem organizados defensivamente. Mas eu não estava preocupado. Apesar daqueles seis minutos de pesadelo em Istambul, tínhamos provado que sabíamos jogar partidas dessa magnitude, e, nesse ponto da competição, nunca tivemos um mau jogo. Além disso, mesmo sendo o fim de uma temporada longa, o elenco estava em condição física melhor do que na final de Istambul. A pausa de Natal tinha surtido efeito e operado sua mágica.

Foi uma excelente notícia saber que Maldini, que vinha lutando contra uma lesão no joelho, ficou disponível no último instante. No mês seguinte ele completaria 39 anos, mas sua sabedoria e experiência ainda o tornavam indispensável. Minha única preocupação eram os músculos posteriores da coxa de Inzaghi. Ele era um atacante extraordinário, e eu sentia uma ligação forte com ele. Atacantes são mais complexos do que os outros jogadores por causa da natureza do trabalho que realizam. Podem ser arrogantes e ao mesmo tempo frágeis. Depende de estarem marcando gols ou não. Inzaghi não era diferente. Kaká era nosso artilheiro na Europa naquela temporada, mas Inzaghi também tinha balançado as redes algumas vezes. E os jogos da Champions eram a vida dele.

Se ele estivesse pronto, eu queria muito escalá-lo. Era questão de escolher entre ele ou Gilardino. Um finalizador clínico ou um jogador que prospera em contra-ataques rápidos e lances de um contra um? A outra opção, Ronaldo, que vinha se saindo bem no campeonato italiano, não estava disponível, pois já tinha atuado na Champions por outro clube. Todos no clube e na imprensa presumiam que eu não arriscaria com Inzaghi, mesmo ele tendo se esforçado muito para recuperar a forma. A suposição era de que eu começaria com Gilardino e faria a troca se fosse necessário.

Não tinha sido a melhor temporada de Inzaghi conosco, e ele tinha deixado um ou outro erro escapar em seu jogo. Compreensível. Quando se joga pouco, a pressão pode acabar afetando. Lembro de Galliani, nosso diretor-geral, assistindo ao nosso último treino antes da final. Inzaghi mal conseguia dominar a bola. Não parecia pronto para uma responsabilidade tão grande.

"Por que não deixamos o Gilardino jogar?", disse Galliani. "Ele parece estar bem mais em forma que o Inzaghi."

Mas eu tinha um pressentimento. Depois de trinta anos no futebol, desenvolvi e aprendi a confiar em meu olhar. Havia uma motivação a mais: entre todos os seus companheiros, apenas ele não estivera em condições de jogar em Istambul.

"Inzaghi é um bicho estranho", respondi. "Talvez amanhã seja a noite dele."

Na noite seguinte, escalei sete jogadores que tinham começado a final em Istambul: Dida, Nesta, Maldini, Pirlo, Gattuso, Seedorf e Kaká. E também Inzaghi. Minha família de jogadores que estavam juntos havia tanto tempo. Oddo e Jankulovski jogaram como laterais. Ambrosini atuou no meio. Juntos, tinham uma memória coletiva que queriam apagar. Como apenas três deles ainda estavam na casa dos vinte anos, sabiam que essa provavelmente seria sua última chance de vencer a Champions League juntos.

Inzaghi não me decepcionou. Quando o primeiro tempo se aproximava do fim, Kaká sofreu uma falta na entrada da área. Pirlo e Seedorf se posicionaram para bater e Inzaghi colou no lado direito da barreira. O que aconteceu em seguida pareceu um golpe de sorte, e talvez tenha sido; se foi, foi uma sorte calculada. Quando Pirlo bateu rasteiro rente à barreira, Inzaghi recuou, abrindo passagem. A bola resvalou em seu peito e seguiu em direção ao gol. Reina já tinha se lançado para o outro lado. Será que Inzaghi planejou o desvio? Ou teve sorte e simplesmente estava no caminho? Provavelmente foi um pouco dos dois. Ele decerto já havia feito gols assim antes, e jurou que esse foi baseado no conhecimento que tinha da cobrança de Pirlo.

Com o tempo passando, o Liverpool foi ficando mais desesperado, e, a doze minutos do fim, Benítez lançou sua carta Peter Crouch – colocou em campo um ponto de referência alto para jogadas diretas da defesa ao ataque. Mandei Kaladze para o campo, não especificamente para marcar Crouch, mas para reforçar a defesa e proteger nossa vantagem.

Em vez disso, aos trinta e sete do segundo tempo, dobramos a vantagem com um gol típico de Inzaghi. Kaká recebeu a bola pela direita, sem nenhum jogador do Liverpool por perto. Teve tempo de sobra para avaliar as opções e enfiou um passe em profundidade, cortando o coração da defesa. Desastrosamente, Jamie Carragher resolveu subir para deixar Inzaghi impedido. Que erro. Carragher esqueceu a piada de Ferguson sobre Inzaghi ter nascido em posição de impedimento. Inzaghi, na cola de Carragher, arrancou para a área, driblou Reina e selou o resultado.

Faltavam oito minutos. O Liverpool precisou de apenas seis para marcar três gols em Istambul, então não dava para ter certeza de nada. Tirei Inzaghi aos quarenta e três e coloquei Gilardino para que ele também pudesse sentir o gosto de uma final. Kuyt, logo em seguida, cabeceou um escanteio para dentro e correu de volta ao círculo central com a bola. Nas palavras do próprio Inzaghi, ele passou os minutos finais "marcando o bandeirinha", esperando para ver se seus dois gols seriam anulados. Mas não houve milagre em Atenas. Não para o Liverpool. Nossa vingança estava feita. A conta fora paga. Podíamos seguir em frente.

Foi uma vitória muito especial. No início do ano, eu estava sob pressão crescente, embora encarasse todas aquelas coisas da imprensa como um barulho inconsequente. Foi um período difícil, já que os jogadores estavam cansados e tinham perdido parte da confiança. Meu trabalho era fazer essa confiança nascer de novo, e felizmente eu fiz meu trabalho. Batalhamos muito para melhorar as coisas.

Mas o que também fez diferença foi o time em si. Quando olho para a escalação daquela partida, é difícil imaginar alguém melhor para ocupar qualquer uma daquelas posições. Cada peça foi escolhida para complementar e potencializar o todo. Cada jogador era o encaixe perfeito, porque o sistema tinha sido moldado para eles, e não o contrário. O mais incrível é que esse foi um dos times mais velhos a vencer a Champions League. Só três jogadores estavam na casa dos vinte anos. A idade média era de 31. Isso apenas demonstra que às vezes a idade é só um número. Nunca se está velho demais! Nosso jogador mais jovem, Kaká, foi o artilheiro da competição e ainda venceu a Bola de Ouro naquele ano. Que temporada.

E havia o pano de fundo. Eu não via essa vitória como uma vingança pelo escândalo do *Calciopoli*, e mesmo assim foi um momento importante para todo o futebol italiano. Conseguimos recuperar um pouco da credibilidade internacional.

Todos ficamos emocionados no apito final. Inzaghi mais do que ninguém. Enquanto o time comemorava diante das fileiras de fotógrafos, Maldini e eu tivemos um momento especial juntos. Ele passou o braço em volta de mim e, mesmo que não tenhamos dito nada, talvez o mesmo pensamento tenha nos atravessado: essa era a quarta vez que estávamos ali, juntos, com o Milan. E também seria a última.

Dois dias depois de levantar o troféu, Paolo passou por uma cirurgia no joelho. Quando acordou da anestesia, continuava perguntando se tínhamos vencido ou perdido. Talvez tenhamos feito mais do que isso. Depois do *Calciopoli*, talvez tenhamos resgatado a credibilidade do futebol italiano aos olhos da Europa e do mundo.

Nunca perguntei a sir Alex se o vinho estava bom.

> No Milan, Paolo Maldini foi companheiro de Carlo em duas conquistas da Copa Europeia, e Carlo foi seu técnico em outras duas vitórias na Champions League.
>
> *Eu já conhecia o Carlo antes de ele vir para o Milan porque meu pai, Cesare, foi técnico dele no Parma e costumava escalá-lo como um número 9 ou 10, então ele era o artilheiro daquele time. Meu pai e Nils Liedholm, que foi uma grande influência para Carlo, jogaram juntos no grande time do Milan do final dos anos 1950.*
>
> *Liedholm era uma figura mítica do futebol na Itália. Foi técnico de Carlo na Roma e na minha estreia no Milan. A grande lição que Carlo teve com ele foi que não importava se você era um nome famoso ou se tinha acabado de subir da base; só importava o que você fazia em campo. Se achasse que você estava pronto, ele o colocaria em campo. Ele lhe dava confiança para entrar em campo, para ser sua melhor versão e tentar coisas novas. Era um visionário e, para jogadores talentosos, o melhor técnico possível. Carlo vem desse mesmo molde.*
>
> *Eu era bem jovem quando Carlo chegou ao Milan como jogador. Quando se tem 18 anos, a gente não se envolve muito em discutir se um reforço é bom ou ruim, mas todos os outros jogadores achavam que Carlo podia ser uma grande contratação. Embora tivéssemos uma excelente linha defensiva, precisávamos de jogadores de nível mais alto, com criatividade e energia no meio-campo.*

Mas havia uma preocupação. Carlo estava voltando de uma lesão muito séria e, no começo, sofreu um pouco.

Desde o início, um pequeno grupo entre nós começou a conversar, beber e se entrosar bastante. As conversas eram como uma poção mágica, um superpoder – éramos como crianças, mas estávamos vivendo um sonho. Carlo também conhecia esse sonho, porque esteve em uma final da Copa Europeia, na qual não jogou. A gente achava que aquilo aconteceria só uma vez na vida. Então, para chegar à final, achávamos que Carlo podia nos ajudar com isso, e, claro, era por isso que Sacchi o queria tanto.

Embora já pensássemos em conquistar a taça desde o início, as fases anteriores tinham uma estrutura diferente naquela época, então ainda estávamos tentando entender como chegar à final. Embora houvesse menos jogos, era muito complicado porque, se você jogasse mal, estava fora.

As táticas do Sacchi nunca mudavam; o que ele fazia era mudar nossa mentalidade para a Copa Europeia. Ele nos dava a sensação de que, nos jogos importantes, nós venceríamos. Ele nos passava confiança, e Carlo entendeu com Sacchi que transmitir confiança é o papel mais importante de um técnico. Ambos foram criticados por não ganharem mais Scudetti, *mas a Série A era o torneio mais difícil do mundo nos anos 1980 e início dos anos 1990. Havia o Napoli com Maradona, a Sampdoria com Mancini e Vialli, e dividíamos o estádio com a Inter, que tinha Matthäus e Klinsmann. Meu Deus, era duro. Não bastava ser o melhor. Era preciso um pouco de sorte também.*

Veja nosso primeiro jogo contra o Estrela Vermelha. Basicamente, estávamos eliminados. Não tínhamos chance de fazer gol. Se não fosse pelo nevoeiro, não teria havido Copa Europeia naquele primeiro ano. A gente lembra do nevoeiro, mas também da lesão do Donadoni. Foi uma entrada feia, e o Roberto ficou azul. Ficamos todos traumatizados, chorando, mas aí veio um aviso pelo sistema de som, e um dos jogadores do Estrela Vermelha o traduziu para mim, dizendo que o Roberto estava bem. Não dá para ganhar um jogo assim se você não consegue se concentrar no campo.

Mais tarde naquela campanha, enfrentamos o Real Madrid e aquilo foi especial: 5 a 0. Foi importante porque o Real Madrid era o parâmetro para o Berlusconi – era com eles que ele queria que nos comparássemos. Nosso jeito de jogar era novidade, e acho que eles não estavam organizados para enfrentar um time como o nosso. Mas, acredite, tínhamos atletas incríveis naquele elenco. O jeito como treinávamos e trabalhávamos era incomum para o futebol daquela época. Eu era uma máquina naquela idade, mas na sexta-feira eu dizia: "Não consigo jogar, estou morto, morto". Os treinos de Sacchi eram os mais duros de todos, mas Carlo acompanhava o ritmo mesmo sendo difícil para ele. Ele sabia quando o corpo não estava cem por cento para jogar, mas era excelente, nunca reclamava, estava sempre disponível, e jogava até na ponta quando o colocavam lá. Foi um grande modelo para nós, os mais jovens.

Nossa primeira final foi contra o Steaua Bucareste, em Barcelona. Ganhamos por 4 a 0. Aquilo foi incrível. Só tinha torcedores do Milan. Ninguém teve permissão para vir da Romênia, em comparação às 90 mil pessoas vindas de Milão. Então, para a gente, chegar ali foi... bom, dava até arrepio; mas para eles provavelmente foi: "Já era, já era". Seria impossível eles vencerem. Eles eram um time muito bom, mas tudo estava a nosso favor.

No ano seguinte veio a final contra o Benfica. Aquilo foi mais normal para nós, mesmo sendo uma final muito difícil, sabe, contra o Eriksson, que era o técnico deles, mas o caminho até lá foi bem tranquilo, assim como a vitória. Aquilo foi fruto da experiência do ano anterior. Agora estávamos acostumados – tínhamos realizado o sonho, de certa forma, e sabíamos que ele poderia ser realizado mais uma vez. Quando joguei minha primeira partida como profissional, eu disse: agora sei que posso jogar.

Eu pertenço a esse lugar. Isso também acontece quando se atinge um certo resultado – podemos vencer campeões, podemos ganhar a Champions League. Meu primeiro jogo... ganhe o jogo, depois ganhe o campeonato, depois a Copa Europeia, depois qualquer coisa. A cultura mudou, agora somos campeões.

Isso atravessa todo o clube – leva à excelência não só em campo, mas também no vestiário. Então, tudo vinha de Milanello, o chef, os garçons, como você se vestia – sabe, os dois primeiros anos com o Berlusconi. Por exemplo, o clube contratava um tutor para ensinar os jogadores a ler jornal, a ler em outros idiomas, a se comportar com outras pessoas ou ao encontrar alguém. Então todo santo dia o presidente trazia alguém para nos ensinar alguma coisa, entre os treinos.

Treinava-se de manhã; depois, recuperação; e treinava-se de novo à tarde. No verão, normalmente o treino da tarde era às cinco, cinco e meia, seis horas, e tudo o que a gente queria era dormir porque estávamos mortos. E aí vinham com: "Pessoal, tem aula agora". No começo foi horrível para a gente, mas depois começamos a pensar: "Uau, tem uma lógica nisso que ele está fazendo". Então passamos a ter mais conhecimento, eu diria, sobre tudo. Tudo para que o ambiente estivesse pronto para vencer. As diferentes nacionalidades só enriqueciam essa cultura. E o Carlo estava ali, observando e aprendendo com tudo isso.

Mas, como todos nós, ele chegou ao seu jogo final, e temos boas e engraçadas lembranças dessa partida. O último jogo do Carlo como jogador foi contra o Verona. Ele estava no banco; era o último jogo da temporada e a gente já tinha vencido o campeonato. O placar estava empatado em 0 a 0 e já tínhamos feito duas das três substituições permitidas. Então o Capello olhou para o banco e disse para o [Aldo] Serena: "Entra". Carlo estava sentado ali, e Aldo olhou para Capello, balançou o dedo e disse: "Não, essa é para o Carlo". Capello não gostou nada de ser contrariado, mas acabou cedendo e se virou para Carlo: "Carlo, entra". Carlo cor-

reu para o campo e, no primeiro toque na bola, resolveu se exibir com uns dribles, um movimento que ele adorava fazer quando era jovem, mas o gramado em Milão não estava bom, e ele tropeçou no próprio pé e caiu de cara no chão – pá! – e a gente rindo, cacete, o último jogo do Carlo e ele se despede assim... Mas aí ele fez dois gols. Quando ele conta essa história, só fala da parte dos gols.

Nove anos depois, Carlo voltou ao Milan, dessa vez como Professor, e eu era jogador. Ele tinha aprendido lições boas e ruins na Reggiana, no Parma e na Juventus. A primeira coisa que ele fez foi me dar a responsabilidade de comandar o vestiário e o campo enquanto ele cuidava das outras coisas. Claro, ele ainda fazia a gestão geral do vestiário, mas me dava crédito. Ele me deixava liderar, fazer o tipo de trabalho que ele mesmo fazia quando era jogador do Sacchi, ser o homem dele em campo. E me deixava fazer isso do meu jeito. Acho que dá para aprender, porque, veja, eu aprendi com muitos técnicos, com muitos homens, mas no fim sou eu quem tem que decidir o que manter e o que descartar, e Carlo estimulava esse aprendizado. Ele mesmo tinha aprendido com Sacchi, com Liedholm, e depois acrescentou as peças finais a partir de si próprio. Isso nunca foi dito, mas nosso relacionamento precisava mudar. Então ele me deu responsabilidades, mas ele era o técnico, eu era um jogador – não podíamos ser apenas amigos. Éramos amigos – eu o chamava de Carlo, não de Professor, e ele me chamava de Paolo, mas a distinção precisava ser clara. Os outros jogadores tinham que saber que não havia favoritismo. E funcionou para nós dois. Eu pude ser eu mesmo, viver meu melhor momento. Não só como jogador, mas também na vida. Eu ainda era imaturo, e Carlo foi o melhor técnico que eu poderia ter naquele período da minha vida. Então passei a desfrutar desde o primeiro dia da função de jogador de futebol, porque antes era só trabalho, mas com o Carlo eu também passei a gostar da vida, do futebol e das experiências. Do primeiro ao último dia da minha carreira.

Como técnico, Carlo era o pai do time, e eu era o filho mais velho. No fim das contas, nós dois tivemos que partir. Foi muito bonito porque saímos de lá no mesmo dia. Foi triste para mim e para ele, mas aproveitei demais aqueles anos entre 2001 e 2009. Éramos um grupo de pessoas que se divertia de verdade juntas. Ele me ligou no dia seguinte à minha saída, quando foi para o Chelsea, mas era cedo demais. Eu até fui conversar com o Abramovich, mas só para dizer: "Ainda não estou pronto para isso".

O que torna Carlo especial é que as décadas de experiência o colocam entre os melhores em termos de conhecimento do jogo. Por exemplo, como jogador, ele aprendeu com outros técnicos. Com Sacchi, a disciplina, a ética de trabalho, como lidar (ou não) com grandes jogadores. Sacchi talvez não tenha conseguido lidar tão bem com os holandeses porque eles não se encaixavam na cultura que ele queria impor. Mas Carlo aprendeu com isso. Ele entendeu que os holandeses traziam novas ideias e alguns problemas, e que essas novas ideias eram valiosas. Era preciso entendê-los como seres humanos, e não apenas como jogadores. E Carlo é ótimo nisso. Ao mesmo tempo, ele soube valorizar o que Sacchi trazia. Capello era o oposto de Carlo, mas ele também aprendeu com Capello.

O que diferencia Carlo de alguns outros técnicos é que ele não está interessado em ser lembrado como o maior técnico de todos os tempos, aquele que mudou o futebol. Ele quer ser Carlo Ancelotti, um vencedor, e ele consegue vencer dando o crédito a todos, porque ele sempre diz que foi graças a isso, graças ao Real Madrid, e não é força de expressão, ele fala sério, é verdade mesmo. Alguns técnicos querem ser os únicos responsáveis pelo resultado, mas no fim das contas os jogadores é que são, e Carlo sabe disso. Futebol não é um esporte individual, então isso também faz com que a vitória seja algo que você possa compartilhar com os seus – todos são importantes, todos estão envolvidos, e o mérito também é do senhor Berlusconi por ter trazido uma cultura de excelência para o clube. Carlo floresceu nesse ambiente, tanto como jogador quanto como técnico.

Talvez até o título de "gestor" combine mais com ele do que "técnico", porque ele enxerga o trabalho como uma forma de ensinar a ser homem. Então, se você é um homem com uma identidade forte, com bons valores, Carlo vai te levar a um nível em que você se torna responsável por si mesmo, e isso é uma coisa com que os jogadores conseguem se identificar. Grandes jogadores respondem bem quando são tratados com confiança. Do ponto de vista tático, ele enxerga o jogo com profundidade, como quando decidiu escalar alguém como Pirlo em outra posição para que pudesse usar melhor suas habilidades em prol do time. Para mim, ele merece o melhor pelo que representa, por tudo o que construiu em sua vida e carreira. Para mim, ele está entre os melhores do mundo nesse esporte. Se ele está feliz, eu fico mais feliz que ele, então acredito que a sorte vai para onde deve ir, e ele merece isso – esse é o Carlo.

11
AZUL É A COR
2007-2011

Eu nunca soube ao certo por quanto tempo um técnico deve permanecer em um clube. Alguns conseguiram seus melhores resultados na primeira temporada e já perderam o elenco na terceira. Eu já estava no Milan havia muito tempo, e a verdade é que, de fato, considerei sair em busca de um novo desafio quando o Real Madrid me procurou em 2006, e eu estava pronto para aceitar a oferta.

"Queremos você. Você é o melhor", disseram os dirigentes do clube quando nos encontramos. Isso aconteceu enquanto o Milan enfrentava o Barcelona na semifinal da Champions League. Mesmo assim, não foi uma decisão difícil. O salário era muito bom, e eu estava disposto a assinar um pré-contrato. No entanto, antes disso, fiz questão de incluir uma cláusula: "Este contrato só se tornará válido com o consentimento do Milan". Em outras palavras, eu só deixaria o Milan se eles quisessem que eu saísse. Fui totalmente transparente com Galliani a respeito da proposta, e ele me incentivou a ficar, oferecendo uma extensão de contrato, que eu assinei.

Naquele momento, eu já era o técnico mais longevo no comando de um clube da Série A do campeonato italiano. Se permanecesse até 2008, me tornaria o técnico com o período ininterrupto mais longo da história do Milan. (Os registros apontam que Nereo Rocco comandou mais partidas, mas em dois períodos distintos.)

Na temporada seguinte, vencemos a Champions League. Mas, em 2007-2008, sofremos uma ressaca terrível. Nosso elenco envelhecido ainda se mantinha em campo, com apenas Costacurta decidindo encerrar a carreira. Se houve alguma lição naquela temporada, foi a necessidade de renovar o time enquanto as coisas ainda iam bem. E não conseguimos fazer isso plenamente. A principal novidade no elenco foi Alexandre Pato, um atacante promissor vindo do Brasil ainda adolescente.

Mesmo assim, a temporada teve um ou outro raio de sol. Em dezembro, no Japão, vencemos o Mundial de Clubes pela primeira vez ao derrotar o Boca Juniors. Mas a campanha na Série A foi um desastre. Começamos tão mal quanto no ano anterior e só conseguimos a primeira vitória em casa já em meados de janeiro.

Mais uma vez, nossa única esperança de redenção era a Champion League. Passamos para as oitavas de final, de novo terminando em primeiro num grupo que incluía Celtic, Benfica e Shakhtar Donetsk. O adversário era o Arsenal. A partida foi anunciada como um duelo entre juventude e experiência. A idade média do nosso time passava dos 30 anos, enquanto a deles mal chegava aos 25.

A mim não parece que a idade tenha influenciado no jogo de ida. Não fomos superados fisicamente nem em velocidade. Mas isso não quer dizer que os jogadores não estivessem mentalmente esgotados pela temporada anterior, pelo tempo que já tinham de carreira e pelas muitas temporadas suportando a pressão constante de representar os *Rossoneri*.

À medida que o jogo avançava, começamos a recuar e deixamos que eles tivessem muito mais chances. O fato de termos conseguido segurá-los num empate sem gols se deveu em parte ao nosso goleiro reserva, o australiano Zeljko Kalac, que entrou no time naquela temporada porque Dida estava sofrendo com uma lesão e com a má fase. Kalac foi eleito o melhor em campo. Eles quase venceram nos segundos finais, com uma cabeçada à queima-roupa de Emmanuel Adebayor, que acabou batendo no travessão.

Isso deveria ter nos animado para o jogo de volta no San Siro. Mas não conseguimos ser incisivos. A energia deles permaneceu alta até o fim do jogo, enquanto a nossa se esvaía. Aos trinta e nove minutos do segundo tempo, Cesc Fàbregas recebeu a bola no círculo central, avançou em velocidade, conseguiu passar por Gattuso e, a uns 30 metros de distância, mandou um chute rasteiro que quicou uma vez antes de entrar no canto inferior esquerdo. Aquele gol nos matou, porque a partir dele precisaríamos de dois. No entanto, nos acréscimos, o Arsenal ainda enfiou o segundo. Precisávamos ser sinceros e aceitar que fomos claramente dominados por um time que tomou o controle da partida, pressionou sem parar e nos anulou.

No Milan, eu tinha disputado três finais de Champions League, vencendo duas, além de uma semifinal e uma quarta de final. Ser eliminado antes das quartas era minha pior campanha na competição desde 2000, quando a Juventus não passou da fase de grupos. Alguns jogadores do elenco tiveram muita dificuldade em lidar com esse cenário. Kaká não estava acostumado com o fracasso e ficou visivelmente abalado.

"Acontece", eu disse a ele. "Assim é o futebol. Admita, mas nunca se conforme."

Se os outros iriam admitir ou não, já não dependia de mim. Aquela temporada chegou a ter uma sequência decente de resultados no campeonato italiano, mas não foi suficiente para nos levar às vagas de classificação para a próxima Champions League. Assim, desde aquela vez em que assumi o Parma, doze anos antes, eu não colocaria um time em campo para disputar a principal competição europeia.

Quando se desce de nível na Europa, você acaba jogando nos lugares mais inusitados. Na temporada seguinte, entre 2008-2009, a Copa da UEFA nos levou a Zürich, Heerenveen e a um estádio absolutamente antiquado em Portsmouth. Na fase de 16 avos de final, fomos eliminados pelo Werder Bremen, da Alemanha, por causa dos gols que tomamos dentro de casa. No campeonato italiano, atingimos o objetivo básico de voltar a nos classificar para a Champions da temporada seguinte, embora Berlusconi tenha ficado insatisfeito por não termos vencido o *Scudetto*. Ele chegou a tirar um tempo de suas funções como primeiro-ministro da Itália para reclamar disso em público.

À medida que os jogadores mais velhos começaram a se aposentar ou sair do clube, o San Siro virou um lugar interessante para quem gostava de ver nomes *galácticos* na escalação. Quem deu as caras ao longo daquela temporada? Ronaldinho e David Beckham. Beckham veio por empréstimo do LA Galaxy, dos Estados Unidos, em busca de mais tempo de jogo antes da Euro. Senti-me honrado por Capello, então técnico da Inglaterra, ter dito a ele que eu cuidaria bem dele. Gianluca Zambrotta, ex-Juventus, chegou depois de dois anos no Barcelona e foi quem mais entrou em campo naquela temporada. E ficamos felizes em receber Shevchenko de volta, vindo do Chelsea, onde não estava sendo aproveitado, embora dessa vez sua passagem não tenha sido tão bem-sucedida. Nenhum desses nomes ajudou muito a diminuir a idade média do elenco.

Desde a temporada anterior, quando fomos eliminados pelo Arsenal, a imprensa vinha falando do fim de uma grande era na história do clube. Para ser sincero, esse também era o meu sentimento. São poucos os técnicos que conseguem permanecer no mesmo cargo, seguir renovando o elenco e vencendo ao mesmo tempo. Eu tinha desfrutado de mais sucesso do que poderia imaginar com o Milan. Realizei o sonho de conquistar a Champions League duas vezes. Mas agora começava a entender que tinha chegado o momento de o clube e eu seguirmos caminhos diferentes, um ano antes do fim do meu contrato. E, quando mencionei isso ao clube e disse que havia interesse de outro time com grandes ambições, eles concordaram que provavelmente era a hora certa. Foram muito elegantes quanto a isso e me trataram com total respeito.

Maldini e eu éramos o último elo com o grande experimento de Sacchi, que tinha trazido duas Copas Europeias dos Clubes Campeões. Sairíamos juntos. Ele tinha quarenta anos. Eu estava prestes a completar cinquenta. Era hora de nós dois tentarmos algo novo. No vestiário, depois do nosso adeus final aos torcedores do Milan no San Siro, não me envergonho de admitir que houve lágrimas. É difícil dizer adeus à sua família. Cheguei a convidar Maldini para ir comigo para Londres como meu assistente, mas, depois de tantos anos jogando, ele queria descansar e disse não.

Minhas primeiras conversas com o Chelsea tinham ocorrido no final da temporada anterior. A oferta que me fizeram parecia estar de pé até que decidiram contratar Luiz Felipe Scolari. Ouvi dizer que Roman Abramovich achava que meu inglês não era bom o suficiente. Scolari não teve uma boa passagem pela Premier League e saiu no meio da temporada, sendo substituído interinamente por Guus Hiddink. O Chelsea voltou a conversar comigo. Logo, como é de costume, os rumores de uma possível mudança vazaram para a imprensa. Beckham revelou que eu estava tendo aulas de inglês desde antes de sua chegada, na janela de transferências do inverno. O que foi incomum nas negociações é que eles fizeram uma verdadeira diligência, tentando descobrir o máximo possível sobre mim antes de oferecerem o cargo. Isso levou a uma longa sucessão de reuniões em que me pediram para, em detalhes, discutir estratégias e objetivos.

Foi bem diferente da minha contratação pelo Milan, que pareceu mais como um assalto noturno a um banco. O resultado foi que, em março de 2009, concordei preliminarmente em me juntar ao Chelsea. Após uma semana muito intensa de aulas de inglês, assumi meu posto em junho e tive orgulho de dar minha primeira coletiva de imprensa no idioma local. Cheguei até a fazer minha primeira piada em uma língua estrangeira. Alguém perguntou sobre a importância de John Terry, já que havia dúvidas quanto a sua permanência. Eu o descrevi como o símbolo do time, mas disse que não sabia se ele seria o capitão na temporada seguinte. Isso foi recebido com um momento de espanto silencioso.

"Gosto de brincar em coletivas de imprensa", expliquei.

Alguns diretores começaram a aprender italiano, talvez para me dar uma força, e fiquei contente por ter Ray Wilkins, que aprendeu italiano enquanto jogava no Milan, como meu assistente. Ele se tornou um bom amigo e, com sua habilidade na tradução, um elo valioso com o elenco. Descobri que o italiano era útil em um aspecto: eu não conseguia transmitir emoções direito em inglês, então, se quisesse levantar a voz, fazia isso no meu idioma. Aí os jogadores tinha certeza de que eu estava bravo.

O clube fez valer a pena. O salário-base era extremamente generoso, e, além disso, Abramovich ofereceu um bônus se eu conseguisse conquistar a Champions pelo Chelsea. Não havia razão para supor que era uma meta impossível. Sob o comando de José Mourinho e seus sucessores, o Chelsea tinha chegado à semifinal cinco vezes nas seis temporadas anteriores, e a uma final, quando perdeu nos pênaltis. Era um baita currículo. O elenco que tantas vezes esteve perto ainda estava inteiro. Herdei a espinha dorsal de um grande time, com um núcleo inglês forte formado por John Terry, Frank Lampard e Ashley Cole. Entre os craques que completavam esse grupo estavam Petr Čech no gol, Michael Essien, Michael Ballack, Florent Malouda e Deco no meio, Didier Drogba e Nicolas Anelka no ataque. A média de idade era relativamente alta, e, quando se tenta ganhar a Champions League, experiência em campo conta muito.

Também ajuda, ao assumir um grupo tão impressionante, ter duas conquistas da Champions no currículo. Mas eu sabia que o poder do meu histórico era limitado. Abramovich deixou claro que queria que eu ganhasse a Champions com o Chelsea, e também queria que o clube criasse uma identidade própria em campo. Para atender a essa exigência, decidi que precisaríamos jogar com mais posse de bola do que era o estilo sob Mourinho e seus sucessores. Para isso, cheguei a tentar contratar Pirlo, mas não foi possível. Também tentei contratar Pato. No fim, o único que veio comigo do Milan foi Bruno Demichelis, da comissão técnica. Bruno era responsável pelo Milan Lab, ao qual se atribuía a longevidade de jogadores como Maldini.

Logo no começo da pré-temporada, participamos de um minitorneio nos Estados Unidos. Em Pasadena (na última vez em que lá estive, eu tinha sido assistente de Sacchi na final da Copa do Mundo de 1994), o Chelsea venceu a Inter, campeã italiana comandada por Mourinho. Depois voamos para Baltimore, e vivi a experiência estranha de escalar um time *contra* o Milan, cheio de jogadores que tinham sido minha família por anos. (Kaká não estava entre eles, pois tinha se transferido para o Real Madrid.) Vencemos de novo. Contra o Milan, Drogba acertou um espetacular chute de longa distância.

As coisas continuaram indo muito bem. Não parávamos de vencer na Premier League, mesmo que eu tenha demorado um pouco para encontrar meu sistema preferido. Comecei com Lampard no vértice ofensivo de um losango e Essien na base, mas este se machucou na Copa Africana de Nações. Em certo momento, evoluímos para uma espécie de 4-3-3, com bastante movimento fluido. Criamos o hábito de vencer os maiores rivais – Liverpool, Arsenal, Manchester United. Fizemos todos os pontos possíveis contra eles, dentro e fora de casa.

Houve apenas um pequeno percalço no caminho. No fim de setembro, fomos a Wigan e perdemos por 3 a 1. Foi quando a primeira nuvem se insinuou sobre o meu tempo no clube. Abramovich apareceu no centro de treinamento na manhã seguinte, exigindo respostas. O que tinha dado errado? A resposta mais óbvia era que Čech fora expulso logo no começo do segundo tempo, pouco depois de Drogba empatar a partida. Mas a verdade é que eles jogaram bem, e nós, não.

Eu nunca tinha enfrentado esse nível de vigilância por parte de Berlusconi. Claro, ele era um dono exigente, às vezes comprava jogadores de que eu não precisava e esperava que eu os encaixasse no time, ou discutia comigo sobre tática e escalação. Talvez porque, durante boa parte da minha passagem pelo clube, Berlusconi também fosse o primeiro-ministro da Itália, não havia esse tipo de microgerenciamento. Ele tinha coisas mais importantes em que pensar. Agora eu trabalhava para um oligarca russo que, como de repente percebi, esperava que tudo desse certo o tempo todo. E, se não desse, ele queria saber o motivo. Meu trabalho era dar a resposta. Logo assumimos a liderança da tabela e permanecemos lá até meados de março. Como eu disse, de vez em quando eu perdia a paciência e gritava em italiano. Tratava-se, em parte, de algo que eu não conseguia controlar, mas também era uma estratégia tática para eletrizar o elenco e lembrá-los de quem era o Professor.

Enquanto isso, na Champions League, caímos em um grupo com Porto, Atlético de Madrid e o clube cipriota APOEL. Vencemos as três primeiras partidas, o que eu sempre soube ser importante, e terminamos facilmente na liderança do grupo. O jogo mais divertido foi em Madrid, onde Sergio Agüero marcou para eles aos sessenta e seis minutos, Drogba virou com dois gols, e Agüero fez outro nos acréscimos. Não importava, porque já estávamos classificados.

O sorteio das oitavas de final nos colocou contra a Inter. Talvez tenha sido uma pegadinha do destino, que inevitavelmente acabaria sendo pregada em mim e no meu colega Mourinho. O confronto significava que ambos voltaríamos a nossos antigos estádios. Por uma temporada fomos rivais em Milão, com times que jogavam no San Siro – em confrontos diretos pela Série A do campeonato italiano, cada um tinha uma vitória. Agora eu ia escalar um time cheio de jogadores que ele conhecia bem de sua época no Chelsea. Ele tinha conquistado dois títulos da Premier League com eles, além de outras taças. Se ele precisasse de uma motivação a mais para vencer, bastaria lembrar que a única vez que o Chelsea havia chegado à final da Champions League foi sem ele, depois que Abramovich o demitiu.

Tentei me manter afastado de toda aquela barulheira, mas ficava sempre uma tensão entre nós. Na maior parte, apenas intrigas mentais geradas por ele; embora nunca significassem muito, elas acabavam amplificadas pela imprensa, que adorava essas mexericos de "diz que me diz". Um jornalista chamou a coisa de "sucesso de audiência". Admito que às vezes eu mesmo atiçava o fogo. No dia anterior ao jogo, declarei que toda a Itália queria que o Chelsea vencesse a Inter. Mas o Mourinho já estava enrolado com três partidas de suspensão pelo campeonato italiano.

Quase conseguimos nos segurar no San Siro contra um time que tinha Wesley Sneijder no meio-campo e Samuel Eto'o no ataque. Mas o nosso problema nos dois jogos foi passar por Júlio César, o excelente goleiro brasileiro, e pela defesa muito experiente postada à sua frente. Entre eles, os argentinos Javier Zanetti e Walter Samuel e o brasileiro Lúcio, tão veteranos e espertos quanto qualquer defesa que eu já tivesse escalado no Milan. Enquanto isso, o Chelsea sofria com lesões entre os zagueiros titulares. No Stamford Bridge, fui obrigado a escalar nosso terceiro goleiro. E o nosso melhor zagueiro, John Terry, enfrentava dificuldades na vida pessoal que o deixaram no centro das atenções da imprensa.

Diego Milito marcou aos três minutos em Milão. Depois, mais ou menos à mesma altura do segundo tempo, Salomon Kalou enfiou um elegante chute no meio da lotação da grande área, e com isso conseguimos nosso gol fora de casa. Quatro minutos depois, o meio-campista Esteban Cambiasso aproveitou uma bola mal afastada e disparou com força no canto oposto, fazendo 2 a 1.

No fim de semana seguinte, houve uma repetição do pós-derrota contra o Wigan quando, pela segunda vez na temporada, perdemos para o Manchester City, comandado por Roberto Mancini, meu velho companheiro de *Azzurra*. Eles nos venceram por 4 a 2 em casa, e Abramovich fez sua já habitual cobrança por explicações. Esse não era o pano de fundo mais tranquilo para nosso próximo jogo em casa, quando tentaríamos reverter a desvantagem contra a Inter. Faltou pouco para conseguirmos superar a firme e obstinada defesa deles. A onze minutos do fim, Sneijder lançou um passe aéreo preciso para Eto'o, que correu e finalizou.

No dia seguinte, Abramovich falou não só comigo, mas com todo o elenco. Logo surgiram na imprensa questionamentos quanto a minha permanência no Chelsea para a temporada seguinte. Mas, sinceramente, não achei que o dono tivesse muito do que reclamar. Naquela temporada, marcamos mais gols na Premier League do que qualquer outro time na história da competição. Drogba fez 29, Lampard 22. Nosso total de 103 gols foi seis a mais que o Manchester United em 1999-2000, e 31 a mais que o time de Mourinho em suas duas temporadas vitoriosas. Por duas vezes marcamos sete em uma só partida e, no último jogo, em casa contra o Wigan, fizemos oito. Fiquei satisfeito com isso porque não me considero um técnico especialmente ofensivo. Tenho a mentalidade defensiva de um técnico italiano e venho da tradição da Série A, onde se vence o *Scudetto* não marcando mais, mas tomando menos. Isso provava que eu era capaz de me adaptar. Trouxe comigo meu modo habitual de trabalhar: dedicação no campo de treinamento, mas também leveza no ambiente. Quando eu me sentia tenso, é claro que tentava proteger os jogadores e guardar para mim. E, quando havia problemas, eu os incentivava a falar.

Havia algo libertador em estar na Inglaterra. Os estádios ficavam mais cheios e mais acolhedores do que na Itália, com muito menos violência nas arquibancadas. Essa sensação de liberdade se expressava em campo. Quando estávamos na frente no placar, eu incentivava o time a continuar marcando gols. Isso raramente acontecia no ambiente de "segurança em primeiro lugar" do campeonato italiano.

Vencemos a Premier League e depois vencemos a Copa da Inglaterra, derrotando o Portsmouth na final. A dobradinha não era mais tão rara quanto já fora na Inglaterra. Desde a criação da Premier League, o Manchester United tinha feito isso três vezes, e o

Arsenal, duas. Ainda assim, foi uma grande conquista. O Chelsea nunca tinha ganhado as duas antes, sob nenhum técnico, incluindo Mourinho. Mas naquela temporada ele conseguiu algo ainda maior com a Inter, que venceu a tríplice coroa. Até hoje, essa foi a única vez que um clube italiano alcançou tal feito. Meu problema foi que o triunfo de Mourinho não ajudou em nada minha relação com Abramovich, que tinha sido o responsável por demiti-lo. Eu era, por assim dizer, o antídoto de Mourinho: calmo, comedido e capaz de revigorar o elenco depois do drama que fora Mourinho. De acordo com Abramovich, Mourinho já era passado. Ao permitir que ele estragasse esse roteiro, acabei deixando o dono do clube em maus lençóis.

Acho que cumpri meu papel, e não foi exatamente minha culpa que José tenha tido tanto sucesso na Inter. Sinceramente, acho que a Inter era uma espécie de lar espiritual para ele. Misturando paixão e disciplina com a habilidade de criar uma cultura de "nós contra o mundo", ele era o sucessor natural de Helenio Herrera e Giovanni Trapattoni. Como eu viria a descobrir, Diego Simeone, no Atlético de Madrid, é outro grande técnico nesse mesmo molde.

Em uma entrevista coletiva em Wembley, depois de conquistarmos a dobradinha, eu expressei o desejo de ficar por um bom tempo. Talvez até dez anos, se as condições fossem favoráveis. Mas, é claro, isso dependia de manter uma boa relação com o patrão. No verão seguinte, o clube não investiu pesado. Ballack, Deco e Joe Cole saíram. Apesar de os veteranos que permaneceram estarem agora um ano mais velhos, isso não me preocupava, especialmente porque vencemos seis dos nossos primeiros sete jogos da temporada 2010-2011. A sétima vitória foi em casa, contra o Arsenal. No dia anterior, cumpri o triste dever de comparecer ao funeral de meu pai, que tinha falecido aos 87 anos. Naturalmente, foi um momento muito pesaroso para mim, mas eu também sabia que ele gostaria de que eu desse o meu melhor no trabalho, e foi o que fiz.

O primeiro sinal de que as coisas não iam bem para mim veio em novembro, depois da derrota para o Liverpool. Os gols deles foram marcados por sua jovem estrela, Fernando Torres. Naquela semana, sem me consultar, o clube decidiu não renovar o contrato de Ray Wilkins. Fiquei triste em perdê-lo, já que o Chelsea estava no seu sangue. Promoveram Michael Emenalo, coordenador de análise de adversários, para substituí-lo, embora ele ainda não tivesse as qualificações exigidas para técnicos.

Numa entrevista coletiva, me perguntaram se as coisas não seriam diferentes em um clube mais normal. "Este é um clube normal!", respondi. Era para ser uma piada, e os jornalistas riram. Em particular, eu disse aos diretores que estava satisfeito em trabalhar com Demichelis e Paul Clement, que vinha da base do clube. Criei rapidamente uma boa relação com Paul, que mais tarde me acompanharia no PSG e no Real Madrid.

Por essa época os jogadores começaram a demonstrar insatisfação, e esse descontentamento parecia refletir em campo. Imediatamente passamos a perder pontos e, quando chegou a janela de transferências de janeiro, já tínhamos caído para o quinto lugar. O clube decidiu concretizar um plano que estava sendo preparado havia algum tempo: quebrar o recorde de transferência do futebol inglês e comprar Torres do Liverpool por 50 milhões de libras. Uma semana depois, Torres teve que jogar pelo novo clube contra o antigo. O Liverpool veio ao Stamford Bridge, armou uma retranca e venceu por 1 a 0.

Mas ao menos já tínhamos nos classificado para a fase eliminatória da Champions League. Como sempre, o sucesso ou fracasso na Europa era o que definiria minha avaliação diante de Abramovich. O incentivo para vencer era, como se isso fosse possível, ainda maior naquele ano, pois a final seria disputada em Wembley. Caímos num grupo com Olympique de Marselha, Spartak Moscou e o clube eslovaco MŠK Žilina, e vencemos as cinco primeiras partidas. O último jogo, que perdemos, foi fora de casa contra o Olympique, mas já tínhamos garantido o primeiro lugar. Nas oitavas de final, enfrentamos o FC Copenhagen. A vaga foi decidida no jogo de ida, fora de casa, graças à velocidade e precisão de Anelka, que marcou os dois gols na vitória por 2 a 0. Um empate insosso de 0 a 0 no segundo jogo consolidou nossa classificação. Nas quartas de final, caímos diante do Manchester United de Alex Ferguson. Era a terceira vez que eu o enfrentava na competição, cada vez com um clube diferente. Até então, o placar estava 1 a 1. Eu tinha perdido com a Juventus e vencido com o Milan.

A boa notícia é que tínhamos vencido o Manchester recentemente, pela Premier. Primeiro eles vieram ao Stamford Bridge e marcaram um belo gol no primeiro tempo. Michael Carrick lançou uma bola longa da direita para a esquerda, onde Giggs avançava. Seu toque de primeira matou a bola e deixou Bosingwa para trás. No segundo toque, ele recuou para Rooney, que finalizou sem chances para o goleiro.

Na véspera do segundo jogo, Abramovich decidiu advertir o elenco de que, se não vencessem o confronto, haveria mudanças. Em seguida, me disse que, se perdêssemos, eu não precisava voltar no dia seguinte. Não achei isso muito sábio da parte dele. Mesmo que fosse brincadeira, era evidente que ele estava sentindo o baque. Mais uma vez, Giggs foi nosso carrasco, dessa vez cortando da direita para servir Javier Hernández (também conhecido como *Chicharito*), que só teve o trabalho de empurrar para o gol. Era preciso mudar algo. Precisávamos marcar dois gols, sendo que, em toda a temporada, o Manchester só tinha sofrido três gols em nove partidas. Infelizmente, parecia que nenhum desses gols viria de Torres, que claramente sofria de falta de confiança e carregava o peso de sua taxa de transferência no pescoço. Ele ainda não tinha marcado um único gol pelo Chelsea. Eu conhecia bem esse tipo de problema por outros atacantes: Inzaghi, Shevchenko e Crespo também tinham passado por longos jejuns. Eu queria apoiá-lo.

Quando se acredita em um jogador, é preciso insistir. Ele precisava de tempo para reencontrar seu melhor futebol. Mas aquele era o Chelsea. E aquele era Abramovich. O que significava que não tínhamos o luxo do tempo.

No intervalo, tomei uma decisão que sabia que não seria bem recebida na mesa dos diretores: tirei Torres e coloquei Drogba. Ele nos deu uma breve esperança quando, pouco depois de Ramires ser expulso, dominou no peito um longo lançamento de Essien, avançou e marcou. Mas a esperança durou menos de um minuto: Park Ji-sung correu para receber mais uma assistência inteligente de Giggs e acabou com qualquer chance de reação.

No vestiário, Abramovich deixou bem claro o que aquela derrota significava. Eu estava em choque quando fui tomar um drinque com Ferguson logo depois. "Esquece isso", ele disse. "Ele não tem como te mandar embora no meio da temporada." Algumas semanas depois, ele foi gentil o bastante para declarar publicamente que me demitir seria "uma decisão inacreditável".

O que aconteceu em seguida era inevitável. Não importa muito qual foi a causa exata. Talvez o dono do clube tenha ficado indignado por eu ter tirado Torres, em quem ele investira tanto dinheiro, e colocado no lugar um jogador mais confiável na hora de fazer gols. Torres era uma decisão pessoal dele, e substituí-lo foi, indiretamente, uma reprimenda no patrão. Por um instante, esqueci que, no fim das contas, não é possível vencer o dono. Depois de três meses e 903 minutos em campo, Torres marcou seu primeiro gol com a camisa do Chelsea, numa vitória por 3 a 0 contra o West Ham, enquanto tentávamos voltar à briga pelo título da Premier League. No começo de maio, fomos ao Old Trafford. Se vencêssemos aquela partida e as duas últimas, seríamos campeões. Perdemos. Depois empatamos. E, na última rodada, perdemos para o Everton. Fui sincero comigo mesmo e com a imprensa: eu sabia que o machado podia cair a qualquer momento. Era questão de saber quando e como. A demissão veio logo após a coletiva. O CEO já estava saindo do estádio quando recebeu a ordem de voltar para Goodison Park e me demitir.

No ônibus de volta para Londres, os jogadores já sabiam da notícia e foram muito gentis. Ashley Cole me disse que precisávamos sair todos juntos. Eu disse que não poderia, porque tinha dez amigos da Itália me esperando em casa para jantar.

"Não, não. Todos têm que ir juntos", disse Cole. "Vou mandar um ônibus para vocês."

E ele mandou uma van para me buscar com meus convidados. Os jogadores mais antigos – Cole, Terry, Lampard e Drogba – me levaram para sair e se despedir. Foi uma noite inesquecível.

O Manchester United chegou a Wembley, mas foi claramente dominado pelo Barcelona de Pep Guardiola. Entre os onze titulares estavam seis jogadores da seleção espanhola que tinha conquistado a Copa do Mundo menos de um ano antes. Além disso, eles tinham Messi.

Pela segunda vez na minha carreira, foi a Champions League que me tirou o emprego. Não consegui realizar o sonho na Juventus e saí após duas temporadas. Consegui no Milan e fiquei por oito. Não consegui no Chelsea e, depois de dois anos, estava de partida mais uma vez.

Nunca falei com Abramovich. Na semana da minha demissão, fui a um jantar de premiação promovido pela League Managers Association.[1] Foi uma noite agradável. O modo como fui demitido desagradou ao presidente da entidade, Richard Bevan. "Isso prejudica o futebol", ele disse. "É desrespeitoso com a Premier League, e acho que o senhor Abramovich precisa refletir seriamente sobre os conselheiros que tem ao seu redor. É uma maneira muito ruim de administrar [um clube]. Ele precisa ter um pouco mais de respeito pela história, pela tradição e pela cultura."

---

1 Associação de técnicos de futebol da Inglaterra, que representa e apoia profissionais das principais ligas do país. (N.T.)

Bem, talvez Abramovich tenha estado certo em me demitir, porque na temporada seguinte o Chelsea finalmente lhe deu o presente de um título da Champions League – embora ele tenha demitido meu sucessor seis meses depois de colocar as mãos no troféu.

Quanto a mim, lembro com carinho de cada dia que passei no Chelsea.

12
JE NE REGRETTE RIEN
2011-2013

Na Itália temos um ditado: *Chiusa una porta, si apre un portone* (quando uma porta se fecha, abre-se um portão). Depois que saí do Stamford Bridge, eu só tinha uma pergunta: e agora? Eu estava em um limbo. A última vez em que isso tinha acontecido foi depois que deixei o Parma, em 1998. Naquele tempo, fui logo procurado pela Juventus, convidado a substituir Marcello Lippi quando ele deixasse o clube. Desta vez foi diferente.

Eu ainda tinha um ano de contrato com o Chelsea, mas estava livre para não fazer nada. Pensei, sim, em continuar na Inglaterra. Na verdade, durante a negociação da rescisão, fiz questão de remover uma cláusula contratual que me impedia de assumir naquele mesmo momento outro clube da Premier League. Chegaram a me vincular na imprensa a um ou outro clube inglês, e também à minha antiga Roma. Naquele outono, acabei mesmo ficando pela Inglaterra, e imaginava se não surgiria uma vaga em algum clube grande. Mas eu não estava com pressa. Não seria um problema tirar um ano sabático. Por ora, ao menos, eu não sonharia com mais uma disputa de Champions League. Talvez eu precisasse de um tempo longe das exigências de donos ambiciosos e super-ricos.

Foi então que recebi uma ligação da Qatar Sports Investments; ou melhor, quem estava na linha era Leonardo. Eu o conhecia bem. O ex-jogador da seleção brasileira era o diretor técnico nos meus últimos tempos de Milan, e assumiu meu lugar como técnico depois da minha saída, em 2009. Seu relacionamento com Berlusconi não era bom, e ele durou apenas uma temporada. Em um movimento incomum, foi direto para a Inter, novamente por apenas uma temporada. Pediu demissão no verão de 2011 para assumir o cargo de diretor esportivo no Paris Saint-Germain.

Isso aconteceu justamente quando o clube foi comprado pela Qatar Sports Investments. Da noite para o dia, o PSG se tornou um dos clubes mais ricos do mundo. E com a riqueza veio a ambição. Como todos os presidentes desse tipo, Nasser Al-Khelaifi queria que o clube conquistasse o principal troféu europeu. Mas o PSG não vencia a Ligue 1, o principal campeonato francês, desde o começo dos anos 1990 e, na temporada 2010-2011 nem sequer conseguiu se classificar para a Champions League seguinte. Em 2011-2012, caiu ainda na fase de grupos da Liga da Europa. Ou seja, o clube não estava em boa forma.

Paris é uma cidade estranha no que diz respeito ao futebol. Algumas das maiores ideias do esporte vieram da França. A Copa do Mundo foi uma criação de Jules Rimet, um francês. A Copa Europeia dos Clubes Campeões nasceu em um hotel parisiense. A Bola de Ouro foi invenção de uma revista de futebol francesa. Mas, por algum motivo, a capital da França só tem um clube de primeira linha. Em Londres, eu tinha dez clássicos por temporada contra outros clubes da cidade. O estádio do rival mais próximo, o Fulham, ficava a poucos minutos de caminhada do Stamford Bridge. O mais próximo que o PSG tinha de um rival local era o Lille. Não sou a pessoa mais indicada para dizer se a ausência de rivais locais tinha algum peso nisso, mas era evidente que o grande clube de uma grande capital europeia deveria estar se saindo melhor.

Em dezembro de 2011, embora o clube estivesse bem na Ligue 1, os novos donos decidiram demitir o técnico anterior. A ideia era substituí-lo por um nome de maior peso, alguém com um histórico comprovado de conquistas. Leonardo veio até mim e perguntou se eu consideraria uma mudança para Paris. Não houve qualquer tipo de cortejo prolongado nem interrogatório intenso como aquele da minha contratação pelo Chelsea, e foi agradável ser simplesmente convidado. No início foi bom ter quatro meses sem nem falar de futebol, mas, quando os campeonatos inglês e italiano começaram, fui ficando inquieto. Estava cansado de não trabalhar. Então aceitei um contrato de dois anos e meio.

Logo ficou claro que os novos donos ainda não tinham tido tempo de aplicar uma estrutura mais organizada ao clube. Meu primeiro ato foi chamar Paul Clement para ser meu auxiliar. Fiz muitas outras mudanças ao longo daquela temporada, todas com o objetivo de transformar o PSG em um clube que, de cima a baixo, tivesse perfil de candidato à Champions League. Contei com o conhecimento do grande meio-campista francês Claude Makélélé, que, já chegando à casa dos quarenta, tinha acabado de se aposentar. Eu não o conhecia antes de chegar, mas, como ele já tinha passado pelo Chelsea, senti que nos entendíamos e ele me orientou em diversas questões.

No momento em que cheguei ao PSG, fui bombardeado por empresários oferecendo jogadores que representavam, e até mesmo por atletas que tinham acabado de assinar com outros clubes. Eles estavam atraídos pela cidade de Paris, pelo dinheiro do Catar e pela possibilidade de trabalhar com um bom técnico. Mas eu não saí por aí gastando à toa. Herdei bons jogadores que também tinham acabado de chegar, como Blaise Matuidi no meio-campo, Javier Pastore no ataque e, no gol, o goleiro siciliano Salvatore Sirigu. Minhas primeiras contratações durante a pausa de inverno incluíram dois brasileiros: Alex, zagueiro que eu já conhecia do Chelsea, e o lateral esquerdo Maxwell. Gastei mais dinheiro com o meio-campista central Thiago Motta, que veio da Inter. Em campo, comecei meu trabalho com um amistoso contra o Milan, em Dubai. Terminamos a Ligue 1 em segundo lugar e, no início da temporada 2012-2013, nos classificamos de novo para a principal competição europeia.

O maior impulso às nossas ambições foi a chegada de Zlatan Ibrahimović no meio do ano de 2012. Como se ele já não fosse famoso o bastante, seu nome estava ainda maior na França após a Eurocopa daquele verão, quando, contra os *Bleus,* marcou em um voleio espetacular pela Suécia. Descobri um jogador com tanta fome de gol que corria atrás do último passe no último minuto de um treino em julho se achasse que podia marcar o gol da vitória no rachão de oito contra oito. Naquela temporada pelo PSG, ele marcaria trinta gols. Também chegou Thiago Silva, a quem dei a braçadeira de capitão. Ele era tão importante quanto Ibrahimović. Tinha uma autoridade serena que me lembrava Franco Baresi. Os dois deram um exemplo inspirador para o restante do elenco, dois líderes que sabiam de verdade como mostrar o caminho. No entanto, a maior soma paga pelo clube foi por Lucas Moura, o meia-atacante que chegou do Brasil e quebrou o recorde de transferências para o PSG. Do Napoli, contratei também o argentino Ezequiel Lavezzi, um atacante muito vivo.

Foi um influxo de talentos bem positivo. Então, na janela de transferências de inverno, um ano depois da nossa primeira tentativa, tiramos um coelho da cartola e contratamos outro grande profissional: ninguém menos que David Beckham. Ele não veio apenas para vender camisas. Naquela altura, já estávamos no topo da tabela, e com a ajuda dele nos mantivemos lá até o fim da temporada, que o PSG venceu pela primeira vez em dezenove anos. Foi uma conquista gratificante, vencer o terceiro título nacional em três países diferentes.

Mas os proprietários do clube tinham deixado claro o que realmente importava para eles. Eles só tinham olhos para a Champions League. Fizemos uma boa campanha na fase de grupos, vencendo o Dynamo Kyiv e o Dinamo Zagreb em casa e fora. Mas, no nosso segundo jogo, perdemos fora de casa para o Porto, com um golaço de James Rodríguez nos dez minutos finais. Isso pareceu irritar meus empregadores. No último jogo da fase, o Porto veio ao

Parc des Princes. Três dias antes, tínhamos perdido no campeonato francês para o Nice e, para minha grande surpresa, o presidente e Leonardo ameaçaram-me com a degola caso não vencêssemos o Porto. Não importava o fato de já estarmos classificados. E repetiram a ameaça na véspera do jogo.

"Estamos acompanhando o projeto, não só os resultados", disseram, "e não estamos satisfeitos. Decidimos que, se não vencermos esta partida, você será demitido."

Para mim, aquilo era ridículo. Por que cargas d'água alguém acharia que ameaçar o técnico de demissão ajudaria no desempenho da equipe? Só servia para gerar instabilidade e desconfiança. Então decidi ali mesmo que deixaria o clube no fim da temporada, acontecesse o que acontecesse. Disse isso a Leonardo. Se aquela era a forma deles de demonstrar confiança, então eu não queria continuar, nem se ganhássemos a Champions League. Vencemos o Porto por 2 a 1. Thiago Silva liderou o time com uma cabeçada poderosa. Logo depois sofremos o empate, mas recuperamos a vantagem com um gol de Lavezzi, aos quinze do segundo tempo. Portanto, não fui demitido, mas tampouco estava feliz. Minha decisão já estava tomada.

Nas oitavas de final, vencemos o Valencia por 2 a 1 fora de casa, mesmo com a expulsão de Ibrahimović. Em Paris, o jogo foi mais difícil. O Valencia marcou no segundo tempo, e comecei a me preocupar com a possibilidade de a classificação estar em risco. Se eles fizessem outro, a vaga era deles. Mas isso nos acordou. Mexi no meio-campo para dar mais energia, e funcionou. Lavezzi empatou aos vinte e um do segundo tempo. O Paris Saint-Germain jogaria as quartas de final da Champions League pela primeira vez em dezoito anos.

Chegar à semifinal seria um desafio imenso. Precisaríamos vencer o Barcelona. Depois da minha passagem pelo PSG, os donos tentariam resolver o enigma de como conquistar a Champions comprando *galácticos* como quem coleciona figurinhas para um álbum. Mas, naquele momento, a maioria dos grandes nomes – Messi, Xavi, Iniesta, Busquets, Villa, Fàbregas, Piqué, Daniel Alves – ainda estava na outra ficha de escalação, não na nossa.

Eu já tinha chegado tantas vezes a essa fase da competição que estar nas quartas de final não era nada de mais para mim. Mas era o maior confronto em que o PSG se envolvia em anos. O clube tinha chegado à semifinal em 1995. Fora isso, seu histórico em competições europeias era praticamente um vazio. Por isso, fiquei orgulhoso de, nos dois jogos, conseguirmos mostrar ao mundo – e aos proprietários do clube, famintos por sucesso – que podíamos enfrentar os melhores de igual para igual.

No jogo em casa, decidi não apenas conter o Barcelona, mas encher o time de jogadores ofensivos. Muita gente se surpreendeu por eu ter escalado Beckham para disputar sua primeira partida de Champions League em três temporadas. Ele já tinha 37 anos e se aposentaria ao fim daquela temporada, depois de uma carreira extraordinária. Mas eu precisava da experiência e da inteligência de jogo dele. Escalei-o ao lado de Matuidi, formando uma dupla recuada no meio-campo para vigiar Xavi e Iniesta. Eles jogaram incrivelmente bem. Enquanto Matuidi avançava em arrancadas, Beckham lançava bolas longas desde a defesa, iniciando contra-ataques para um quarteto veloz à frente dele: Lavezzi e Ibrahimović pelo meio, Moura e Pastore entrando pelas pontas. Era um plano ambicioso.

Saímos atrás quando Messi foi lançado com inteligência pela esquerda e marcou. Ibrahimović empatou depois de uma cabeçada de Thiago que bateu na trave. Eu teria ficado satisfeito com esse resultado, mas, a um minuto do fim, Xavi recolocou o Barça na frente cobrando pênalti. Já nos acréscimos, Matuidi empatou novamente com um chute desviado que enganou o goleiro Victor Valdés.

O problema é que o Barcelona marcara dois gols fora de casa. Infelizmente, o segundo deles se mostraria decisivo. No Camp Nou havia motivo para esperança, pois Messi tinha se lesionado. Mas ele estava no banco, caso precisassem dele. Trocamos ataques no primeiro tempo, que terminou sem gols. No início do segundo, um belo passe em profundidade de Ibrahimović deixou Pastore na cara do gol, e ele nos colocou em vantagem no confronto. Merecíamos a liderança, e agora bastava segurar por 40 minutos. Conseguimos por 20. A essa altura, Messi já tinha entrado em campo com a missão de nos desmontar. Eu sempre brinquei que não é justo poder usar o Messi quando as coisas não estão indo bem. E, como só Messi sabe fazer, ele iniciou uma jogada contra a qual simplesmente não há defesa. A bola viajou num triângulo rápido e engenhoso: de Messi para David Villa, de Villa para Pedro, e o chute foi indefensável. O confronto terminou 3 a 3. Foi um empate honroso, mas, graças àqueles dois gols tardios em Paris, quem avançou foi o Barça.

Nas três temporadas seguintes, o PSG voltou às quartas de final, consolidando sua reputação como um clube importante no futebol europeu. Mas, nas três temporadas após estas, parou nas oitavas. Em 2020, ainda com Thiago Silva como capitão, enfim chegou a uma final, e perdeu. A solução, depois disso, foi reforçar o ataque, que já contava com Kylian Mbappé, Neymar e Ángel Di María, com ninguém menos que Messi. Mas, no momento em que escrevo, eles estão quase lá, e sem os *galácticos*. Isso só prova uma coisa: dinheiro compra muita coisa, mas não garante a taça na mão.

Depois de trabalhar para donos que queriam tudo no Milan, no Chelsea e no Paris Saint-Germain, achei que já tinha visto de tudo quando o assunto eram presidentes com grandes expectativas.

Aí recebi uma ligação do Real Madrid.

> Luka Modrić passou doze anos no Real Madrid e conquistou três de seus seis títulos na Champions League sob o comando de Ancelotti:
>
> *Cheguei ao Real em 2012, vindo do Tottenham, e Mourinho era o técnico. Então, antes do Carlo chegar, tive um ano com o José,*

e antes disso estava com Harry Redknapp no Tottenham, e antes ainda joguei no Dínamo Zagreb. No Dínamo, a gente só jogava as fases preliminares da Champions League, sem nunca chegar à fase de grupos, porque era mais difícil naquela época, era preciso ser campeão nacional para se classificar. Consegui chegar lá com o Tottenham, e vencemos a Inter de Milão e o Werder Bremen, que na época tinham grandes times e grandes jogadores. Fomos até as quartas de final, onde perdemos para... o Real Madrid. Na temporada seguinte, mesmo terminando em quarto no campeonato, não nos classificamos, porque o Chelsea era o atual campeão e ficou com a nossa vaga. Harry era um grande técnico. Eu curtia demais jogar com ele. A gente jogava um futebol bonito. Jogávamos muito, mas os outros times eram fortes também. Mas a gente jogava muito, muito bem – um futebol de qualidade, e tínhamos ótimos jogadores.

Foi diferente no Real Madrid. Dá para sentir isso logo de cara, assim que chega. Quando eu cheguei, em 2012, fazia doze anos que o Real não ganhava a Champions League, e todos estavam obcecados com La Décima. *Quando cheguei, só se falava disso: "Tudo o que importa é ganhar* La Décima, *não importa como". E, sim, sentíamos que essa competição era mesmo especial para o Real – sabe-se que não dá para ganhar sempre, mas aqui é quase uma obrigação, e isso traz uma pressão enorme, porque é o título que o Real mais quer.*

Para mim, o Mourinho teve azar, porque chegou a três semifinais e não conseguiu avançar. Mas sou grato a ele, porque foi quem me trouxe para o Real. Joguei só um ano com o Mourinho, e perdemos para o Dortmund na semifinal. Eu joguei aquele jogo, perdemos de 4 a 1 em Dortmund e ganhamos de 2 a 0 no Bernabéu. Faltou um gol para passarmos. Perdemos muitas chances e, infelizmente, não conseguimos chegar à final, mas foi uma grande campanha com o Mourinho. Tanto ele quanto Carlo são grandes técnicos, mas diferentes. Quando se fala de jogadores, dizemos que há atacantes, meio-campistas, defensores, e há grandes nomes em todas as posições, cada um com suas particularidades.

É assim com Mourinho e Ancelotti, ambos grandes técnicos, talvez com abordagens diferentes, mas o espírito vencedor era o mesmo, sabe, são dois dos melhores técnicos de todos os tempos, Mourinho e Carlo. Carlo nos trouxe calma e experiência, e jogamos muito bem com ele nesses dois primeiros anos em que ele chegou e vencemos La Décima... *aquilo trouxe a melhor das sensações. Todo mundo falava disso, todo mundo estava desesperado para conquistar esse título, então foi incrível quando conseguimos.*

No vestiário, quando foi anunciado que Carlo seria o novo técnico, todos ficaram muito empolgados. Sabíamos tudo sobre ele, os times que treinou, os títulos, as Champions que tinha conquistado, e estávamos animados por ter um técnico tão experiente, porque queríamos dar o próximo passo com ele; como já éramos um grande time, ele foi como a cereja do bolo. Tenho muita confiança no Carlo, e ele também tem muita confiança em mim. Desde o começo ele foi claro comigo quanto ao que queria de mim e quanto a minha importância para o time. Isso me ajudou demais a mostrar minha qualidade em campo.

Ele foi tudo aquilo que eu esperava de um técnico com tantas conquistas por outros clubes. Comandou um dos melhores times da história do Milan; treinou grandes equipes como o PSG, o Chelsea, o Bayern... tudo que ele trouxe era o que se esperava dele: qualidade, gestão pessoal, experiência. E dava para ver que ele também tinha sido um grande jogador, porque transmitia uma energia muito positiva para nós. Fizemos uma temporada excelente, vencemos o campeonato espanhol contra o Barcelona e depois a Champions contra o Atlético.

A maneira como vencemos foi espetacular. Se você olhar aquele gol que marcamos no fim da prorrogação e observar a reação de Carlo, vai parecer que o gol foi no começo do jogo e não nos acréscimos, para empatar e levar para a prorrogação. Ele estava muito calmo, e essa calma era o que ele sempre transmitia para nós. Saber que se tem alguém que acredita em você, que te dá liberdade para se expressar... foi bom demais jogar naquele primeiro período com ele.

Quando ele voltou, foi como se nunca tivesse saído. Ele continuava o mesmo. Mais experiente, claro. Tinha passado por grandes clubes e feito grandes trabalhos, mas, para mim, ele não mudou nada. Continuava o mesmo Carlo – calmo, com tudo isso que eu já falei, e trouxe tudo de novo para o grupo.

Não sei como Carlo conseguia ser tão calmo. É inacreditável. Acho que, além de ser um grande técnico, que entende de futebol como poucos, o segredo de todos esses resultados que ele alcançou está na personalidade dele – no jeito como age, como se comporta, no respeito que demonstra por todo mundo, não importa qual a função da pessoa dentro do clube. É por isso que, para mim, ele é tão bem-sucedido.

Carlo entende que o papel dele é transmitir confiança, e acho que ele faz isso perfeitamente. Quando sofremos derrotas duras, como todo mundo em algum momento, ele irradia energia positiva e confiança para os jogadores. Ele sempre diz: "Não importa o que aconteça, ainda acho que vocês são os melhores jogadores – vocês são o melhor time e vão demonstrar isso. Fiquem tranquilos. Mantenham a confiança e continuem fazendo o que estão fazendo. Vamos achar um jeito de passar por esse momento difícil. Acreditem em vocês. Eu acredito. Vocês são grandes jogadores, grandes pessoas, e é por isso que vamos encontrar uma saída para tudo isso".

E ele é assim de verdade, isso é o que ele transmite para os jogadores, e, quando se tem alguém assim, tudo fica mais fácil. Porque no futebol há altos e baixos o tempo todo, e hoje em dia a crítica vem muito rápido, muita opinião, muita coisa, e é fácil perder a confiança se o jogador começa a escutar demais o que vem de fora. Mas com alguém como Carlo é mais fácil lidar com isso, principalmente em grupo.

Ele gosta de verdade dos seus jogadores. Você sente que ele está do seu lado, que pode confiar completamente nele, que pode conversar sobre qualquer coisa, não só sobre futebol. Se você estiver com algum problema fora de campo, pode falar com ele numa boa. Ele vai escutar, vai tentar ajudar. Lembro que, quando ele chegou aqui no Real Madrid, fomos fazer a pré-temporada primeiro nos Estados Unidos. Quando voltamos, ele me perguntou se eu estava sozinho em Madrid, e eu estava, porque minha família ainda estava na Croácia, e ele também estava sozinho. Respondi que sim e ele me chamou para jantar. Fomos jantar perto de onde moramos. E eu fiquei meio... não chocado, mas surpreso, e muito feliz. Imagina o técnico te chamando: "Vamos jantar, jogar conversa fora". Esse é o Carlo, e, quando se tem um técnico assim, você quer dar ainda mais por ele em campo, e isso me marcou muito, tipo, uau, ele não é só um grande técnico, é um grande cara, um grande ser humano. Em títulos, ele já está lá em cima, mas a gente pode discutir o que for... como pessoa, ele é top, top mesmo. De verdade.

Não é fácil ser técnico aqui por tantos anos. A pressão vai te consumir. Não há margem para erros, tem que vencer todo ano, e ele está aí, sempre administrando, sempre ganhando, é por isso que ele ainda está aqui, o que não é nada fácil. A pressão é enorme, tem que ganhar. Tem que estar sempre no auge, não pode relaxar nem por um segundo. Mesmo nos amistosos, por exemplo, tem que vencer. Já aconteceu algumas vezes de ganharmos a Champions League e, na pré-temporada seguinte, perdermos um ou dois jogos e já começarem as perguntas: "Por quê? O que está errado? O que está acontecendo?". Sabe, é uma loucura. Em nenhum outro clube onde joguei senti esse nível de expectativa. Aqui, ganhar é obrigação. Todo mundo quer vencer, mas em nenhum lugar te cobram como cobram aqui. É por isso que, para mim, o Real Madrid é o maior e melhor clube de todos os tempos.

Parte Quatro

MADRID

13
A QUINTA VEZ
2013-2014

A relação entre a Champions League e o Real Madrid é assim, especial, porque nasceu da extraordinária história do clube na competição.

Em 13 de junho de 1956, a primeira final da Copa Europeia dos Clubes Campeões foi disputada no Parc des Princes, em Paris. Todo mundo sabe quem venceu aquela edição inaugural, mas poucos se lembram de quem foi o adversário do Real Madrid. Era um clube francês: o Reims. E o Reims abriu 2 a 0 nos primeiros dez minutos. Foi então que o grande Alfredo Di Stéfano, o único jogador em campo que não era nem espanhol nem francês, marcou o primeiro gol do Real Madrid em uma final de Copa Europeia. Em meia hora de jogo, o placar já estava 2 a 2. Michel Hidalgo, que anos depois treinaria a seleção da França rumo ao título europeu de 1984, colocou o Reims de novo à frente, no meio do segundo tempo. O gol da virada do Real veio aos trinta e quatro do segundo tempo. E uma lenda nasceu ali.

A Copa Europeia foi vencida nas cinco primeiras edições pelo Real Madrid. O clube, a realeza do futebol mundial, deu glamour à competição. Aqueles cinco títulos consecutivos estabeleceram a ideia de que, para conquistar a Europa, um time teria que ser bom o bastante para vencer o Real. Sete décadas depois da criação do torneio, isso ainda parece verdade.

E agora aquele clube estava me chamando. Pela segunda vez. Na primeira, eu teria aceitado, e cheguei a assinar um contrato preliminar. Mas incluí uma cláusula essencial: só iria com a bênção dos meus então empregadores. O Milan quis que eu ficasse, e eu fiquei.

No verão de 2013, eu ainda tinha contrato com o PSG, mas não tinha nenhuma lealdade pelo clube. Apesar do comportamento deles no início daquela temporada, eles estavam curiosamente relutantes em me liberar um ano antes do fim do vínculo. Mas consegui me desvincular. Deixei claro o meu descontentamento, e eles provavelmente perceberam que um técnico insatisfeito não seria o mais indicado para alcançar o sucesso que exigiam. Para ambos os lados, era melhor seguirmos caminhos diferentes.

No Bernabéu, a apresentação de um novo técnico ou de um novo reforço é feita com grande teatralidade. Antes de eu ser apresentado aos torcedores merengues, houve um momento privado, longe da imprensa e do público. O presidente Florentino Pérez me levou à sala de troféus. Nenhuma das taças nacionais do clube estava exposta ali. Em vez disso, ele me conduziu diante da fileira de Copas Europeias que o clube tinha conquistado ao longo de sua gloriosa história. Todos os anos estavam lá: 1956, 1957, 1958, 1959, 1960, 1966, 1998, 2000, 2002. Eram nove ao todo. Mas havia um espaço vazio para o décimo troféu. O presidente apenas olhou para mim e disse: "Lindas. Muito lindas. Mas está faltando uma".

Isso tinha se tornado a obsessão do clube e de seus torcedores. *La Décima*: era como a chamavam. Um mítico décimo troféu. O intervalo entre o quinto e o sexto título foi relativamente curto, depois veio uma longa espera entre o sexto e o sétimo. Trinta e dois anos. Depois disso, houve outro período de ouro: três conquistas em cinco anos. A nona vitória teve como protagonistas Zidane e Figo, dois dos maiores *galácticos* da história do clube. Desde então, outras estrelas estrangeiras chegaram: Ronaldo, Beckham, Owen, van Nistelrooy, Higuaín, Robben, Sneijder, Kaká, Özil. E isso só entre os atacantes, nem estou citando os zagueiros que também foram contratados. Todos grandes talentos, mas nenhum deles foi a solução para a seca. Nem todos os muitos técnicos que eram trazidos a cada temporada e dispensados cedo demais para mostrar resultado. Em 2009, Pérez foi reconduzido à presidência do clube com a promessa de que encerraria de vez essa espera.

Quando recebi o telefonema de Madrid, já fazia onze anos que eles esperavam *La Décima*. Custou muito dinheiro contratar todos aqueles técnicos e depois pagar indenização quando eram demitidos. Durante essa espera, o Real teve que assistir ao Barcelona vencer a Champions três vezes, o Milan duas, além de três clubes ingleses diferentes. Por seis temporadas seguidas, o time foi eliminado nas oitavas de final. Foi no meio dessa sequência, em 2006, que me sondaram pela primeira vez para ir para Madrid. Após a sexta eliminação consecutiva antes das quartas de final, a solução deles foi contratar o técnico que já tinha vencido a competição duas vezes com dois clubes diferentes, o Porto, em 2004, e a Inter, em 2010. José Mourinho.

Ele chegou ao Real logo após aquele segundo título. Pelas três temporadas seguintes, fez grandes avanços, especialmente no aspecto mental do time. Acabou com a era de domínio do Barcelona na *La Liga*. Em uma temporada, quebrou os recordes de pontos, gols e vitórias. E também melhorou muito o desempenho do clube na Champions League, chegando à semifinal por três anos seguidos. Mas, como sempre, trouxe drama consigo. Em sua segunda temporada, chegou a ser suspenso por dois jogos da Champions, tendo que assisti-los das arquibancadas. E não se dava bem com dois dos jogadores mais emblemáticos do clube: o goleiro e capitão Iker Casillas e o indomável Sergio Ramos, os dois corações do Real. Ambos tinham conquistado a Copa do Mundo e a Euro com a seleção espanhola. Mas Mourinho desbancou Casillas do time, e nunca teve uma boa relação com Ramos.

Assim, pela segunda vez na carreira, herdei um elenco que tinha sido treinado por Mourinho. No Chelsea, dois outros técnicos estiveram no meio do caminho, mas a base do elenco ainda era dele. Agora, no Real, fui contratado para conquistar a Champions League e manter feliz todo um elenco de superestrelas. Pérez chegou a me chamar de "pacificador".

Não faltavam nomes grandes para administrar. Além de Casillas e Ramos, havia Cristiano Ronaldo e Karim Benzema, Xabi Alonso e Luka Modrić, Sami Khedira e Ángel Di María. No verão em que me mudei para Madrid, o clube também comprou três jogadores que tinham apenas 21 anos: Dani Carvajal, Casemiro e Isco. E quebrou dois recordes de transferência. Asier Illarramendi se tornou o jogador espanhol mais caro já contratado pelo Real. E depois pagaram mais do que qualquer outro clube jamais tinha pagado por um jogador de futebol, em qualquer lugar: adquiriram Gareth Bale por 100 milhões de euros, vindo do Tottenham.

Eu já tinha trabalhado com grandes estrelas ao longo da minha carreira, e de algum modo sempre dava um jeito de transformá-las em um time, mantendo-as, mais ou menos, ao meu lado. Mas nunca antes tive tantas joias raras para escolher. É porque eu nunca tinha treinado o Real Madrid antes.

A chegada de jogadores mais jovens, seja por compra ou promoção da base, trouxe outros desafios. Em um clube como o Real, esses jovens passam a ter muito mais responsabilidades do que costumavam ter. A maioria dessas pressões vem de fora, por causa da atenção brutal da imprensa. Cabe ao técnico não aumentar ainda mais esse peso. No entanto, conforme eu envelheço, os jogadores sempre continuam jovens, então a diferença geracional entre nós só aumenta. Tem sido uma parte inesperada do meu trabalho adaptar-me às mudanças sociais e culturais, e descobrir qual a melhor forma de lidar com elas. Não posso exigir que os jogadores se adaptem a mim. Cada país, cada clube, cada idioma e cada cultura acrescenta camadas extras de transformação, e essa complexidade só aumenta à medida que o futebol se globaliza.

No meio de tudo isso, lidar com os jovens jogadores no Real não é como em clubes menores. Não temos tempo para deixar que um jovem amadureça, como pessoa ou como atleta, no time principal. Não podemos colocá-los em campo apenas para ganharem experiência. Eles só jogam se forem bons o suficiente, se estiverem prontos. Nosso trabalho é vencer jogos. Nosso trabalho, em última instância, sempre é vencer a Champions League.

É claro que eu não fiquei totalmente fora do processo de novas contratações. Logo que cheguei, o clube me disse que estava tentando comprar Bale. "Carlo", disseram, "o que você acha dele? Diga-nos se acredita que ele pode ser jogador do Real Madrid." Mesmo quando se está contratando os melhores jogadores do mundo, num clube como o Real Madrid você é obrigado a fazer esse tipo de pergunta – sim, o garoto é bom, é óbvio que ele sabe jogar, mas será que consegue fazer isso em um dos clubes mais famosos do mundo? Minha resposta foi categórica. Eu sabia que ele podia dar certo no Real, e ele deu. Já no primeiro toque na bola, no primeiro treino, parecia estar em casa. Entrou direto no time titular e fez uma temporada excelente. Modrić o ajudou na adaptação, já que eram amigos dos tempos de Tottenham.

Isco tinha brilhado naquele verão no Campeonato Europeu Sub-21, vencido pela Espanha. Ele me pareceu um guerreiro, alguém capaz de transformar a entrega do time em campo. E eu já estava acostumado a donos de clube que gastavam fortunas em jogadores e esperavam que eu desse um jeito neles. No Milan, me empurraram Ronaldinho e Ronaldo. No Chelsea, teve a novela do Torres. Era este o meu trabalho: pegar todos os craques e transformá-los em uma unidade coesa. Fazer Bale e Cristiano Ronaldo jogarem juntos no ataque, ajudar Di María e Modrić a retomarem a forma, encontrar uma solução para o caso Casillas.

Além de tudo isso, eu também precisava sentar e estudar uma quarta língua. Aprender espanhol foi mais fácil para mim do que para Bale, então foi muito útil ter comigo Paul Clement, que fala inglês, para ajudá-lo na adaptação ao elenco.

Outra grande vantagem foi ter ao meu lado, no banco, Zinedine Zidane. Desde sua aposentadoria em 2006, ele vinha atuando, de fato, como técnico do time B do Real Madrid. Digo "de fato" porque, tecnicamente, Santiago Sánchez era o técnico principal, e Zidane, que ainda não tinha as licenças exigidas para comandar uma equipe, era seu assistente. Ele ficou nesse papel por duas temporadas e depois se tornou meu auxiliar. Foi útil para mim, claro, ele ter uma boa relação com Pérez. Mas, de imediato, o que mais me ajudou foi seu conhecimento sobre os jogadores jovens que estavam subindo do time B e da base.

Quando fui apresentado ao mundo pelo presidente, ele fez muitos elogios. "Seu estilo e seu caráter combinam perfeitamente com o perfil deste clube. É um verdadeiro homem do futebol, um homem inteligente e um vencedor nato. É o técnico que nossos diretores e sócios mais queriam, e também o técnico que eu mais queria." Então, no geral, eu me sentia muito confiante ao assumir meu novo cargo. Mas sabia, desde o início, que estava no Real por um único motivo. Havia aquele espaço vazio na prateleira da sala de troféus, e meu trabalho era preenchê-lo. Se eu também não conseguisse conquistar *La Décima*, estaria fora. Entendi isso e fui trabalhar.

Apesar da barulheira em torno de Mourinho, ele tinha montado uma equipe em excelente forma. Fez um trabalho fantástico mudando a mentalidade do elenco e encerrando a supremacia do grande rival, Barcelona. A torcida o valorizava, e ainda valoriza. Mas ele me deixou um problema chamado Casillas. Mourinho o tinha barrado e colocado Diego López como titular, e agora eu precisava encontrar um meio de resolver a situação. Deveria devolvê-lo à posição de goleiro titular e à braçadeira de capitão? Eu já tinha enfrentado dilemas de escalação antes, como quando cheguei ao Milan e havia mais atacantes do que dava para colocar em qualquer sistema. Mas ao menos com jogadores de linha era possível mantê-los razoavelmente satisfeitos ao tirá-los do banco durante uma partida. Ao menos eles jogavam alguns minutos. Com um goleiro, é preciso escolher um ou outro, o que pode gerar ressentimento no que for deixado de fora.

Pensei bastante e, embora não goste de ficar em cima do muro, cheguei à conclusão de que a melhor resposta era o meio-termo. Os dois eram bons goleiros e não havia uma grande diferença entre eles. Meu plano era usar uma linha defensiva alta, e achei que López, com sua velocidade superior, se encaixava melhor nesse estilo. Mas ele não tinha a experiência de Casillas em jogos pela Champions. Em 1999, Casillas se tornou o goleiro mais jovem da história a disputar a competição, e em 2000, aos dezenove anos, foi o mais jovem a jogar e vencer uma final. Esteve no banco em 2002, mas entrou quando o titular se machucou e fez várias defesas importantes para segurar o Bayer Leverkusen. Casillas era o único remanescente daquele elenco que ainda esperava conquistar de novo a Champions League, onze anos depois. Mas ele era um merengue de coração e tinha esse campeonato correndo nas veias.

Então decidi fazer um rodízio. Usaria López na La Liga e Casillas nas competições eliminatórias: a Copa do Rei e a Champions League. Conversei com os dois antes de tornar pública a decisão. Nenhum deles ficou particularmente satisfeito ao saber que passaria parte da temporada no banco. Mas o lado positivo foi que ambos ficaram altamente motivados. E acho que tirou um pouco da pressão de López saber que ele não estaria barrando uma lenda do Real toda semana. Ao final daquela primeira temporada, enquanto Casillas tinha disputado 24 jogos, López havia atuado em 37 partidas. A última destas seria o jogo mais importante do clube em doze anos.

Como sempre, entrei na fase de grupos naquele outono com a mesma ambição de sempre: avançar sem sustos e, se possível, garantir a classificação antes do fim para poder poupar jogadores nas rodadas finais. Progredir com o mínimo de desgaste, sem lesões e sem fadiga excessiva, é o ideal.

Ao mesmo tempo, eu precisava encontrar um meio de encaixar todas as peças móveis do elenco. Mourinho tinha sido contratado para vencer a qualquer custo, e seu estilo de jogo não era exatamente algo com o que os merengues estavam acostumados. A tradição do clube parecia ter ficado em segundo plano. Ele parecia confortável com um futebol de poucos gols, em que a prioridade era não levar. Ficava feliz com um sistema em que marcar era quase uma forma de contra-ataque. A formação com a qual o time tinha se acostumado sob o comando de Mourinho era o 4-3-3. Eu mesmo não usava essa formação com frequência, então, a princípio, pensei em voltar à minha antiga preferência pelo 4-4-2, com Ronaldo e Benzema como dupla de ataque. Mas, conversando com Ronaldo, ficou claro que ele preferia atuar pelas pontas, vindo de trás. Se essa era sua preferência, eu não ia pedir para ele mudar. Nas três temporadas com Mourinho, ele tinha marcado 53 gols, depois 60, depois 55. Um recorde impressionante. Então adotamos um esquema em que Ronaldo cortava da esquerda para o meio, finalizando com o pé direito. Funcionou. Na minha primeira temporada, ele marcou 51 gols. Na segunda, 61. Só na fase de grupos da Champions ele marcou nove: um recorde na competição.

Pela direita, eu podia escolher entre Bale e Di María, ambos canhotos. A vantagem de ter jogadores tão velozes e habilidosos nas pontas era o potencial para contra-ataques. Seria difícil para os zagueiros segurá-los. No primeiro jogo da Champions, Bale começou no banco, mas entrou para, durante trinta minutos, sentir o peso de jogar pelo Real nesse nível máximo.

Na posição central atrás de Benzema, comecei com Isco fazendo um papel semelhante ao que Kaká fazia no Milan. Atrás dele, protegendo o centro do meio-campo, estavam Khedira e Modrić. No entanto, à medida que os jogos passavam, eu me sentia mais à vontade para fazer mudanças. No segundo jogo, optei por um meio-campo com quatro jogadores. No terceiro, refinei o sistema para algo parecido com um 4-2-1-3, com Benzema no centro do trio de ataque, Bale e Ronaldo nas pontas e Modrić, como o camisa 10, atrás deles.

No quarto jogo, o mais difícil da fase de grupos, fora de casa contra a Juventus, estávamos próximos do nosso time mais forte e da formação mais equilibrada até então. Bale começou pela direita e Ronaldo pela esquerda. Ramos, mais acostumado a jogar como zagueiro, atuou como lateral direito atrás de Bale, com Khedira cobrindo aquele setor pelo lado direito do meio-campo. Era algo que dava solidez defensiva por aquele flanco quando estávamos sem a bola. Marcelo e Modrić faziam a mesma função pelo lado esquerdo. Eu pude contar com Xabi Alonso, de volta após uma longa ausência por lesão. Ele jogava à frente da zaga e controlava nosso ritmo. Com Ramos na lateral direita, escalei Pepe e Rafaël Varane para o centro da defesa.

Funcionou como um relógio. Na fase de grupos, marcamos 20 gols e somamos 16 pontos, a maior pontuação que um time meu já tinha alcançado. O Galatasaray foi derrotado por 10 a 2 no agregado; o Copenhagen, por 6 a 0. Só fora de casa contra a Juventus deixamos pontos pelo caminho, com um empate em 2 a 2. No quinto jogo, pude dar oportunidade a jogadores mais jovens, como Casemiro e Illarramendi.

Terminar em primeiro lugar no grupo nos permitiu evitar confrontos contra os adversários que eu preferia não enfrentar, incluindo dois ex-clubes meus: Chelsea e PSG. Havia também a chance de cruzar com o Milan, mas felizmente isso não aconteceu. Em vez disso, caímos contra o Schalke 04. Sem querer desrespeitar nenhum clube, é natural que alguns adversários causem menos temor que outros, e o que qualquer técnico deseja é simplesmente avançar de fase.

Num mata-mata, cada confronto – de fato, cada jogo – precisa ser abordado de forma diferente, com análises detalhadas do adversário e estratégias específicas, além da escalação dos jogadores mais adequados para vencer aquela partida em particular. Foi assim com o Schalke. Para o jogo de ida em Gelsenkirchen, escolhi um 4-3-3, com Alonso como volante central, flanqueado por Modrić e Di María, encarregados de municiar um trio ofensivo que logo foi apelidado pela imprensa de BBC: Benzema, Bale e Cristiano. Acabou sendo mesmo um programão do BBC. Cada um deles marcou dois gols, nessa ordem. A arrancada de Bale e um toquinho de Ronaldo deixaram Benzema livre para abrir o placar. Depois, Benzema roubou a bola pela direita e tocou para Bale, que marcou um golaço em jogada individual, com um drible refinado. Um lançamento longo de Bale encontrou Ronaldo, que tirou o marcador com sutileza para fazer o terceiro. Um toque de calcanhar de Ronaldo deixou Benzema na cara do gol para o quarto. Ramos simulou um passe em profundidade para enganar a marcação e Bale mandou o quinto para a rede. Por fim, Benzema deu o passe para Ronaldo driblar o goleiro e marcar o sexto. Cada um deles trazia algo diferente, e, em noites como aquela, nada parecia detê-los. Mas na verdade o gol mais bonito da noite foi o último: nos acréscimos, Klaas-Jan Huntelaar, do Schalke, acertou um voleio da entrada da área.

Fiz o possível na preleção antes da partida para convencer o time de que o jogo de volta não era só para cumprir tabela, que ainda era uma partida séria. Mas parece que ninguém me ouviu, porque o primeiro tempo foi morno, com um gol para cada lado. Pedi mais urgência no segundo tempo e ganhei dois gols em dois minutos. Um agregado de 9 a 2 nos levou para a fase seguinte, contra mais um adversário alemão. Mas dessa vez não seria moleza.

Na época, o futebol alemão tinha grandes talentos em quantidade. A final da temporada anterior tinha sido entre dois clubes do país: Bayern de Munique e Borussia Dortmund. O Bayern saiu campeão, com um gol nos últimos minutos. O Dortmund tinha vencido a semifinal contra o Real, dominando fisicamente para fechar o agregado em 4 a 3. E era justamente eles que teríamos que superar agora. Um time muito bom, com a espinha dorsal formada por Mats Hummels, Marco Reus e Robert Lewandowski; este, felizmente, suspenso no jogo de ida. Mas a verdadeira arma secreta deles era o técnico: Jürgen Klopp. Eu ainda teria muitos encontros com ele na década seguinte.

No Bernabéu, fui com o mesmo 4-3-3 que tinha sido devastador contra o Schalke. Com Di María doente, coloquei Isco pela esquerda, e o esquema continuou funcionando. Dominamos desde o início. Bale recebeu um passe recuado de Carvajal, que jogava como lateral direito, e foi abrindo caminho à força até marcar. Isco fez o segundo, de fora da área. Ronaldo e Bale, cada um batendo falta de longe, obrigaram Roman Weidenfeller, o goleiro voador do Dortmund, a fazer duas defesas quase idênticas. Aos sessenta minutos, Modrić dominou com classe uma bicuda da zaga, ajeitando para Ronaldo marcar o terceiro.

Os jornalistas logo presumiram que o confronto estava resolvido. Mas eles não levaram em consideração que Lewandowski estaria de volta, e todo mundo se lembrava de que, no ano anterior, ele tinha feito quatro gols contra o Real na semifinal. Repeti a preleção: se você consegue ganhar de 3 a 0 em casa, também pode perder de 3 a 0 fora, principalmente num lugar como Dortmund. O estádio é bem apertado, isso para não mencionar a Muralha Amarela.[1] O ambiente e os torcedores tornam tudo muito intimidador quando as coisas não saem exatamente como se espera. Minha insistência de que nada estava decidido parecia ser contrariada pela decisão de poupar o Ronaldo, que sentia o joelho. Parecia que eu estava dizendo que não precisávamos dos gols dele. Decerto a calma dele teria nos ajudado quando, logo no início, sofremos um pênalti, cobrado por Di María. Weidenfeller defendeu brilhantemente, e o Dortmund veio para cima sem nada a perder. Já o nosso time pareceu se esconder dentro de uma concha.

---

1 "Muralha Amarela" é a principal torcida do Borussia Dortmund. O nome é uma referência à impressão que os torcedores criam no estádio do clube: seus integrantes se reúnem na arquibancada sul, que tem capacidade para cerca de 25 mil torcedores em pé. (N.T.)

No primeiro tempo, nosso nervosismo ficou evidente quando Pepe tentou recuar de cabeça para Casillas, mas acabou entregando nos pés de Reus, que só precisou dar um toquinho para marcar o 1 a 0. Ele marcou de novo pouco depois, aproveitando outro vacilo, tocando para Lewandowski e pegando o rebote da finalização dele para mandar uma bomba. A vantagem na soma dos placares caiu para apenas um gol, e ainda restavam quarenta e cinco minutos. No intervalo, olhei ao redor do vestiário e tive a impressão de que o time estava abatido, talvez até com medo. Tentei mudar as coisas, colocando Isco na direita para dar mais energia, mas não adiantou muito. No segundo tempo, só deu Dortmund. Felizmente, pelo menos tínhamos Casillas. Ele fez duas defesas espetaculares em momentos decisivos.

O histórico dos mata-matas na Champions League repete a mesma lição inúmeras vezes: cuidado com o salto alto. Nunca presuma que um jogo está ganho. Não dê ao adversário nenhum estímulo. Em tese, todos conhecemos essa lição. Na prática, às vezes é difícil segui-la. E foi exatamente isso que aconteceu contra o Dortmund. O Real venceu por 3 a 2, mas se classificou por um triz, graças a toda a disciplina defensiva que tínhamos construído em treinamentos com Pepe e Ramos, flanqueados por Fábio Coentrão e Carvajal. Acima de tudo, tivemos o Casillas. Ele mais do que justificou minha decisão de lhe dar as luvas e a braçadeira nessa competição que ele conhecia tão bem.

A temporada se desenhava como uma primeira campanha positiva. Estávamos bem na La Liga, pau a pau com o Atlético de Madrid pelo título. Já tínhamos vencido o Atlético na semifinal da Copa do Rei, o que nos garantiu uma final contra o Barcelona. Mas, antes de tudo, precisávamos enfrentar mais um adversário alemão. O Bayern era o atual campeão, embora, naquela temporada, estivesse sob o comando de Pep Guardiola. Se também conseguíssemos vencê-los, o Real Madrid provavelmente poderia reivindicar o título não oficial de "campeão alemão".

A história estava do nosso lado. Desde que a Copa Europeia dos Clubes Campeões virou Champions League, nenhum campeão tinha conseguido defender o título com sucesso. Apenas três vencedores voltaram à final. Era difícil manter-se no topo dois anos seguidos. Ainda assim, eu tinha todos os motivos para estar preocupado. Como técnico do Barcelona, Guardiola tinha um bom retrospecto no Bernabéu, e fazia uma temporada excelente na condução do Bayern. Eles estavam muito à frente na Bundesliga, e não faltava qualidade entre os jogadores do time, de Manuel Neuer no gol a Jérôme Boateng na defesa, de Bastian Schweinsteiger e Philipp Lahm no meio-campo a Franck Ribéry e Arjen Robben nas pontas. Eles também tinham dois jogadores – David Alaba e Toni Kroos – que um dia viriam a jogar no Real Madrid. Sabíamos que os dois jogos seriam muito difíceis, mas sentíamos que o time que escalamos para a primeira partida estava bem equilibrado, com Alonso capaz de fazer dupla função: segurando o centro e protegendo a linha defensiva. Isso permitia que Modrić e Di María apoiassem e abastecessem o trio de ataque.

Porém antes do jogo de ida veio a final da Copa do Rei, em Valência. A cinco minutos do fim, o placar contra o Barcelona estava 1 a 1 quando saímos da defesa pela esquerda e Bale recebeu a bola na ponta. Ele empurrou a bola para a frente, passou pelo último zagueiro e disparou feito o Usain Bolt, saindo até do campo para superá-lo e invadir a área, onde tocou por baixo do goleiro. O gol da vitória foi uma pintura, digno de alguém por quem o Real tinha quebrado o recorde mundial de transferência. Seus companheiros ficaram em êxtase. Os torcedores também. Até eu tive que sorrir. Mas Bale acabou pegando uma gripe, e fui forçado a fazer mudanças no time que tinha desmontado o Dortmund em casa. Em uma formação que era basicamente um 4-1-2-3, adiantei Isco para ocupar a função que antes era de Bale.

Foi um confronto entre duas equipes com filosofias diferentes. Nossos jogadores precisavam de espaço para mover a bola com rapidez. Guardiola queria controlar a posse de bola para, assim, criar espaço. É importante ter isso em mente ao montar um time. Não se preocupe com uma posse de bola limitada. É preciso se concentrar em se defender bem e, no momento em que recuperar a bola, mostrar qualidade ofensiva.

As estatísticas da partida refletem isso. Tivemos 36% de posse de bola e fizemos 270 passes, contra os 700 deles. Também corremos, coletivamente, 6 quilômetros a menos. Mas o dado que realmente importava estava a nosso favor. Só houve um gol no jogo: o nosso, em um contra-ataque ainda no primeiro tempo. Coentrão avançou pela esquerda e cruzou para Benzema empurrar de chapa para o gol vazio.

Naturalmente, eu estava apreensivo com a ideia de ir a Munique para proteger uma vantagem tão pequena, especialmente depois do susto que passamos em Dortmund. Mas não deveria ter me preocupado. Os jogadores estavam motivados pela chance de chegar à final depois de doze anos. Foi justamente nessa barreira que eles tinham parado nas três temporadas anteriores. Fizemos uma partida perfeita. Mais uma vez, o Bayern teve bem mais posse de bola e fez muito mais passes. Mas a necessidade deles de reverter o placar abriu avenidas no campo. Ficamos atrás em duas linhas de quatro, no que hoje chamam de "bloco baixo". Sempre que uma jogada deles fracassava, contra-atacávamos com velocidade. E, quando as chances surgiram, aproveitamos quase todas. Em um intervalo de cinco minutos, duas cabeçadas de Ramos, ambas desmarcado, nos deixaram com um 2 a 0 em vinte minutos. Uma veio de um escanteio cobrado por Modrić, a outra de uma falta batida por Di María. Quinze minutos depois, Bale deu o passe para Ronaldo fazer o terceiro. No segundo tempo, Guardiola curiosamente tirou seu único atacante para colocar um meio-campista, o que não aumentou em nada a pressão contra nós. O jogo já estava decidido quando Ronaldo marcou o quarto, de falta, no último minuto.

Com isso, eliminamos em duas fases os dois finalistas da temporada anterior. Agora, para conquistar a tão sonhada *La Décima*, bastava vencer também o finalista dessa temporada. E nós o conhecíamos bem: era o Atlético de Madrid.

A cidade mergulhou numa febre coletiva durante o mês seguinte, enquanto a contagem regressiva começava. Obviamente, era difícil não se deixar envolver. No fundo, confesso que fiquei aliviado por escapar do drama pessoal que seria enfrentar o Chelsea na final. Isso teria significado traçar um plano para vencer John Terry e Ashley Cole, em um time mais uma vez comandado por Mourinho. Foi a sua quarta derrota em semifinais em quatro temporadas desde seu último título.

No lugar dele, meu adversário no Estádio da Luz, em Lisboa, seria o técnico argentino Diego Simeone. Ele era uma figura muito querida entre os torcedores do Atlético. Como jogador, tinha passado duas vezes pelo clube. Antes de ele assumir o comando técnico, no fim de 2011, o Atlético seguia a mesma política de porta giratória do Real. O clube teve cinco técnicos em três anos. Mas permaneceu fiel a Simeone, e ele começou a conquistar corações, mentes e troféus. O mais recente deles fora o título da La Liga, o primeiro do clube desde 1996, conquistado uma semana antes da final da Champions League. Nós, por outro lado, deixamos escapar sete pontos nas três últimas rodadas e terminamos em terceiro. Pérez não ficou nada satisfeito, e antes da final a imprensa já especulava se eu sobreviveria ao verão. A busca por *La Décima* virou um jogo ainda maior para mim. Tudo dependia disso.

Tentei passar uma imagem de calma. Notei que Paul Clement estava um pouco apreensivo antes do jogo e perguntei se era a primeira final dele nessa competição. Ele admitiu que sim.

"É a minha sétima", eu disse.

Era uma ocasião histórica por dois motivos. O Atlético não chegava tão longe na competição havia quarenta anos. E era a primeira final entre duas equipes da mesma cidade. Estava tudo preparado para um choque de estilos. Simeone armava times para vencer a qualquer custo, com um futebol brutalista. Os elementos-chave do estilo dele eram paixão, agressividade, disciplina e espírito de equipe. Seu talismã no ataque era Diego Costa, um centroavante parrudo à moda antiga, que não aliviava para ninguém. Mas ele, que já era uma grande dúvida antes da partida, só durou oito minutos em campo antes de ter que ser substituído muito cedo naquele jogo.

Minha escalação antes do jogo buscou principalmente tentar preencher o buraco deixado por Xabi Alonso, que estava suspenso. Era algo que nos prejudicava muito, já que ele era um dos melhores do mundo para oferecer uma base estável no meio de campo. Entre as opções para substituí-lo, eu poderia ter escolhido Casemiro, mas parecia cedo demais na carreira dele assumir essa responsabilidade. As alternativas principais eram Illarramendi ou Khedira, cuja forma física ainda era incerta depois de voltar recentemente de uma ruptura de ligamento cruzado anterior. Ele tinha feito apenas dois jogos e até ele mesmo achava um risco, com apenas 60% ou 70% da forma ideal.

"Preciso desses seus 60% ou 70% em campo por talvez 60% ou 70% do tempo", eu disse a ele. Ronaldo falou algo parecido: "Não me importa se você está 70% – precisamos de você em campo". Ouvir isso de um companheiro talvez tenha sido mais inspirador para ele do que qualquer coisa que eu pudesse dizer. No fim, funcionou. Ele aguentou uma hora e jogou bem.

Entre outras preocupações, Pepe veio até mim e disse: "Não consigo jogar". Ele é um guerreiro, e, se diz que não consegue jogar, então é porque não consegue mesmo. Varane entrou no lugar dele, embora eu tenha mantido Pepe no banco, para uma eventual necessidade. E havia meus três jogadores de ataque. O BBC. Todos estavam com algum tipo de dúvida física, principalmente Benzema, que acabou jogando só oitenta minutos.

O Atlético jogou exatamente como eu esperava. Bem organizado, mordendo o tempo todo na marcação e fazendo o possível para restringir ao máximo a liberdade de movimento do Ronaldo. Faltando mais ou menos dez minutos para o fim do primeiro tempo, o Atlético ganhou um escanteio. Houve um bate-rebate confuso na área, porque não conseguimos afastar a bola. Casillas saiu do gol para tentar conter a confusão, mas ficou no meio do caminho, e o zagueiro do Atlético, Diego Godín, conseguiu cabecear por cobertura. Estava longe de ser um gol bonito, mas parecia ser um dos mais decisivos de uma final. As três melhores chances do nosso time no jogo caíram nos pés de Bale, uma antes do gol deles, duas depois. Por algum motivo, ele não conseguiu aproveitar nenhuma.

Sofremos muito. Não houve espaço para jogar. Mas continuamos tentando, tentando e tentando. Tivemos quase dois terços da posse de bola e fizemos o dobro de passes do Atlético. Estávamos sendo derrotados no próprio jogo de contra-ataque que costumávamos dominar. O relógio avançava tanto que os oficiais da UEFA já estavam amarrando fitas vermelhas e brancas nos braços do troféu. Os noventa minutos se esgotaram. Estávamos aos três minutos dos acréscimos quando ganhamos um escanteio pela direita. Modrić cobrou com efeito e, em meio à confusão, Ramos se elevou para cabecear. Ele testou firme no canto inferior esquerdo. Thibaut Courtois nem se mexeu.

Foi um empate genuinamente dramático. Não é à toa que Casillas, que tinha falhado no gol deles, beijou a testa do companheiro no apito final. Podem dizer que tivemos sorte, mas lutamos por isso e merecemos. Aquilo pareceu roubar o fôlego do Atlético, que havia se doado demais e já não tinha muito a oferecer no ataque. Ainda assim, a resistência deles foi tamanha que o jogo poderia facilmente ir para os pênaltis, e durante os primeiros vinte minutos da prorrogação parecia mesmo que esse seria o destino. Mas então Di María fez uma arrancada brilhante pela esquerda, driblando três defensores exaustos antes de invadir a área e chutar. Courtois esticou a perna e a bola subiu em direção à segunda trave, onde Bale chegava para cabecear para o gol. Em um instante, todos os gols perdidos foram esquecidos. Dois minutos depois, Marcelo, que tinha entrado no decorrer da partida, atacou pela mesma faixa de campo que Di María e marcou o terceiro. E, no último lance, Ronaldo sofreu um pênalti e converteu, marcando o quarto.

A torcida do Atlético foi incrível e continuou cantando mesmo com o jogo escapando das mãos. Quanto à torcida do Real, esta enfim pôde respirar aliviada. O presidente também. Tive meu momento de recompensa pessoal durante a coletiva após a partida. Estava falando quando um grupo de jogadores invadiu o recinto, pulou em cima de mim e começou a cantar: "Como no te voy a querer?".

Já era bem tarde quando voltamos para Madrid, exaustos e muito emocionados, e testemunhamos uma recepção como eu jamais tinha visto. Ver tanta gente nas ruas comemorando o troféu é algo que nunca vou esquecer. O clube tinha, enfim, a preciosa *La Décima*, e eu meu quinto título.

14

DER WANDERER

2014-2019

No verão de 2014, a Copa do Mundo foi sediada pelo Brasil e vencida pela Alemanha. Como em toda competição desse porte, os grandes clubes saem às compras, e o Real Madrid não foi exceção.

Contratamos o artilheiro da competição, James Rodríguez. Ele já vinha chamando atenção jogando pelo Mônaco, onde registrou o maior número de assistências da história da Ligue 1. Mas agora tinha marcado seis gols em um palco mundial e vencido a Chuteira de Ouro, mesmo com a Colômbia caindo nas quartas de final. Naturalmente, a imprensa queria saber como diabos eu ia encaixá-lo em um time que já contava com os BBC. Mas a história do Real Madrid mostra que o clube sempre quer ter os melhores jogadores, especialmente aqueles contratados não apenas para o presente, mas também para o futuro.

A outra grande contratação chegou ostentando uma medalha de campeão mundial. Toni Kroos fazia parte da seleção alemã que demoliu o Brasil por 7 a 1 na semifinal. Ele marcou dois gols em três minutos. Depois, venceram a Argentina numa final apertada. Kroos já tinha conquistado três Bundesligas e uma Champions League pelo Bayern; então, evidentemente, ele estava preparado para encarar o desafio de vestir a camisa branca.

Alguns dos nossos próprios jogadores voltaram para a nova temporada querendo esquecer o verão. A Espanha, então a campeã vigente, conseguiu perder por 5 a 1 na estreia para a Holanda, a quem tinha vencido na final anterior. Em seguida, perdeu para o Chile e foi eliminada com apenas 180 minutos jogados. (A situação foi igualmente ruim para Itália e Inglaterra, que caíram no mesmo grupo e terminaram em terceiro e quarto lugares.)

Com um elenco tão lotado, manter todos felizes exigiria muito trabalho. Di María, que tinha feito uma boa Copa, pediu para ser transferido. Eu não queria que ele saísse. Era um jogador incisivo, com um histórico incrível de assistências. Enquanto esteve na Espanha, só perdia para Messi nesse quesito. Mas o clube não lhe ofereceu um contrato que o fizesse se sentir valorizado. Esse é um dos efeitos colaterais de jogar no Real Madrid, especialmente para atacantes. Sempre há uma nova leva de talentos chegando para disputar posições. Também perdi Xabi Alonso. Claro, Xabi agora entrou para a lista de jogadores que treinei e que seguiram bons caminhos como técnicos – Zidane, Seedorf, Inzaghi, Lampard, Deschamps, Conte, Rijkaard e Gullit, entre outros. E agora Xabi tem a missão de levar o Real de volta ao topo da Champions League.

Sentimos falta dele e de Di María no início da temporada, que não teve um bom início. Mas então começamos a defender nossa Champions com uma vitória por 5 a 1 sobre o Basel. Depois disso, não paramos mais de fazer gols na La Liga: 8 a 2, 5 a 1, 5 a 0, 5 a 0. Fomos até o Anfield e vencemos o Liverpool por 3 a 0, depois ganhamos deles em casa por 1 a 0. Também vencemos o *Clásico* por 3 a 1.[1] Foi a primeira vez em seis temporadas que o Real derrotou o Barcelona por mais de um gol de diferença. "Mais que uma vitória", estampou a primeira página de um dos jornais esportivos.

O elenco estava se tornando especial, algo com identidade própria. Os jogadores estavam curtindo o processo de renovação e adaptação, parte inevitável do futebol.

E assim fomos em frente. Kroos estava se encaixando bem. Rodríguez também, primeiro pela esquerda, depois pela direi-

---

1 *El Clásico*, nome dado ao confronto entre Real Madrid e Barcelona. (N.T.)

ta, num 4-4-2. À medida que acumulávamos vitória após vitória, Florentino Pérez anunciou que o clube ficaria feliz em renovar meu contrato ao fim da temporada. "Ele cria um ambiente familiar muito bom, além de fazer um grande trabalho como técnico", disse o presidente. "Isso é importante." É sempre bom ter apoio vindo de cima, mas eu sabia que a gentileza só dura enquanto os resultados forem bons.

O Real encerrou o ano no Marrocos, onde foi disputado o Mundial de Clubes daquela temporada. Vencemos o San Lorenzo, da Argentina, na final. Isso levou nossa sequência de vitórias consecutivas a 22. Técnico há quase vinte anos, eu nunca tinha vivido algo assim.

Então, o que deu errado? No primeiro jogo de 2015, nossa sequência chegou ao fim com uma derrota para o Valencia. O encanto não se quebrou de imediato. Mas, por essa época, a UEFA divulgou estatísticas mostrando que o Real treinava menos que outros clubes de ponta. Pessoas influentes dentro do clube passaram a insistir que o elenco precisava se esforçar mais nos treinos. Eu pensava o oposto. Estávamos sofrendo com esgotamento e lesões, consequências do excesso de trabalho. Num momento crucial, fiquei sem Ramos, Rodríguez, Pepe, Benzema e, talvez o mais importante, sem Modrić por quatro meses. Não havia substitutos à altura para os dois últimos, peças-chave no nosso sistema. Nesse período, também perdemos para o Atlético e o Barcelona, nossos rivais mais próximos na La Liga.

Havia outro problema, envolvendo Bale. O presidente ficou irritado quando eu o substituí no jogo em que perdemos a sequência de vitórias, e levou a coisa para o lado pessoal. No jogo seguinte, Bale foi vaiado por não ter passado a bola para Ronaldo na frente de um gol escancarado. Um torcedor, frustrado, chegou a atacar o carro de Bale. Era uma dor de cabeça da qual eu não precisava, e comecei a sentir que o clube, que até pouco tempo antes falava em renovar meu contrato, estava perdendo a fé em mim. Se eu tinha criado uma família, precisava aceitar que famílias brigam com frequência, mas deveriam sempre continuar juntas.

Admito que, na segunda temporada, houve problemas com Bale. Ele queria jogar centralizado, e seu empresário chegou ao ponto de, pelas minhas costas, procurar o presidente para tentar conseguir isso. Naturalmente, foi algo que não fez bem à minha relação com o jogador. Naquele dia, recebi uma ligação avisando que o presidente queria falar comigo após o treino. Foi algo bem incomum. Ele me falou da visita do empresário de Bale ao seu escritório. Expliquei que, sim, Bale certamente tinha qualidades de primeira classe, mas que eu estava tentando ajudá-lo a entender seus pontos fortes para que pudesse atingir seu potencial. E tinha quase certeza de que eu, para ajudá-lo nisso, estava mais qualificado que o empresário dele ou meu presidente. Depois, chamei Bale e disse para vir falar comigo diretamente da próxima vez. Ele apenas respondeu: "Sim, tudo bem, sem problemas".

Como sempre, a Champions League era o lugar onde esperávamos silenciar todos os críticos. Na fase de grupos, acumulamos o número máximo de pontos. Seis jogos, seis vitórias. No primeiro mata-mata, em fevereiro, numa época em que pairavam dúvidas sobre nós no campeonato nacional, fomos até Gelsenkirchen e vencemos o Schalke por 2 a 0. No jogo de volta, Casillas cometeu dois erros bastante graves e deu de presente dois gols para eles. Gols de cabeça de Ronaldo empataram. O placar chegou a 3 a 3 e, aos trinta e nove do segundo tempo, eles fizeram 4 a 3. Casillas ainda fez uma defesa que nos manteve vivos no confronto, mas a verdade é que poderíamos facilmente ter sido eliminados. A torcida demonstrava seu descontentamento como só os merengues sabem fazer, e eu não os culpava. No ataque e na defesa, nos faltaram garra, motivação e concentração. Aquilo não era bom, nem para a nossa imagem nem para a do clube. As vaias eram justificadas.

Não foi exatamente uma plataforma promissora para as quartas de final, que nos colocaram contra o Atlético. O presságio para esse confronto também não era dos melhores. Naquela temporada, já tínhamos enfrentado nossos rivais locais seis vezes, sem conseguir vencê-los uma única vez. Ao final do jogo de ida, fora de casa, essa sequência tinha se estendido para sete partidas. Para variar, foi um jogo tenso, em que ninguém queria ceder nada. Bale, jogando pela direita em um 4-4-2, teve a melhor chance logo no início. Tivemos mais posse de bola, mas não conseguimos furar a defesa deles. Foi quase uma repetição de Lisboa. E o segundo jogo foi quase todo assim também. Quando eles tiveram um jogador expulso a quinze minutos do fim, as chances penderam para o nosso lado. O jogador expulso era justamente o marcador de Ronaldo. Dito e feito: aos quarenta e três do segundo tempo, Ronaldo disparou pela direita, tabelou com Rodríguez e cruzou rasteiro na área, onde o jogador que esperava para empurrar a bola para o gol era Javier Hernández. Ele foi o primeiro mexicano a jogar pelo Real desde Hugo Sánchez. Tínhamos o contratado por empréstimo do Manchester United, e ele estava substituindo Benzema.

A vitória não conseguiu silenciar o burburinho, já que a temporada nacional estava chegando ao seu ponto de ebulição e nosso adversário na semifinal era a Juventus. Mais uma vez, lesões me forçaram a tomar decisões difíceis; quando viajamos a Turim, escalei Ramos para ocupar o espaço deixado por Modrić, machucado. Bale se juntou a Ronaldo no ataque. O retorno a um dos meus antigos clubes trouxe o reencontro com Pirlo, que encerrava sua carreira na Itália, pela Juve. E havia também Álvaro Morata, que tinha chegado ao Real ainda garoto, aos 16 anos. Ele estava pedindo mais tempo de jogo, por isso o deixamos partir no verão com uma cláusula contratual que nos permitia trazê-lo de volta. Ele marcou um gol depois que Casillas rebateu um chute de Carlos Tevez em sua direção, mas, compreensivelmente, não teve vontade de comemorar. Ronaldo empatou com um chute à queima-roupa. Depois, um mergulho de cabeça de Rodríguez explodiu no travessão. Se aquela bola tivesse entrado, teríamos os dois gols fora de casa que poderiam nos levar à final. Em vez disso, eles desceram para o outro lado do campo, onde Tevez sofreu pênalti e ele mesmo converteu.

Na Champions League, se você tem coragem, vence. Se tem medo, perde. A ausência prolongada de Modrić e Benzema parecia mesmo ter instilado certa apreensão em mim. Talvez os jogadores tenham sentido isso. Com jogadores defensivos deslocados para o meio-campo, o equilíbrio do time foi alterado, o que colocou pressão demais sobre Rodríguez para ser a solução de todos os nossos problemas ofensivos.

No jogo de volta, em casa, fizemos tudo o que podíamos para virar a partida a nosso favor. Dominamos o primeiro tempo e saímos na frente quando Rodríguez foi derrubado na área e Ronaldo converteu o pênalti. Estávamos vencendo no placar agregado, mas dois ex-jogadores meus acabaram conspirando contra o Real. Uma cobrança de falta de Pirlo pela direita foi afastada com um soco por Casillas, voltou de cabeça para a área, e Paul Pogba escorou para Álvaro Morata. Enquanto esperava a bola quicar e se ajeitar, ele deve ter tido tempo de pensar no que estava prestes a acontecer. No entanto, mais uma vez, não desperdiçou. E, mais uma vez, não comemorou.

Ainda faltava mais de meia hora para o término do jogo, mas simplesmente não conseguimos o gol que empataria o confronto. A Juventus voltava à final pela primeira vez desde que meu Milan a derrotou em 2003. Também não vencemos a La Liga, apesar de termos ganhado 9 dos últimos 10 jogos e marcado um recorde de 118 gols. Mas aquele tropeço no meio da temporada, e um empate com o Valencia no início de maio, nos custaram caro. Terminamos em segundo lugar, dois pontos atrás de um Barcelona avassalador. Naquele mês, Zinedine Zidane, que vinha treinando os reservas, conseguiu sua licença profissional da UEFA.

Eu ficaria ou sairia? Cabia ao presidente responder. Mas os sinais não eram bons. A última vez que um técnico do Real sobrevivera a uma temporada sem conquistar nenhum título tinha sido mais de trinta anos antes. O único homem que não fora demitido naquela situação se chamava Alfredo Di Stéfano, o maior jogador da história do clube. E, como era de esperar, Pérez anunciou que o clube tinha decidido seguir em frente.

"Foi uma decisão extremamente difícil", disse ele à imprensa, acrescentando que "as exigências aqui são muito altas, e precisamos dar um novo impulso ao Real Madrid que nos permita atingir o nível onde queremos estar. O carinho que os jogadores e os torcedores têm por Carlo é o mesmo carinho que eu mesmo tenho por ele."

Eu já esperava por isso, e sabia que, sem resultados, conversas sobre renovação de contrato não significavam nada. As estatísticas bonitas também não foram suficientes para me salvar – mais de trezentos gols marcados e três quartos dos jogos vencidos. No futebol, tudo que você pode fazer é dar de ombros e seguir em frente. E, no entanto, houve algo curioso na coletiva de imprensa que anunciou minha saída. "O que Ancelotti fez de errado?", perguntou Pérez. "Não sei", ele mesmo respondeu.

Pude sair de Madrid de cabeça erguida, tendo entregue a tão sonhada *La Décima*, que o clube tanto queria. Assim como quando deixei o Chelsea, os jogadores foram generosos. Rafael Benítez assumiu o cargo, mas Pérez perdeu a paciência no meio da temporada e o substituiu por Zidane. Em sua espera, Zidane vinha sendo um Banquo.[2] Ele era um dos poucos jogadores do Real que podiam rivalizar com Di Stéfano em termos de status lendário. O time que construímos venceu as três Champions League seguintes, algo sem precedentes desde o Bayern de Munique do início dos anos 1970.

---

2 Banquo é um personagem da tragédia *Macbeth*, de William Shakespeare. Embora não chegue a reinar, bruxos profetizam que seus descendentes ocuparão o trono da Escócia, tornando-o uma figura de ameaça silenciosa. A comparação indica que Zidane, então técnico do time B, era uma presença constante e respeitada nos bastidores, visto como herdeiro natural do cargo de técnico do Real Madrid. (N.T.)

Obviamente, não foram conquistas minhas. Mas quem pode dizer que elas não teriam acontecido se eu ainda estivesse lá?

A pausa forçada veio no mais oportuno momento. Já fazia algum tempo que eu sofria de estenose cervical. Sentia dormência nas mãos e fui alertado de que, se adiasse o tratamento, os sintomas poderiam se espalhar para as pernas. A condição era causada por um estreitamento do canal espinhal, que comprimia a medula e as raízes nervosas. Marquei a cirurgia para ampliar o canal e planejei me afastar do futebol por um tempo. Não sabia quanto duraria a recuperação. É claro que surgiram tentações para uma volta imediata. Conversei com Galliani, do Milan, sobre retornar ao meu antigo cargo. O clube tinha terminado a Série A em décimo lugar. Berlusconi estava entusiasmado. Foi difícil dizer não, mas decidi fazer a operação. Isso também me deu tempo para recarregar as baterias.

Em outubro, comecei a me sentir pronto para voltar à ativa. Há algo no trabalho de técnico que é viciante – é a droga que eu escolhi para mim. A mesma coisa tinha acontecido depois que deixei o Milan. Eu disse que tiraria um tempo de folga, mas aí a temporada recomeça, os jogos dos grandes campeonatos passam na TV, e você sente falta da beira do campo. Quando comecei, um técnico jovem e inexperiente na Reggiana, prometi a mim mesmo que faria esse trabalho por cinco ou seis anos, no máximo. Vinte anos depois, aos 55, ainda não estava pronto para me aposentar.

Eu não sabia de onde viria a próxima oportunidade, mas estava de mente aberta. A imprensa associou meu nome a vários clubes, alguns ingleses. Falaram no Manchester United e depois no Chelsea, quando José Mourinho deixou o clube em sua segunda passagem. Passei parte desse tempo em Vancouver, onde minha esposa e eu temos uma casa – assistindo a jogos, claro, mas também pescando. A única certeza que eu tinha era que não queria assumir um time no meio da temporada, como tinha feito com a Juventus e depois com o Paris Saint-Germain. Queria começar no início do calendário, com um clube que tivesse um projeto.

Antes do fim do ano, o projeto certo surgiu. Pep Guardiola anunciou que deixaria o Bayern de Munique ao fim da temporada 2015-2016. Ele já estava no cargo havia três anos e não quis renovar o contrato. Fui procurado. O desafio parecia interessante. É claro que gostei da ideia de trabalhar na Bundesliga, o único grande campeonato europeu em que eu ainda não tinha atuado. E a chance de voltar à Champions League também era atraente. O Bayern tinha vencido o torneio em 2013, mas Guardiola não conseguiu conquistar o título em sua passagem por lá.

É claro que precisei fazer um curso intensivo de alemão, que foi ainda mais difícil de aprender do que o inglês. Quando cheguei para minha primeira coletiva de imprensa, eu tinha aprendido o suficiente para dizer uma ou duas frases, e então continuei em inglês. Para me ajudar a me integrar, o clube me presenteou com uma calça *lederhosen* na chegada.[3] Para me sentir mais em casa, contratei imediatamente Paul Clement para trabalhar comigo em Munique.

Mais do que em qualquer outro clube por onde passei na Europa, o Bayern era o imperador de sua liga. O clube tinha vencido a Bundesliga nas quatro temporadas anteriores, e continuaria vencendo muito depois da minha saída. Só perdeu o domínio em 2024, quando o Bayer Leverkusen conquistou seu primeiro título da história, treinado por ninguém menos que Xabi Alonso. Mas estou me adiantando. Quando cheguei a Munique, Alonso ainda jogava, e foi bom ver um rosto conhecido. O capitão do time era Philipp Lahm, que dois anos antes liderara a Alemanha na conquista da Copa do Mundo. Entre os principais jogadores do clube estavam o goleiro Manuel Neuer, os zagueiros Jérôme Boateng e David Alaba, os meio-campistas Arjen Robben, Thiago Alcântara, Joshua Kimmich e Franck Ribéry, e os atacantes Thomas Müller e Robert Lewandowski, um goleador prolífico. Naquele verão, o elenco foi reforçado com a chegada de Mats Hummels, vindo do

---

3 Vestimenta típica da região alemã da Baviera, cuja capital é a cidade de Munique. (N.T.)

Dortmund. Eram muitos talentos à disposição. A única possibilidade de preocupação era que se tratava de um time envelhecido. Ribéry e Robben já estavam bem acima dos trinta, e Xabi Alonso e Lahm se aposentariam ao fim daquela temporada.

No Real, herdei um elenco que tinha jogado sob o comando de Mourinho por três anos. Por três anos, o Bayern vinha jogando do jeito de Guardiola. Bem diferente! Dessa vez eu não quis mudar muita coisa. O futebol ofensivo é uma tradição no Bayern, e eu não ia interferir nisso. Mas, como de costume, introduzi um sistema que tem funcionado nos clubes que treino onde quer que eu vá. Minha filosofia era misturar disciplina com liberdade. Quando o adversário está com a bola, nos defendemos de apenas duas maneiras: ou pressão alta ou bloco baixo. Ao recuperar a posse de bola, a ideia é jogar para a frente com rapidez, de forma mais direta, mais vertical. Mas, ao chegar ao terço final, tudo muda. É aí que entram a criatividade e a liberdade, porque sem elas a posse de bola é estéril. Isso é especialmente verdadeiro quando a defesa adversária é bem organizada.

Funcionou. Houve algumas atuações apagadas durante o inverno, e partidas muito apertadas. Isso provocou um certo ruído externo e críticas. Mas, àquela altura, eu já estava perto do milésimo jogo como técnico e sabia como atravessar uma tempestade. Disparamos na Bundesliga naquela temporada, vencendo o campeonato com quinze pontos de vantagem, uma margem cinco pontos maior que nos dois anos anteriores sob Pep. No entanto, isso não era considerado sucesso no Bayern. Era só o mínimo.

Sempre que havia pressão na imprensa, notei uma grande diferença nesse trabalho. Completamente nova para mim era a experiência de trabalhar em um clube que não era comandado segundo os caprichos de um único dono carismático. Em vez disso, havia um grupo misto de acionistas corporativos, enquanto o clube, tradicionalmente, era gerido no alto escalão por ex-jogadores lendários. Houve uma troca de presidente no meio da temporada, com Uli Hoeness assumindo o posto. O presidente do conselho era Karl-Heinz Rummenigge, que tinha jogado na Inter de Milão quando eu atuava pela Roma. Será que cheguei a dar um chute no meu futuro chefe quando jogamos um contra o outro? Claro que sim. Era esse o meu trabalho.

Assim, eu prestava contas a várias figuras importantes. Era difícil saber quem detinha mais poder, e, depois de algumas semanas no cargo, cheguei a chamar Philipp Lahm de lado para pedir sua opinião. Mas, como sempre, procurei manter minha independência. Houve uma vez em que os diretores me pediram que fizesse os jogadores serem mais disciplinados, e para tanto me entregaram uma lista com cinco tópicos para eu ler em voz alta para eles. Na minha visão, o time principal não era a equipe de base e devia ser tratado como tal. Por isso, entrei no vestiário, tirei o papel do bolso e disse: "Recebi uma ordem da diretoria para ler uma lista a vocês". Foi a minha maneira de me distanciar daquela tarefa.

É claro que, mesmo sem o dono respirando no seu cangote, a pressão para ter sucesso na Champions League continua a mesma. Meu trabalho era vencer o torneio. Assim como Mourinho antes de mim no Real, Guardiola tinha levado o clube a três semifinais consecutivas. Eu já tinha vencido a competição três vezes como técnico, e agora o Bayern queria que eu a conquistasse para eles.

Pela primeira vez em muito tempo um clube treinado por mim não terminou em primeiro no grupo. O vencedor foi o Atlético. Nos confrontos diretos, ambos vencemos por 1 a 0 em casa. Ganhamos do PSV duas vezes, mas conseguimos perder para o Rostov. Ainda assim nos classificamos, e pela segunda vez na minha carreira na Champions, meu time enfrentaria o Arsenal. Naquele momento da temporada, estávamos com dificuldades para nos impor na Bundesliga, e a fase eliminatória chegou acompanhada de grande expectativa. Acabou sendo um massacre. Goleamos por 5 a 1 em casa. No jogo de volta, em Highbury, eles tiveram um jogador expulso no segundo tempo, e fizemos mais cinco gols.

Depois veio o Real Madrid. Esses confrontos contra ex-clubes são uma coisa que acontece quando você muda bastante de equipe. Na final de 2003, o Milan enfrentou a Juventus, que tinha me demitido dois anos antes. Agora, minha missão era planejar a eliminação de outro clube que também me dispensara. Ao menos eu conhecia bem o adversário. O trio de ataque no jogo de ida era o famoso BBC. Nessas situações, em que você volta a um ex-clube, é loucura dizer que se trata apenas de mais uma partida. Aquele clube tinha sido sua família até pouco tempo antes, e sua nova família de agora precisava ferir a anterior. Isso se tornava ainda mais difícil para mim porque, com a estrutura corporativa da direção, o Bayern nunca chegou a parecer bem uma família.

Tivemos um grande azar pouco antes do primeiro jogo. Lewandowski se machucou em uma partida do campeonato alemão, contra o Dortmund. Foi um baque, porque ele era uma máquina de fazer gols. Ao fim da temporada, ele marcaria 43 na somatória de todas as competições. Müller não vinha em boa fase e havia feito apenas um gol até ali, mas eu não tinha escolha: precisei escalá-lo como centroavante e torcer para que sua sorte mudasse. Ainda assim, abrimos o placar com Arturo Vidal, que acertou uma potente cabeçada após um escanteio. No finalzinho do primeiro tempo, ganhamos um pênalti. Na ausência de Lewandowski, Vidal assumiu a cobrança e mandou a bola absurdamente por cima do gol. Um segundo gol teria nos colocado em boa posição para defender a vantagem, então foi um erro grave. Ronaldo não marcava havia seis jogos na Champions League, mas escolheu o começo do segundo tempo para quebrar o jejum, acertando um belo chute de primeira para empatar. Depois, a meia hora do fim, Javi Martínez foi expulso, e Ronaldo marcou o gol da vitória. Jogamos bem, mas Neuer teve de trabalhar muito para nos manter na disputa.

Voltei a Madrid para o meu maior jogo em dois anos. Isso já seria um belo drama pessoal, mas ainda havia o drama dentro de campo. Deve ter sido uma partida incrível para um espectador neutro.

Para todos os outros, foi de roer as unhas. No Bernabéu, quase conseguimos fazer com eles o que tinham feito conosco na Allianz Arena. Começamos com força e dominamos o primeiro tempo com um futebol enérgico e envolvente. Entrei na partida sabendo que o Real sempre fazia gols, mas que também sempre levava, e nós tínhamos Lewandowski de volta. Quando ganhamos um pênalti no começo do segundo tempo, ele cobrou com frieza. À medida que pressionávamos pelo segundo gol, que nos daria a classificação, Ronaldo empatou de cabeça faltando quinze minutos para o fim.

Quase em seguida, Ramos nos presenteou com um gol contra. O placar agregado foi a 3 a 3. Infelizmente, a poucos minutos do término da partida, Vidal coroou sua interessante contribuição para o confronto sendo expulso. Para ser sincero, o segundo cartão foi injusto. Não tínhamos mais energia para segurar o resultado, e no fim do primeiro tempo da prorrogação Ronaldo fez mais dois. Ambos claramente em posição de impedimento. Com o *hat-trick*, ele marcou seu centésimo gol na Champions League. E eu achando que éramos amigos! Asensio fez 6 a 3 no agregado.

A expulsão mudou o jogo. Meu sentimento era o de que tínhamos sido prejudicados. Depois do jogo, sugeri que o árbitro não tinha condições de conduzir uma partida daquela importância e que já era hora de considerar a introdução da tecnologia de vídeo. Não consigo acreditar que eu tenha sugerido isso.

O que aconteceu depois foi inesperado. Disparamos na Bundesliga e, no último jogo em casa da temporada, levei um banho de *weissbier* bávara. No verão, renovamos o elenco com a contratação de James Rodríguez, por empréstimo. As coisas não iam bem para ele no Real, e fiquei feliz em recebê-lo. Mas alguns veteranos do elenco ficaram insatisfeitos, Robben e Boateng entre eles. No início da temporada 2017-2018, tropeçamos um pouco no campeonato alemão, com uma derrota e um empate. A campanha da Champions começou bem, com uma vitória em casa por 3 a 0 sobre o Anderlecht. Então, no fim de setembro, visitamos mais um dos meus antigos clubes. Contra o Paris Saint-Germain, decidi abrir mão dos dois pontas veteranos e deixar que os laterais avançassem enquanto focávamos os ataques pelo centro. Foi um erro. O equilíbrio do time ficou comprometido, e isso deu espaço para o contra-ataque deles nos destruir. Marcaram o primeiro aos dois minutos. O 3 a 0 foi a pior derrota do Bayern na competição em vinte e um anos. No dia seguinte ao jogo, a diretoria se reuniu e chegou à conclusão de que o problema era eu.

"Desde o início da temporada, a atuação do nosso time não correspondeu às expectativas que depositamos nele", disse Rummenigge. "O jogo em Paris mostrou claramente que precisávamos tomar providências."

Agora, eu tinha sido demitido quatro vezes por grandes clubes: Juventus, Chelsea, Real Madrid e Bayern de Munique. Isso prova que não é preciso um presidente errático ou um dono imprevisível para acionar a guilhotina. Acionistas corporativos também sabem fazer isso. Essa foi a demissão mais impiedosa de toda a minha carreira. Depois da minha saída, o clube chegou à semifinal e foi eliminado – adivinhe – pelo Real Madrid.

Enquanto isso, eu tinha mais um inverno pela frente e a chance de refletir sobre os passos que eu daria a seguir. Houve especulações de que eu poderia ser o substituto ideal para Arsène Wenger quando sua longa passagem pelo Arsenal enfim terminou, em maio de 2018. Meu nome também já tinha sido associado ao Chelsea e ao Manchester United ao longo dos anos. Sempre retorno a Vancouver nos meus períodos de recuperação, e foi lá que recebi a proposta para meu próximo trabalho, de volta à Itália.

O Napoli estava com uma vaga aberta porque Maurizio Sarri, após uma disputa contratual, tinha decidido sair e tentar a sorte no Chelsea. Ele havia feito boas campanhas no campeonato italiano, terminando em segundo, terceiro e segundo lugar. Mas os resultados do clube nas competições europeias tinham sido decepcionantes, o que talvez explique por que decidiram me chamar.

Não consegui exatamente mudar essa narrativa, embora tenha chegado perto. Ficamos em segundo lugar na Série A por quase toda a temporada, atrás da Juventus, que já vinha de uma longa sequência de títulos. Enquanto isso, o Napoli encarou um grupo difícil da Champions League, com PSG, Liverpool e Estrela Vermelha. Diferentemente de outros clubes por onde passei, ali eu não tinha um elenco cheio de superestrelas. A maior parte do talento estava no ataque, com Lorenzo Insigne e Dries Mertens. Passar daquele grupo seria um milagre, mas foi por pouco que não conseguimos.

Talvez o resultado mais custoso tenha sido o empate fora de casa contra o Estrela Vermelha, na partida de estreia. Mas também tivemos uma dura lição em Paris. Estávamos vencendo por 2 a 1 até o último minuto quando Di María recebeu um passe na entrada da área e, com o pé esquerdo, enfiou a bola no ângulo. Quando ele armou o chute, pensei: *Já vi esse filme antes.* Como esperado, ela entrou. Um golaço. Empatamos com eles em casa, também.

A grande missão era tentar superar o Liverpool. Conversamos muito e elaboramos um plano para escapar da pressão alta que eles tão bem aplicavam sob o comando de Jürgen Klopp. Em nosso primeiro jogo contra eles, em casa, e logo que a bola ficou com a gente, lançamos um passe longo do nosso goleiro na direção do lateral esquerdo deles, Andy Robertson, que não era tão alto. A tática funcionou, pois forçou a linha de pressão deles a recuar. Vencemos com um gol no último minuto e fomos ao Anfield na última rodada sabendo que, para nos classificar, precisávamos marcar, e não perder por dois gols de diferença. Infelizmente, dois momentos de brilhantismo mundial nos derrubaram: um gol de Mo Salah, escapando pelo corredor esquerdo, e uma defesa salvadora de Alisson, já no último minuto, ele que tinha se tornado recentemente o goleiro mais caro da história das transferências. "Se eu soubesse que o Alisson era tão bom, teria pagado o dobro", brincou Klopp. O Liverpool acabaria vencendo a competição.

Eu não era eliminado nessa fase desde 1999. Houve uma possibilidade de revanche na temporada seguinte, quando caímos de novo no mesmo grupo que o Liverpool. Eles vieram ao Stadio San Paolo e os vencemos com dois gols no fim da partida. Era um grupo mais fácil, e nos classificamos para o mata-mata em segundo lugar. Um resultado respeitável. Infelizmente, as coisas não iam tão bem no campeonato italiano. Estávamos empacados em sétimo lugar e não vencíamos fazia algum tempo quando, na manhã seguinte à nossa sexta vitória no grupo (um 4 a 0), fui convidado para jantar com o presidente do clube, o produtor de cinema Aurelio De Laurentiis. Quaisquer que tenham sido os erros táticos que cometi como técnico, hoje penso que um dos maiores equívocos da minha carreira foi aceitar esse convite. Eu sabia que ele ia me demitir e não havia nenhuma necessidade de ir pessoalmente receber a notícia. Eu deveria ter ido para casa e esperado o telefone tocar. Foi um jantar desconfortável.

"Continuo sendo amigo dele, já era antes e ainda sou agora", disse o presidente em um comunicado. "Lamento que as coisas tenham terminado assim. Cultivamos um sonho, mas de repente despertamos. Era melhor que cada um seguisse seu caminho." No dia seguinte, Gennaro Gattuso, meu antigo guerreiro de meio-campo no Milan, atravessou a porta giratória e entrou no clube. Fiquei descontente com ele, que parecia estar esperando atrás daquela porta sem me avisar.

Estatisticamente, meu período no Napoli foi o de pior desempenho da minha carreira como técnico. Mas senti que deixei o clube em uma boa situação. Nas oitavas de final, o adversário sorteado foi o Barcelona, e depois do jogo de ida, no fim de fevereiro, o confronto estava empatado em 1 a 1.

E então veio a covid.

15
A SEXTA VEZ
2019-2022

As coisas podem ser bem rápidas no futebol. Eu era um técnico desempregado de 60 anos e membro pagante de um dos maiores e menos exclusivos clubes do mundo: o dos técnicos demitidos.

Essa é a idade em que a maioria dos técnicos já se aposentou da desgastante rotina semanal e se afastou da pressão por resultados constantes, mas minha maldição é que sempre tive dificuldade em me afastar. Eu precisava estar no futebol. No meio da temporada, sempre há clubes em apuros procurando fazer mudanças, e em vez de ficar parado em casa, resolvi ouvir propostas. Na época, dois grandes clubes ingleses estavam com problemas. O Arsenal tinha demitido o técnico, e o Everton tinha feito o mesmo; assim, ambos os times estavam nas mãos de interinos. Não é de surpreender que, como eu tinha acabado de ficar livre, meu nome surgiu como possível candidato para os dois cargos.

Não nego que o Arsenal teria sido um desafio atraente. Eu ainda possuía propriedades em Londres. Mas recebi boas informações de que eles iriam contratar Mikel Arteta. Então resolvi escutar a proposta do Everton, que me ofereceu um contrato de quatro anos e meio. Tudo isso menos de um mês depois de eu ter trazido o Napoli para a cidade e arrancado um empate de 1 a 1 com o Liverpool na Champions League.

O primeiro jogo a que assisti das arquibancadas foi justamente contra o Arsenal. O estádio Goodison Park me trazia uma lembrança específica. Foi ali que, após a última partida da temporada de 2011, fui demitido no corredor pelo CEO do Chelsea. Não vencemos naquele dia, nem em nenhuma das vezes em que enfrentei o Arsenal durante meu tempo na Inglaterra. Três empates, três derrotas. Eu sabia por experiência própria que se tratava de um clube com orgulho e história, e deixei claro que nossa meta precisava ser a classificação para a Champions League.

Era bom estar de volta à Inglaterra. Se eu tivesse que apontar o motivo de gostar tanto de lá, diria que é porque os estádios estão sempre cheios, e há sempre drama e emoção. É tribal, e isso parece diferenciá-lo de outros campeonatos. Talvez por ser um país relativamente pequeno, os torcedores conseguem viajar com mais facilidade para os jogos fora de casa, o que contribui para a atmosfera completamente diferente nos estádios ingleses. Os torcedores têm uma paixão que raramente se expressa em violência ou insulto. Nunca fui insultado em um estádio inglês, como frequentemente era nos italianos.

A Premier League é agitada. Em pouco tempo, eu estava medindo forças com Pep Guardiola. Na Copa da Inglaterra, voltei ao Anfield, onde o Everton ainda não tinha vencido um jogo no século 21. Em março, questionei educadamente um gol anulado pelo VAR que nos daria uma vitória de última hora sobre o Manchester United, e o árbitro me expulsou. Depois disso, voltei ao Chelsea pela primeira vez, agora comandado pelo meu amigo Frank Lampard.

Tudo isso só nos meus primeiros meses. Depois, toda a normalidade foi colocada em pausa quando a covid-19 chegou e entramos em uma pandemia. Como todo mundo, eu não podia ir muito longe. Normalmente eu gosto de encontrar uma casa no coração da cidade onde trabalho, mas no noroeste da Inglaterra morei em Crosby, um subúrbio litorâneo de Liverpool. Ali eu podia caminhar na praia e contar as cem estátuas de ferro feitas pelo escultor Antony Gormley, que desapareciam toda vez que a maré subia. Às vezes eu esbarrava com meu vizinho Jamie Carragher quando ele passeava com o cachorro. Andei muito de bicicleta e descobri bons trajetos de Crosby até Southport. Gostei demais do lugar, e ajudou o fato de o clima estar bom. Preciso admitir que me senti sortudo e um pouco culpado por poder viver de forma relativamente normal durante a pandemia.

O futebol demonstrou responsabilidade. No Everton, todos os membros da equipe principal aceitaram cortes e adiamentos salariais para que o clube pudesse pagar os salários dos funcionários menos bem remunerados. E quando recebemos autorização para voltar, foi bom poder devolver um sorriso aos torcedores, que queriam se reconectar com o clube. Houve um sorriso especial para os torcedores do Everton no nosso primeiro jogo de volta. Se perdêssemos em casa para o Liverpool, havia a chance de eles conquistarem o título pela primeira vez em trinta anos. Para eles, vencer o campeonato em Goodison, mesmo sem nenhum torcedor no estádio para testemunhar, seria inaceitável. Conseguimos garantir que tivessem que conquistar o título em outro lugar, embora eu tenha mandado uma mensagem de parabéns para Klopp.

Terminamos em 12º lugar, três posições acima de quando cheguei, no Natal. Estava claro que o elenco precisava ser reforçado. O maior nome do Everton era o goleiro da seleção inglesa, Jordan Pickford, e havia bons atacantes em Richarlison e Dominic Calvert-Lewin. O intervalo entre o fim de uma temporada e o início da outra foi curtíssimo, e eu aproveitei para trazer dois jogadores que já conhecia: Allan, o brasileiro que jogava como volante no Napoli, e James Rodríguez, do Real Madrid. Abdoulaye Doucouré veio do Watford. E talvez minha melhor negociação tenha sido aprovar o retorno de Jarrad Branthwaite do Carlisle United assim que cheguei. Ele já tinha passado pela nossa base, mas estava amadurecendo rápido no Carlisle, e 1 milhão de libras era um bom preço. Eu estava certo de que ele tinha um grande futuro pela frente.

As coisas não haviam ido tão bem para o Rodríguez, em parte por causa de lesões, mas também porque alguns técnicos o viam como um jogador de luxo. Eu gostava dele e queria ajudá-lo a ajudar o Everton. Meus novos reforços começaram muito bem. Vencemos os quatro primeiros jogos e assumimos a liderança da tabela. Depois empatamos com o Liverpool em um jogo bem polêmico e acalorado. No fim do ano, ainda estávamos em segundo lugar, a mais alta colocação que o Everton tinha alcançado até o Natal em muitas décadas. Eu ainda achava que o título estava fora do nosso alcance, mas buscar a classificação para a Champions League não era um objetivo irrealista.

A única coisa que consegui entregar aos torcedores do Everton foi a primeira vitória sobre o Liverpool desde 2010, e a primeira vitória no Anfield desde 1999. Mas fomos complacentes contra os times mais fracos e caímos para a décima posição. Quando a temporada se aproximava do fim, confrontei alguns jogadores que, na minha opinião, não estavam tão motivados quanto deveriam. Se quisessem, poderiam e deveriam sair. Eu iria atrás de substitutos que pudessem contribuir de forma mais positiva. Foi nessa busca por novos jogadores que liguei para o Real Madrid, perguntando se havia alguém que eu pudesse pegar por empréstimo. E a conversa tomou um rumo inesperado.

A resposta foi que não havia. Obviamente, todos sabiam que o clube também estava procurando um novo técnico, já que Zidane tinha renunciado pela segunda vez, alegando falta de apoio da diretoria. Para substituí-lo, já estava tudo certo com Massimiliano Allegri, que tantos *Scudetti* conquistara na Juventus e que tinha levado o time a duas finais de Champions. Mas, no último momento, ele decidiu permanecer na Juventus. A voz do outro lado da linha reclamava que não havia técnicos disponíveis.

"Se não há jogadores", eu disse, "que tal um novo técnico?"

"Conhece alguém?", veio a resposta.

"Você esqueceu do que fizemos em 2014?", retruquei.

Houve um silêncio.

"Talvez. Vou falar com o presidente e te retorno."

No dia seguinte, eu estava em um trem quando meu telefone tocou. Olhei a tela e vi que era Florentino Pérez. Meu primeiro pensamento foi: *Por favor, que o trem não entre num túnel agora.* Não entrou, e nós conversamos. Em dez minutos o acordo estava fechado. Era um sábado. Procurei o diretor de futebol do Everton e expliquei a situação. O clube ficou um tanto atônito, porque todos, inclusive eu, presumiam que eu ficaria os três anos restantes do meu contrato. Mas isso é o futebol. Técnicos raramente escolhem quando vão embora de um clube (eu certamente não escolhi no Real), então não deveriam ser criticados quando escolhem. Aquela era uma oportunidade boa demais para deixar passar. Os dois clubes acertaram rapidamente a compensação e, três dias depois da ligação com o presidente, eu estava sendo apresentado à imprensa espanhola.

Foi uma reviravolta notável na minha trajetória. Eu estava no futebol desde 1977, mais de quarenta e cinco anos – trinta como técnico. Depois de seis anos andarilhando pelo continente, eu estava voltando para o mais famoso de todos os clubes. Mas, ao me dirigir ao centro de treinamento para a pré-temporada, o elenco me pareceu familiar. Ramos e Varane tinham acabado de sair, mas muitos jogadores ainda estavam lá. Casemiro, Isco, Carvajal, Kroos e Nacho, todos promovidos por mim ao time principal, agora já estavam consolidados, enquanto Benzema, Modrić e o capitão Marcelo já tinham passado dos 30, mas continuavam sendo peças vitais da equipe. Era como voltar para o futuro. Os mesmos fisioterapeutas, os mesmos roupeiros, e também os mesmos jornalistas fazendo as mesmas perguntas. E o mesmo objetivo de sempre: jogar um futebol ofensivo, fazer muitos gols, vencer partidas, conquistar títulos. Vencer a Champions League, de novo e de novo. Parecia que eu estava voltando para casa.

Nos primeiros dez jogos mais ou menos, eu estava tentando descobrir a melhor forma de integrar os jovens talentos aos veteranos. As estrelas em ascensão que já estavam no clube incluíam os brasileiros Vinícius Júnior e Rodrygo, agora acompanhados por Eduardo Camavinga. As novas contratações para a defesa, desde minha passagem anterior por Madrid, eram Éder Militão e David Alaba, que eu já conhecia do Bayern. Infelizmente, tive menos sucesso em extrair o melhor de Eden Hazard, um grande talento, que vinha sofrendo com lesões desde que chegara ao Real. Gareth Bale, também, que tinha retornado após um empréstimo ao Tottenham, seu antigo clube, não conseguiu voltar à sua melhor forma. As oportunidades para ambos foram limitadas porque Vinícius rapidamente se tornou insubstituível. Era evidente que ele estava a caminho de se tornar um dos melhores jogadores do mundo, senão o melhor.

Vencemos o *Clásico* no fim de outubro e logo nos firmamos no topo da La Liga. Em dezembro, vencemos o dérbi contra o Atlético, a primeira vez que consegui superar Diego Simeone no campeonato. Nesse meio-tempo, fiz meu retorno à Champions League com uma vitória fora de casa, no San Siro, contra a Inter de Milão. Foi um jogo aberto, com muitas chances. Aproveitamos a nossa quando faltava apenas um minuto para o fim. Fede Valverde levantou uma bola para a área e um voleio de Camavinga a deixou aos pés de Rodrygo, que mandou direto no canto. Foi uma belíssima maneira de iniciar nossa campanha, que veio dos jogadores mais jovens do time. Camavinga e Rodrygo tinham apenas 19 e 20 anos, respectivamente.

Os jogos da fase de grupos foram previsíveis e alcançamos nosso objetivo de avançar com certa facilidade, mas com uma exceção notável que acabou sendo um doloroso alerta. Foi uma noite carregada de emoção com o retorno do futebol europeu ao Bernabéu, após quase dois anos de reformas. Nossos visitantes eram o Sheriff Tiraspol, campeão da Moldávia, que tinha passado por quatro etapas preliminares para chegar à fase de grupos pela primeira vez. Dirk Kuyt, ex-jogador do Liverpool que agora era comentarista, não nos ajudou ao dizer na TV holandesa que "times como o Sheriff

Tiraspol não têm nada que estar na Champions". O clube estava determinado a provar que ele e muitos outros estavam errados. Como já tinham vencido o Shakhtar Donetsk na estreia, então não eram os azarões absolutos que se dizia.

O Sheriff se defendeu com firmeza e, tirando dois momentos espetaculares dos moldavos, o jogo foi todo do Real, a tal ponto que o goleiro Georgios Athanasiadis, emprestado ao Sheriff, foi eleito o Jogador da Partida pela UEFA. Foi nossa primeira derrota da temporada. Eu não estava exatamente preocupado, mas decepcionado. Jogamos com intensidade e comprometimento, tivemos controle total, mas perdemos nos pequenos detalhes. A equipe jogou bem; poderíamos ter sido mais precisos nas finalizações, mas é difícil explicar o que aconteceu. Pode-se dizer que foi azar. Eles marcaram em contra-ataques e em um arremesso lateral. Finalizamos muito, mas às vezes a sorte acaba nos abandonando. Deu tudo certo para eles; deu tudo errado para a gente.

O árbitro não teve uma grande atuação, deixando de marcar dois pênaltis. Acabou nos dando um, que permitiu a Benzema empatar o jogo após o gol de cabeça que eles marcaram contra a lógica da partida no primeiro tempo. Então, aos quarenta e quatro do segundo tempo, no momento exato em que vencemos a Inter, o Sheriff marcou o gol da vitória. Uma bola rebatida chegou a Sébastien Thill, jogador da seleção de Luxemburgo, que estava livre na entrada da área. Ele pegou de semivoleio com a perna esquerda e mandou no ângulo. Jogamos com intensidade e comprometimento, mas os pequenos detalhes nos custaram a vitória. Tivemos dois terços da posse de bola, trinta finalizações, treze escanteios e marcamos um gol de pênalti. Eles não tiveram nenhum escanteio, finalizaram apenas quatro vezes e marcaram dois gols. Foi a prova de como as coisas podem ser difíceis contra os chamados "times fracos".

Outro resultado marcante na fase de grupos foi a vitória fora de casa contra o Shakhtar Donetsk, algo que desafiou o dogma da marcação alta. Treinado por Roberto De Zerbi, o Shakhtar era um time muito bom. O que ele fazia com os laterais e outras posições era interessante de verdade. Instruí meus jogadores a não pressionarem porque era exatamente isso que eles queriam que fizéssemos. "Se vocês pressionarem", eu disse, "eles vão tocar a bola em volta de vocês. Se não pressionarem, eles vão entregar a bola." Não pressionamos, e vencemos por 5 a 0.

Depois de um gol contra no primeiro tempo, os gols-chave vieram dos jovens na segunda etapa. Vinícius marcou dois, o segundo com um drible espetacular, e depois cruzou com perfeição para Rodrygo marcar. Benzema quebrou a linha de impedimento do Shakhtar e fez o quinto nos acréscimos. Ele ainda marcou mais dois contra eles no jogo de volta em casa. Em seguida, fomos à Moldávia e vencemos o Sheriff por 3 a 0. Por fim, a Inter veio a Madrid para decidir quem ficaria com o primeiro lugar do grupo. Conquistamos uma satisfatória vitória cabal, que combinou trabalho coletivo com brilho individual. No primeiro gol, Rodrygo cruzou rasteiro na direção de Casemiro, que ouviu um chamado vindo de trás e deixou a bola passar livre para Kroos, que chutou firme no canto. No segundo tempo, o gol de Asensio foi ainda mais bonito. Do outro lado da área, ele mandou um chute espetacular no ângulo.

O time que eu tinha herdado já não contava com certos talismãs da minha passagem anterior pelo clube. Ronaldo se fora, assim como Ramos e Casillas. Mas, sem eles, seus sucessores estavam desenvolvendo a própria identidade. Thibaut Courtois, que já tinha passado pelo Chelsea e pelo Atlético, era uma presença imensa no gol e, na minha opinião, melhoraria até se tornar o melhor goleiro do mundo. Benzema, como único remanescente do trio BBC, já que Bale não conseguiu disputar muitos jogos no retorno, assumiu uma nova responsabilidade como líder e veterano rodeado por companheiros muito mais jovens. Não mais atuando como escudeiro incansável de Ronaldo e Bale, ele abraçou o desafio de ser o ponto focal do nosso ataque. Aos 34 anos, tinha a energia e a fome de alguém dez anos mais jovem, e sua influência ao entrarmos na fase eliminatória fez toda a diferença.

Também havia uma mudança importante no regulamento quando chegamos às oitavas de final. A regra do gol fora de casa tinha sido abolida. Ela fora introduzida nos anos 1960 para incentivar os times visitantes a atacarem mais, mas a UEFA concluiu que, nos tempos atuais, ela acabava freando os times da casa, que se preocupavam mais em não sofrer gols do que em marcar. Reconheço que, no meu caso, isso provavelmente era verdade. Pela nova regra, se o placar agregado estivesse empatado após o segundo jogo, os times iriam direto para a prorrogação e, se necessário, para os pênaltis. Já não importava mais quem tinha feito mais gols fora de casa. Se fosse 4 a 4 em uma partida e 0 a 0 na outra, não haveria mais vantagem por marcar fora de casa. Isso exigia uma mudança de mentalidade. Já não era mais necessário ser tão cauteloso jogando em casa.

À medida que avançávamos do inverno para a primavera, nosso time titular alcançava o tipo de estabilidade necessária para competir tanto na La Liga quanto na Champions League. Isso refletia o equilíbrio entre o disciplinado controle defensivo e a liberdade criativa no ataque, algo que está no coração da minha abordagem simples de jogo (que, espero, não é simplória). A velocidade dos nossos atacantes fazia do contra-ataque nossa melhor arma. E tão importante quanto isso era a base defensiva sólida de onde esses contra-ataques partiam. Na posse da bola, a formação consistia em uma linha de quatro zagueiros protegida por um volante defensivo; à frente deles, dois meio-campistas alimentavam três atacantes. Sem a posse, quem estivesse pelo lado direito recuava para recompor o meio-campo.

É na fase eliminatória que a verdadeira pressão começa. Não daria mais para corrigir atuações como a que tivemos contra o Sheriff – o sonho morreria ali. Nas oitavas, enfrentamos um PSG em boa fase, enquanto nós mesmos atravessávamos um momento irregular. Quando se está no futebol há tanto tempo quanto eu, e tendo comandado tantos clubes quanto eu comandei, as chances de enfrentar um ex-empregador são bem altas. Isso já tinha acontecido comigo antes, claro, mas a coisa ficou mais dramática quando o sorteio nos colocou frente a frente com o Paris Saint-Germain. Eles foram bastante ativos no mercado de transferências desde minha passagem por lá.

Para vencê-los, teríamos que superar um trio de *galácticos* montado exatamente para confrontos como aquele: Mbappé, Neymar e Messi. No papel, o MNM era tão formidável quanto o BBC. Neymar começou no banco no jogo de ida em Paris, mas isso não impediu o PSG de dominar todas as estatísticas no Parc des Princes. De algum modo, conseguimos sair de Paris com um único gol de desvantagem. Enquanto tivemos pouquíssimas chances, eles criaram muitas, mas Courtois parou todas. Ele é uma muralha humana, extremamente difícil de vencer. Messi não conseguiu batê-lo em um pênalti. Mbappé foi parado em duas defesas espetaculares. Só no quarto minuto dos acréscimos é que Neymar deu um passe de calcanhar para Mbappé, que avançou pela esquerda, invadiu a área entre dois defensores e finalizou no canto. Mesmo assim, talvez tivéssemos sobrevivido, não fosse o leve desvio em Valverde que tirou a bola da trajetória e passou entre as pernas de Courtois.

Inaceitável era o fato de não conseguirmos escapar da marcação alta do PSG. Não conseguíamos sair jogando e erramos muitos passes. No jogo de volta, precisaríamos trabalhar mais em todas as fases da partida e ter um desempenho bem superior quando estivéssemos com a bola. Precisei fazer alguns ajustes na escalação, porque Casemiro, o metrônomo inabalável no coração do meio-campo, estava suspenso. Então escalei Kroos para atuar como volante, ladeado por Modrić e Valverde, com Asensio e Vinícius pelas pontas, e Benzema no centro do ataque.

O jogo não começou bem e piorou bem rápido. Antes mesmo de conseguirmos avançar, Mbappé já tinha colocado a bola na rede três vezes. Felizmente, duas estavam em posição de impedimento.

O gol que valeu veio de uma assistência de Neymar, que deu um passe em profundidade e por cobertura para Mbappé correr, batendo Courtois no canto próximo.

No entanto, os jogadores fizeram o que eu tinha pedido: correram mais, finalizaram mais, recuperaram mais bolas, desarmaram mais, tudo isso com menos posse de bola e quase 150 passes a menos que os adversários. Com isso revertemos todas as estatísticas do jogo de ida.

Estávamos perdendo por dois gols no placar agregado, a meia hora do fim, quando Benzema entrou em ação e assumiu o controle da partida. Desde a saída de Ronaldo e com a participação cada vez menor de Bale em sua temporada final no Real Madrid, Benzema tinha assumido o papel de líder no ataque. Esse novo papel, mais livre, também lhe permitiu se tornar um goleador mais prolífico, outro fator-chave para o sucesso da equipe. Tudo isso aconteceu sem a minha intervenção. De algum modo, simplesmente brotou dele mesmo, de forma quase orgânica, ao expressar a própria personalidade. Os jogadores mais jovens, especialmente Vinícius e Rodrygo, pareciam se voltar naturalmente para ele, e ele desfrutava desse prestígio. Eu gostaria de poder dizer que tive mérito nisso, mas tudo veio dos jogadores. Minha contribuição foi não atrapalhar.

O jogo mudou quando, feito um *terrier*, Benzema correu atrás de um recuo longo e preguiçoso para o goleiro deles, Gianluigi Donnarumma, vítima da própria hesitação. Ele deveria ter mandado a bola para escanteio, mas em vez disso fez um passe pela área. Vinícius estava esperando, tomou a bola com calma e tocou por dentro para Benzema.

A quinze minutos do fim, Benzema completou rapidamente um *hat-trick* enquanto Vinícius aterrorizava a defesa do PSG. Primeiro, Modrić arrancou desde o próprio campo de defesa, praticamente sem ser desafiado, passando por um buraco imenso no meio-campo do PSG, e lançou Vinícius pelo corredor esquerdo.

Vinícius gingou, ameaçou e atraiu os defensores antes de devolver o passe para Modrić; este deu um passe curto e preciso para Benzema, que, com um único toque, girou 180 graus e finalizou no gol. Doze segundos após a saída de bola, Vinícius recebeu no mesmo corredor esquerdo. O capitão do PSG, Marquinhos, interceptou a bola, mas sua cabeça devia estar confusa com nossa virada, pois passou direto para os pés de Benzema. Foram necessários apenas dezesseis minutos para encerrar por mais um ano o sonho do PSG na Champions. Benzema 3, PSG 1.

Eu estava mais confiante de que o Real poderia superar o próximo ex-clube que o sorteio colocou no meu caminho: o Chelsea, agora comandado por Thomas Tuchel. Mas neste ponto é importante nos afastarmos dos assuntos do futebol para lembrar que a invasão russa da Ucrânia aconteceu em fevereiro de 2022. O continente europeu se tornou um lugar mais inseguro. Em termos futebolísticos, o impacto mais imediato foi o fato de Roman Abramovich ter sido forçado a se afastar da administração do Chelsea e, logo depois, obrigado a encerrar sua participação no clube. Nesse contexto, que decerto representava um período difícil dentro da organização do Chelsea, o Real foi ao Stamford Bridge tentando se concentrar na tarefa que tinha em mãos. Tínhamos acabado de perder o *Clásico* de forma humilhante: uma goleada de 4 a 0 em casa. O clube precisava reagir.

Mais um *hat-trick* de Benzema foi o melhor remédio. O entrosamento entre ele e Vinícius se aprofundava a cada partida, e em pouco tempo eles estavam dilacerando a defesa do Chelsea, onde Antonio Rüdiger e meu velho capitão do PSG, Thiago Silva, agora com 37 anos, lutavam desesperadamente para contê-los. Casemiro estava de volta, o que permitiu que Valverde atuasse pela direita, à frente de Modrić, que, junto com Vinícius, causou bastante estrago. Benzema marcou dois incríveis gols de cabeça no primeiro tempo, um estrondoso, o outro mais suave e sutil, mas igualmente mortal. Kai Havertz diminuiu para o Chelsea antes do intervalo, mas, logo após a volta do segundo tempo, Benzema aproveitou um erro desastroso do goleiro Mendy, que saiu da área e permitiu que ele finalizasse com tranquilidade para o gol vazio. Para ser justo, o placar poderia ter sido mais apertado se não fosse por algumas defesas excelentes de Courtois contra seu ex-clube.

A maneira como estávamos jogando, com grande eficiência, começava a virar um padrão, um bom padrão. Se olharmos os números, veremos que, com posse de bola praticamente igual, o Chelsea teve vinte finalizações contra oito nossas, mas a nossa pontaria foi muito mais precisa. Em outras palavras: Benzema fez a diferença. Em qualquer temporada anterior, seus três gols fora de casa teriam praticamente garantido nossa classificação. Afinal, quem apostaria que o Chelsea conseguiria marcar três vezes no Bernabéu?

Mas... você se lembra do Sheriff Tiraspol? Tudo pode acontecer nessa competição, e quase aconteceu naquela noite. Às vezes, pode-se acabar preso em uma terra de ninguém, entre proteger uma vantagem e jogar seu habitual jogo ofensivo, e foi exatamente aí que parecemos ter caído. Provavelmente deveríamos ter sido muito mais agressivos, mas fomos surpreendidos. Admito que esse erro foi meu. Eu deveria ter sido mais claro nas instruções. Em vez disso, permitimos que o Chelsea dominasse desde o início. Eles nos surpreenderam abrindo o placar com Mason Mount, logo aos quinze minutos. Um cabeceio de Rüdiger empatou o confronto logo após o intervalo. Então, a quinze minutos do fim, um drible sinuoso de Timo Werner colocou o Chelsea em vantagem, 4 a 3 no agregado. O jogo tinha virado por completo.

A mim parecia que não tínhamos a fome de finalizar o trabalho em casa porque achávamos que já havíamos resolvido tudo fora. No jogo de ida, fomos cirúrgicos. Agora era a vez deles. Felizmente, eles desperdiçaram chances o suficiente para nos manter na disputa, e, de alguma forma, tomar três gols pareceu despertar nosso time. A torcida sentiu isso. Começou a empurrar, e o estádio fez sua mágica. E então a história teve mais uma reviravolta.

Assim que pude, depois do gol de Werner, coloquei Rodrygo no lugar de Casemiro; dois minutos depois o confronto estava empatado no agregado. Alaba interceptou um lançamento de N'Golo Kanté, Marcelo tocou para Modrić, que levantou a cabeça e viu Rodrygo esperando na entrada da área, logo além de Thiago. E então aconteceu um daqueles momentos que só os grandes jogadores conseguem produzir. Modrić fez um inacreditável cruzamento com a chapa do pé direito, e Rodrygo finalizou de primeira, em um seguro voleio. Como ex-jogador, penso que um nível de talento como o necessário para aquele passe de Modrić não deveria ser permitido; simplesmente não é justo com o resto de nós, jogadores comuns.

Fomos para a prorrogação. Seis minutos depois, Camavinga aproveitou um passe errado da zaga do Chelsea e lançou Vinícius pela esquerda, que cruzou para Benzema encerrar o confronto como o tinha começado: com uma cabeçada indefensável. Foi seu 38º gol na temporada. Tínhamos perdido o jogo por 3 a 2, mas vencido o confronto por 5 a 4.

Mais uma vez, foi decisiva nossa eficiência (ou talvez a ineficiência do Chelsea). Apesar de termos menos posse de bola e menos finalizações que o adversário, os resultados contra o PSG e o Chelsea não foram acidentes. Nosso plano de jogo deu certo. Pode não ser o sistema mais vistoso, mas funciona, sendo uma tática sensata para partidas eliminatórias com os jogadores que tínhamos. Manter-se no jogo *é* o jogo. Vencer é o objetivo.

Sofri muito naquele jogo de volta. Existe um trecho notável de um documentário gravado no vestiário após a partida que mostra como foi exaustivo participar dele. Ali, revela-se o que todos os técnicos enfrentam praticamente em toda partida do mais alto nível. Você vive cada momento, cada erro, cada gota de má sorte, cada revés. Você sente tudo isso no sistema nervoso. E o alívio e a alegria quando as coisas finalmente dão certo são difíceis de mensurar. No vídeo, estou largado em um banco, com cara de acabado. Suspiro e murmuro: "Estou morto. Morto. Incrível, incrível. Se eu não morrer hoje, é porque sou imortal. Que clima, hein?".

Eu tinha todo o direito de parecer exausto. Aquele gol de Benzema me tornou o primeiro técnico a chegar a uma semifinal da Champions League em quatro décadas diferentes. O jogador mais velho do time da Juventus que perdeu para o Manchester United em 1999 era Didier Deschamps, nascido em 1968. O mais jovem do time do Real era Camavinga, nascido em 2002. Esse dado, sozinho, já mostra há quanto tempo venho tentando vencer essa competição. Mas aqui vai outro: Nils Liedholm, meu técnico quando a Roma chegou à final em 1984, nasceu em 1922!

No Real Madrid, contudo, chegar tão longe sem ir além não era considerado um sucesso. Qualquer sensação de alívio que senti ao sobreviver a dois confrontos tão caóticos durou pouco. A semifinal nos levou de volta à Inglaterra, onde o Manchester City nos esperava. Eles tinham se tornado a nova potência do futebol inglês desde a chegada de Pep Guardiola, vindo do Bayern de Munique. Decidi que a energia de Valverde era mais importante que o controle de Casemiro. Kroos poderia assumir o papel de volante, o que permitiria a Valverde atuar pela direita, com Rodrygo à sua frente para neutralizar a ameaça de Bernardo Silva e Foden.

A boa notícia era que, mais uma vez, enfrentamos um grande clube da Premier League em sua casa e marcamos três gols. A má notícia era que sofremos quatro. Kevin De Bruyne abriu a contagem com uma cabeçada em mergulho logo aos dois minutos. Gabriel Jesus fez o segundo em menos de dez. Fomos passivos demais, e o início foi péssimo. Phil Foden e Riyad Mahrez estavam nos desmontando pelas pontas e tiveram várias outras chances antes de Benzema – quem mais? – nos recolocar no confronto com um chute oportunista.

Isso deu início a um jogo de futebol lá e cá, estilo basquete, tão empolgante quanto exaustivo. Foden foi o primeiro a marcar no segundo tempo, restaurando a vantagem de dois gols do

Manchester City com uma cabeçada. Dois minutos depois, respondemos com uma jogada solo de Vinícius. Que arrancada. Com um de seus dribles característicos, ele deixou Fernandinho para trás na linha do meio-campo, girando por fora do defensor sem sequer tocar na bola. Ele disparou sozinho até a pequena área e tocou na saída de Ederson.

Foi um gol espetacular, à altura de uma partida tão dramática. Aí eles fizeram 4 a 2. Após Oleksandr Zinchenko ser derrubado, nós erramos ao esperar o apito, e Bernardo Silva, que aproveitou para seguir jogando, invadiu a área e bateu no canto, vencendo Courtois. Como se o jogo já não estivesse louco o suficiente, a menos de dez minutos do fim o árbitro marcou um toque de mão na área deles. E, claro, o último ato tinha que ser de Benzema. O homem mais tranquilo do estádio foi para a cobrança, e, enquanto Ederson mergulhava para a esquerda, ele deu um toque sutil por cima, estilo Panenka, bem no meio do gol. Isso apenas duas semanas depois de ter perdido dois pênaltis na mesma partida pelo campeonato nacional. 4 a 3.

Ainda estávamos vivos no confronto, apesar de termos tido apenas 40% de posse de bola, quase inteiramente graças à nossa eficiência nas finalizações – o restante era obra de Benzema. Como de costume nas análises das partidas do Real na Champions League, os números eram reveladores. Curiosamente, uma estatística se destacou naquele jogo de ida: a distância percorrida. Nesse nível, raramente há grande diferença entre times de elite, mas os jogadores do Manchester correram 123 quilômetros, e os do Real apenas 115. No entanto, os números-*chave* reforçam a precisão do Real.

Com 60% de posse de bola, a taxa de chutes no alvo do Manchester foi de 30%, enquanto a do Real Madrid foi de 45%, com apenas 40% de posse. A eficiência do Real nas finalizações significa que, em praticamente qualquer situação, tínhamos uma chance, especialmente contra adversários cansados e com nossa velocidade elétrica no ataque. Todo mundo sabe que eu talvez não seja o maior fã das estatísticas, mas nossa eficiência me agrada, então fico feliz em citá-las.

Algo maravilhoso aconteceu enquanto aguardávamos o jogo de volta. Vencemos a La Liga com quatro rodadas de antecedência quando, em casa, atropelamos o Espanyol por 4 a 0. Foi o título mais precoce do Real em trinta e dois anos, e a primeira vez em quinze anos que nos sagramos campeões diante da nossa própria torcida. Isso me permitiu uma façanha única – conquistar os campeonatos nacionais da Itália, Inglaterra, França, Alemanha e, agora, Espanha. Os cinco principais da Europa. Aquela coisa que às vezes dizem sobre mim – que sou um técnico de copas, menos eficiente em campeonatos longos – agora parece um pouco mais difícil de sustentar.

Apesar do aumento na confiança, não houve muito tempo para celebrar. Quatro dias depois, precisávamos encontrar uma forma de superar o Manchester City no Bernabéu. Foi outro jogo aberto, com muito sobe e desce pelo campo. Mas, curiosamente, não houve gols aos 60, 70 ou 73 minutos. Até que Mahrez recebeu livre na direita e acertou um chute indefensável no canto. 5 a 3. De repente, precisávamos de três gols para vencer. Ou dois para apenas empatar e levar o jogo para a prorrogação.

Tomei uma decisão: o caminho até a final passava pelos mais jovens. Eu tinha acabado de tirar Kroos, e agora substituí também Casemiro e Modrić. Os três juntos somavam 98 anos. No lugar deles, entraram Camavinga, Rodrygo e Asensio, cuja soma era de 66 anos.

Faltavam quinze minutos. Eles passaram, o tempo acabou, e nada de gol para nós. Então, com a Champions League escorrendo pelos dedos, o super-homem Benzema mais uma vez veio nos resgatar. Camavinga lançou um cruzamento diagonal da direita, superando o último defensor e encontrando o pé esquerdo de Benzema. De algum modo, ele conseguiu evitar que a bola saísse e a levou de volta à área, entre Ruben Dias e o goleiro Ederson; ambos hesitaram por uma fração de segundo, tempo suficiente para Rodrygo disparar entre eles e nos colocar a um gol do City. Já tínhamos um gol, mas ainda precisávamos de outro, com praticamente nenhum tempo restante.

O estádio explodiu e queria mais. Já estávamos nos acréscimos. Dois minutos depois, Carvajal fez um cruzamento pela direita que passou direto em meio a um aglomerado de defensores. Rodrygo subiu e desviou de cabeça com força, vencendo Ederson. Inacreditavelmente, em dois minutos empatamos a partida.

Eles ainda tiveram mais chances antes do apito final, mas de algum jeito conseguimos escapar. Agora teríamos que ir fundo. Cinco minutos após o início da prorrogação, Benzema foi derrubado na área. Nada de Panenka desta vez. Em vez disso, ele bateu rasteiro no canto direito, e o goleiro foi para o lado oposto. Ele marcou o gol da vitória exatamente no mesmo minuto em que tinha feito isso contra o Chelsea.

No momento em que o pênalti de Benzema entrou, virei para Kroos e Marcelo, que estavam na lateral do campo, para ouvir a opinião deles sobre o que fazer a partir dali. Deveríamos segurar ou arriscar? Depois do jogo, a imprensa trataria isso como algo extraordinário, mas para mim pareceu perfeitamente natural. Não acredito em filosofias. Acredito na identidade da equipe, e nosso time tinha jogadores muito experientes, com excelente leitura de jogo. Kroos, em especial, parecia fazer parte da comissão técnica, um pouco como Paolo Maldini e Philipp Lahm tinham sido um dia. "Nós também já vimos algumas partidas de futebol", ele disse depois. "Isso permite trocar ideias com o técnico. No fim, é claro que é ele quem decide, mas é natural que ele se interesse pela nossa opinião." Se a experiência está ali, por que eu não a aproveitaria? Escuto antes de decidir, e decido com base nas informações à minha frente.

A decisão foi segurar. Tirei Benzema e coloquei Dani Ceballos para reforçar o centro do meio-campo. Faltando cinco minutos, substituí dois outros jogadores cansados e coloquei sangue novo. Todos os veteranos estavam agora à beira do campo, incentivando os garotos enquanto eles seguravam as pontas até o minuto 120. Foi exatamente como a família que eu tinha no Milan, tantos anos atrás, os irmãos mais velhos torcendo pelos mais novos. E conseguimos. Placar de 6 a 5. Na minha primeira temporada de volta ao Real Madrid, graças ao heroísmo de Benzema nas três fases eliminatórias, e a três gols cruciais de Rodrygo em momentos decisivos, estávamos na final.

Acho que merecíamos estar lá. Antes de tudo, pela nossa qualidade, mas qualidade sozinha não basta no futebol de elite. Um talento sozinho não basta. É preciso combinar os talentos e formar, juntos, uma equipe comprometida. A história desse clube, seu DNA, nos empurrou para a frente nos momentos difíceis que a Champions League nos impôs. Se você continua voltando, é porque tem superado os adversários. A dezessete minutos do fim, o City vencia por 5 a 3 no agregado; faltando dois, ainda estavam na frente. Aos 90+1, o jogo ia para a prorrogação. Cinco minutos depois, eles estavam fora. Foi impressionante, mas não chegou a surpreender. Não tente explicar, a não ser dizendo que, no futebol, tudo pode acontecer.

No Real, é claro, não basta estar na final. É preciso vencê-la. E para isso teríamos que superar mais um clube da Premier League. Desta vez era o Liverpool que estava no nosso caminho. O Liverpool, de novo. Se contarmos a final de 1984, em Roma, da qual uma lesão me tirou, eu já tinha um longo histórico de encontros com eles em finais. Istambul, 2005. Atenas, 2007. Agora nos encontraríamos novamente no Stade de France, em 2022. E, para mim, havia um ingrediente extra: até um ano antes, eu era técnico do maior rival local do Liverpool, o Everton.

Eu já tinha bastante experiência enfrentando os times de Klopp na Europa, primeiro quando ele estava no Dortmund, mais recentemente quando eu estava no Napoli, e também no Everton, pelas competições nacionais. Meu retrospecto contra ele era razoável. Estava armado o cenário para uma clássica batalha tática no meio-

-campo, com Fabinho e Thiago Alcântara protegendo e Jordan Henderson se lançando ao ataque, e enfrentando nosso trio, talvez menos móvel, mas mais controlado: Kroos, Casemiro e Modrić. Quem vencesse esse duelo teria condições de alimentar os velozes atacantes que ambos os lados possuíam. Qualquer um desses poderia decidir o jogo.

Saber como o adversário vai jogar ajuda. Nosso trabalho era quebrar a marcação alta deles quando estivéssemos com a bola. Sem a posse, precisávamos garantir que o trio ofensivo deles – Mo Salah, Sadio Mané e Luis Díaz – não conseguisse se infiltrar em nossas costas. Isso significava jogar com uma linha baixa, e Valverde atuando como um quarto meio-campista quando estivéssemos sem a bola. Sua outra função era neutralizar o pé direito de Virgil van Dijk antes que ele pudesse lançar aquelas longas diagonais em direção a Salah, pela direita. Enquanto isso, no ataque, Vinícius manteria a amplitude do lado esquerdo, e Benzema recuaria para buscar a bola no meio-campo.

Entramos na partida como azarões. Parece estranho dizer isso sobre o Real Madrid, mas o Liverpool vinha de uma campanha dominante. Venceu seu grupo com 100% de aproveitamento e, em seguida, atropelou Inter, Benfica e Villarreal. Não enfrentaram nenhuma grande dificuldade até a final, e, como era de esperar, dominaram o primeiro tempo, exigindo o melhor de Courtois para mantê-los no zero.

Eu não estava satisfeito quando fomos para o vestiário, no intervalo. Nosso meio-campo não encontrava seu caminho, e por causa disso estávamos perdendo em todas as estatísticas, menos na principal, felizmente. O único ponto positivo foi a linguagem corporal deles quando Benzema, em nossa única finalização no alvo, teve um gol anulado pelo VAR por impedimento. Antes de perceberem a bandeira do assistente, o corpo deles murchou, como se temessem que aquele fosse o enredo do jogo. Havia nos olhos deles um traço de hesitação, talvez até de medo? Eu esperava que sim.

Precisávamos mover a bola com mais rapidez e mais verticalidade. Tínhamos que começar o segundo tempo com mais energia, usar a intensidade da pressão deles contra eles mesmos e depois contra-atacar com a velocidade de Vinícius e a força de Benzema. Na marca de uma hora de jogo, funcionou perfeitamente. Modrić criou a armadilha. Recebendo a bola a uns 20 metros do nosso gol, ele executou um giro mágico e fez um passe invertido que rompeu as linhas e achou Carvajal, o que quebrou a pressão. Carvajal passou a bola para Casemiro e não parou de correr. Casemiro tocou para Valverde na ponta direita, que avançou com velocidade e, ao ver Carvajal ultrapassando pela direita e distraindo Van Dijk num momento crucial, encontrou Vinícius se aproximando no segundo pau. Ele cruzou rasteiro, para trás da linha defensiva recuada do Liverpool, onde Trent Alexander-Arnold não tinha percebido Vinícius chegando pelas costas. Vinícius finalizou de chapa, com facilidade. Foi um gol verdadeiramente coletivo e nossa única finalização no alvo em todo o segundo tempo. Mas, para realizar o sonho, todos precisam cumprir seu papel, e no outro extremo do campo Courtois continuava intransponível. Quando o Liverpool contratou Alisson, quebrou o recorde mundial de transferência por um goleiro. O Real gastou ainda mais com Courtois. Valeu cada centavo.

Conforme o fim do jogo se aproximava, coloquei sangue jovem para substituir os veteranos, exaustos. É uma medida da profundidade do nosso elenco o fato de que os nomes que permaneceram no banco incluíam Nacho, Bale, Hazard e nosso capitão Marcelo. A cultura familiar dentro do clube é importante para mim, por isso fiquei encantado quando, assim que o apito final soou, Benzema passou a braçadeira de capitão para Marcelo, para que ele pudesse levantar a taça.

E assim, pela sexta vez eu coloquei as mãos na taça. Com essa vitória, o impensável tinha acontecido. Em dois clubes diferentes, eu agora tinha vencido a competição mais do que qualquer outro técnico. Mais do que Bob Paisley, mais do que Pep Guardiola, mais do que Zinedine Zidane. E eu sabia com absoluta certeza que meu emprego estava garantido por mais um ano – talvez!

16
A SÉTIMA VEZ
2022-2024

A temporada seguinte foi estranha, pois acabou interrompida por causa da Copa do Mundo no Catar. Foi pessoalmente gratificante vencer a Copa do Rei, a Supercopa da UEFA e o Mundial de Clubes da FIFA. Como também tínhamos vencido a Supercopa da Espanha no ano anterior, isso significava que, em duas temporadas, esse grupo de jogadores havia conquistado todos os troféus possíveis no futebol de clubes. Foi uma conquista rara, e da qual se pode ter genuíno orgulho.

Como sempre, houve mudanças. Dissemos adeus a velhos amigos – Marcelo, Bale, Isco e Casemiro. E demos as boas-vindas a Aurélien Tchouaméni e Antonio Rüdiger. Infelizmente, não conseguimos manter um nível mínimo de consistência. Embora tenhamos vencido o primeiro *Clásico*, passamos quase toda a temporada atrás do Barcelona, em segundo lugar. Na Champions League, a fase de grupos terminou um mês antes do habitual para acomodar a nova data da Copa. Passamos à frente de RB Leipzig, Shakhtar Donetsk e Celtic, e então, pela segunda temporada seguida, enfrentamos os mesmos três clubes ingleses. A única diferença é que dessa vez o Liverpool veio primeiro, nas oitavas de final. Fomos ao Anfield e dormimos nos primeiros quinze minutos, sofrendo dois gols. Courtois cometeu um erro incrivelmente raro no segundo, provando que, no fim das contas, é humano. Depois, acordamos e marcamos cinco, e confirmamos a classificação com uma vitória por 1 a 0 em casa.

Nas quartas de final, enfrentamos o Chelsea. Frank Lampard estava de volta, interinamente, ao comando do meu antigo clube, mas o time passava por uma fase de transição após a saída de Abramovich e a chegada da nova administração. Vencemos por 2 a 0 no Bernabéu e repetimos o placar fora de casa. No Bernabéu, para diversão da torcida, até fiz algumas embaixadinhas quando a bola veio parar na minha área técnica. A gente nunca perde o jeito.

A semifinal, disputada um mês mais tarde do que o normal, em maio, foi uma repetição do ano anterior, a segunda parte de uma trilogia de confrontos contra o Manchester City. Ao disputar esse jogo, alcancei mais um marco pessoal: agora tinha mais vitórias na Champions League do que meu amigo sir Alex Ferguson, que era o recordista anterior. Eu queria muito adicionar mais algumas vitórias antes do fim da temporada, mas não foi possível.

O placar marcou 1 a 1 no Bernabéu. Foi um confronto tenso, e achei que levamos a melhor. No entanto, quando voltamos ao Etihad Stadium, eles marcaram quatro gols mais uma vez, e dessa vez não conseguimos responder. O City controlou completamente o jogo do início ao fim. Não fizemos mais que 15 passes nos primeiros quinze minutos. A experiência foi dura para nós. Courtois parou Erling Haaland com três defesas brilhantes, e Kroos acertou o travessão, mas não jogamos com a coragem e a personalidade necessárias para partidas desse tamanho. Eles exerceram muita pressão sobre nós, muito mais do que no jogo de ida, e não conseguimos encontrar soluções. Tenho que confessar que Guardiola me surpreendeu. Esperávamos que ele montasse o time da mesma forma do primeiro jogo, mas ele mudou completamente. Com Rodri e John Stones atuando como uma dupla de volantes, eles fizeram marcação homem a homem e nos pressionaram por todo o campo, especialmente na saída de bola. Nosso plano de sair jogando desde a defesa simplesmente não teve como funcionar.

O City acabou vencendo a Inter em Istambul e conquistou a tríplice coroa. Vencer os três títulos em qualquer país é uma conquista fantástica, mas na Inglaterra é especial, dado o nível de intensidade de seu torneio nacional. Foi uma grande validação das capacidades de Guardiola como técnico. Em outra temporada, o presidente poderia muito bem ter decidido me sacrificar por não ter conseguido manter nem a La Liga nem a Champions. Mas talvez ele tenha se lembrado de, conforme disse, ter se arrependido da última vez que me demitiu. Então eu mantive o emprego e, no início de 2023-2024, pude usar a humilhação sofrida contra o Manchester City como ferramenta de motivação. Os jogadores tinham sido humilhados no Etihad, e aquilo doeu.

Na temporada 2023-2024, o time começou a mudar de rosto, e os jogadores recém-chegados não carregavam as cicatrizes do Etihad. Por conta de uma lesão no ligamento cruzado anterior, perdemos Courtois por quase toda a temporada, então Kepa Arrizabalaga chegou por empréstimo do Chelsea para assumir o gol. Depois ele também se machucou, e Andriy Lunin assumiu a posição. E, após tantos anos de dedicação ao Real, perdemos Benzema para a liga saudita. Isso significava que estávamos sem dois dos jogadores mais importantes daquele time imbatível que venceu em Paris, em 2022. Na defesa, tanto Éder Militão quanto Alaba ficaram fora por grande parte da temporada também. Assim, a equipe teve que encontrar novos líderes e uma nova identidade.

Talvez a maior mudança no time tenha sido a chegada do jovem inglês Jude Bellingham, vindo do Borussia Dortmund. Minha tarefa era encontrar uma forma de encaixá-lo na equipe. Decidi usá-lo centralizado, como um quase camisa 10, em um 4-3-1-2, ou na ponta do losango em um 4-4-2. Como volante, eu tinha Tchouaméni jogando atrás de uma combinação entre Camavinga, Valverde, Modrić e Kroos. Entre os quatro jogadores da experiente linha defensiva, Nacho tornou-se o capitão do time. No ataque, eu podia escalar Vinícius e Rodrygo como dupla de frente. Vinícius continuaria pela esquerda, onde era bem perigoso, e Rodrygo se tornaria o mais central dos dois. Mas o clube também contratou Joselu por empréstimo. Ele talvez não fosse um *galáctico*, mas nos dava opções. Era capaz de mudar a dinâmica e atuar como um substituto mais direto para Benzema.

As coisas foram bem desde o início. Mesmo com apenas 20 anos, Bellingham se encaixou perfeitamente e mostrou que tinha o temperamento para vestir a camisa branca e jogar com a confiança de um *galáctico*. Quando a temporada começou, Bellingham simplesmente não parava de marcar. Quatro de seus gols foram gols da vitória nos acréscimos. Até outubro, ele já tinha sido eleito duas vezes Jogador do Mês na Espanha; ao fim da temporada, foi escolhido o Jogador do Ano da La Liga. Sabíamos que ele tinha potencial para ser especial, mas nem nós imaginávamos um impacto tão imediato.

Um dos gols mais importantes de Bellingham foi marcado bem no final da nossa estreia na Champions League, contra o Union Berlin. Estreantes na competição, eles souberam aproveitar a oportunidade. Aquilo me lembrou da visita dos campeões moldavos Sheriff Tiraspol ao Bernabéu. Como naquele jogo, dominamos todas as estatísticas, mas não conseguíamos marcar. Pelo menos conseguimos evitar que eles marcassem; então, aos quarenta e nove do segundo tempo, um chute de Valverde foi bloqueado e a bola ficou pingando na área como uma bola de *pinball* até chegar aos pés de Bellingham. Gol! Não foi o gol mais bonito da campanha, mas demonstrava bem seus instintos predatórios. Seu gol mais bonito veio em Nápoles, quando driblou por entre os zagueiros, entrou na área e tocou com categoria no canto do goleiro.

Meu retorno a Nápoles coincidiu com uma boa fase do Napoli, e foi um jogo de muitas viradas. O primeiro tempo teve três gols em 15 minutos, começando com o time da casa abrindo o placar com um gol de cabeça de Østigård após um erro do nosso goleiro Arrizabalaga, que substituía o lesionado Courtois. Em seguida, dois gols rápidos nossos: Vini Jr. e Bellingham viraram o jogo. Fomos para o intervalo na frente.

Dez minutos depois do intervalo, o Napoli empatou. Nacho bloqueou um cruzamento de Osimhen e a bola bateu em seu braço. De acordo com as regras da época, era pênalti, prontamente convertido por Zielinski. Aos trinta e três do segundo tempo, Valverde soltou um chute a 25 metros do gol que explodiu no travessão, bateu nas costas do goleiro Meret e entrou – belo chute, Valverde; que azar, Meret.

Nosso jogo seguinte, fora de casa, contra o time português Braga, nos deu a terceira vitória seguida com um 2 a 1, em que o trio de ataque fez a diferença. Vinícius deu assistência para os gols de Rodrygo e Bellingham, confirmando o padrão de jogo que não mudaria, independentemente dos coadjuvantes, enquanto Vini Jr. estivesse disponível para conduzir o poder ofensivo do Real. O Braga ainda marcou pouco depois do gol de Bellingham, aos dezesseis do segundo tempo, então fechei a guarda com algumas substituições defensivas no último quarto do jogo.

O bom das partidas da fase de grupos foi ver outros jogadores dividindo a responsabilidade dos gols. Brahim Díaz, que tinha voltado de três temporadas emprestado ao Milan, era uma boa opção no ataque. Quando o Braga veio a Madrid para o jogo de volta, ele marcou um dos vários gols úteis que fez naquela temporada, e vencemos por 3 a 0, garantindo a vaga na fase seguinte. O Napoli foi o adversário seguinte no Bernabéu, e mais uma vez conseguiu marcar dois contra a gente, mas nós fizemos quatro. No frenético primeiro quarto de jogo, teve um golaço de Rodrygo, um chute com efeito, e depois um gol de cabeça de Bellingham, entrando em velocidade para completar um cruzamento perfeito de Alaba. Nos dez minutos finais, o jovem meio-campista Nico Paz marcou de longe, e então Joselu finalmente conseguiu deixar o dele, o que foi um alívio depois de vários gols perdidos. Fiquei feliz por ele, que ainda marcou dois gols de cabeça em Berlim. Dani Ceballos fez nos acréscimos o gol da vitória, fechando em 3 a 2.

Essa seria a última temporada da Champions League com fase de grupos. Um novo formato seria introduzido em 2024-2025; assim, pela última vez em um quarto de século, mantive meu velho plano: vencer os primeiros jogos e depois poupar os titulares nas duas rodadas finais. No sexto jogo, por exemplo, Carvajal, Kroos, Camavinga, Vinícius, Mendy e Rüdiger foram todos poupados. Por que arriscar se eles seriam essenciais mais adiante na competição?

As coisas iam bem. No fim do ano, consolidamos nossa posição na liderança da La Liga, e assim permaneceríamos até o fim da temporada. A diretoria do clube se sentiu confiante o bastante para me oferecer uma extensão de contrato por mais dois anos, além de 2024. A imprensa chegou a falar sobre a possibilidade de eu assumir a seleção brasileira. Claro, uma oportunidade como essa interessaria a qualquer viciado em futebol, mas, assim que o Real Madrid fez a proposta, a conversa sobre o Brasil cessou. Obviamente, eu sei que tudo depende dos resultados, mas naquele momento os resultados eram bons, mesmo com Bellingham lesionado em alguns jogos no início de 2024. Ainda assim, vencemos quatro partidas seguidas sem ele.

Ele não estava disponível quando retomamos nossa campanha na Champions, nas oitavas de final contra o RB Leipzig. Vários defensores também estavam fora, mas, como sempre, me concentrei nos jogadores disponíveis, não nos ausentes. Para suprir as lacunas na defesa, escalei Tchouaméni como zagueiro, com Kroos e Camavinga no meio-campo, flanqueados por Valverde e Brahim. Adotamos um bloco baixo e compacto durante boa parte do jogo, pois queríamos evitar que o Leipzig tirasse proveito da nossa linha defensiva improvisada.

Foi Brahim quem nos deu a vitória por 1 a 0. Logo no início do segundo tempo, ele cortou pela direita, driblou dois zagueiros e acertou no ângulo um chute de canhota com efeito, passando por um terceiro marcador. Foi um golaço, que exigiu não apenas habilidade, mas também força e determinação. Uma vitória suada, pois o

Leipzig jogou com muita intensidade e dominou o primeiro tempo. Lunin também se destacou, mostrando a força dos goleiros do nosso elenco. Ele foi excepcional, jogando motivado e cheio de confiança.

Quando o Leipzig foi ao Bernabéu, Rüdiger e Bellingham estavam de volta e todos esperavam um jogo tranquilo na volta. Mas foi tudo menos isso. No fim de um primeiro tempo sem gols, decidi tirar Camavinga e colocar Rodrygo, para que Bellingham tivesse dois homens à frente. Isso pareceu acordar o time. Aos vinte minutos do segundo tempo, Kroos interceptou um passe na entrada da nossa área e lançou Bellingham, que conduziu a bola pelo meio até a frente da área adversária. Ele viu Vinícius fazendo um movimento diagonal em direção àquele espaço e enfiou a bola em seu caminho; com um toque, completamos o contra-ataque perfeito. Foi algo que meu deu uma satisfação especial, já que vínhamos trabalhando para que Vinícius ocupasse mais o centro da área, recebendo onde pudesse finalizar com um mínimo de toques.

Talvez por ainda estarmos nos deleitando com a beleza daquele gol, três minutos depois fomos surpreendidos por uma cabeçada acrobática de Willi Orbán, que empatou a partida. Como não podíamos nos permitir sofrer outro gol, fiz algumas substituições (Modric por Kroos e Joselu por Bellingham) para restaurar o controle e tirar o ritmo do jogo. Não foi uma grande noite, para ser sincero. Estivemos longe de mostrar urgência, enquanto o Leipzig jogou sem nada a perder. Eles tiveram quase o dobro de finalizações. Mas o que importava era estarmos classificados para as quartas de final.

As quartas de final pareciam a parte três de uma trilogia de sucesso, já que enfrentamos o Manchester City pela terceira vez em três temporadas. Até então, o placar era uma vitória em semifinal para cada lado. Embora agora se tratasse de quartas de final, entramos no confronto sabendo que era improvável encontrarmos um adversário mais perigoso na competição. E estávamos ansiosos para nos vingar da humilhação de um ano antes.

Embora aquele fosse meu 200º jogo como técnico na Champions League, eu estava nervoso com a ideia de enfrentar Guardiola de novo. Mas sempre fico nervoso nas horas que antecedem uma partida. O sofrimento continua durante os jogos. Só a vitória traz algum alívio. Nos dias após uma vitória, fico mais calmo por um tempo, mas então o nervosismo volta e o sofrimento recomeça. Só quando se vence de fato o torneio é que há uma felicidade genuína – e alívio. Sofrer faz parte do trabalho. É isso que me mantém vivo. É o que me dá combustível.

Meus nervos não melhoraram com o gol de abertura da primeira partida no Bernabéu. Estávamos perdendo com menos de um minuto. Tchouaméni, ainda jogando como zagueiro central, derrubou Jack Grealish e cometeu uma falta a 25 metros do nosso gol. O cartão amarelo resultante o tirou do jogo de volta. A falta parecia distante o suficiente para exigir uma barreira de apenas um homem. Bernardo Silva se apresentou e bateu com um chute rasteiro e engenhoso no canto mais próximo de Lunin, provando que, se uma barreira é necessária, um homem não será o bastante.

Acabou virando um daqueles jogos para o qual você nunca se planeja nem consegue prever. Entre mim e Guardiola, sempre se tratou de um confronto de estilos. E o resultado pode ser os dois times se anularem. Às vezes, contudo, o jogo simplesmente enlouquece. Foi o que aconteceu neste. Em 10 minutos já estávamos na frente. Camavinga avançou pela esquerda e seu chute desviou em Rúben Dias, entrando no gol. Dois minutos depois, Rodrygo passou em velocidade por Akanji pela esquerda e partiu para o gol, com Akanji em seu encalço, Díaz tentando cobrir o companheiro desesperadamente e Ortega saindo do gol para reduzir o ângulo de Rodrygo. Pouco antes de os três jogadores do City o cercarem, Rodrygo enfiou calmamente a bola entre todos eles, e com um leve desvio no calcanhar de Akanji ela cruzou a linha, suave. 2 a 1 para o Real. Dois gols em dois minutos, e estávamos na frente. Foi uma partida bastante tensa, sinal de que os jogadores dos dois lados agora se conheciam muito bem e sentiam um forte senso de rivalidade. Mas também houve qualidade de sobra. No segundo tempo, os três gols seguintes foram todos marcados de longe, cada um mais espetacular que o anterior. Primeiro, Foden recebeu um passe curto na entrada da área, ajeitou para a esquerda e disparou um brilhante chute no ângulo. Cinco minutos depois, um chute ainda melhor de Joško Gvardiol. Permanecemos um gol atrás até que, a 10 minutos do fim, Valverde marcou o melhor gol da noite, correndo para receber um cruzamento de Vinícius e finalizar com um chute rasteiro e indefensável pela direita. 3 a 3.

Nunca é bom disputar a primeira partida em casa, especialmente quando a segunda é contra um time como o Manchester City, que não perdia em casa na Champions League havia seis anos. Mas eu sentia que tínhamos uma chance genuína, pois as equipes estavam muito equilibradas. A única mudança que fiz foi colocar o Nacho de volta na zaga central e escalar o que, provavelmente, era o time mais forte disponível que tínhamos para jogar com um bloco baixo. Não era minha escolha habitual, já que estavam disponíveis jogadores capazes de atuar de maneira muito mais ofensiva, mas vi que era a melhor forma de competir e vencer contra um time que, no Etihad, tinha feito quatro gols em nós nas duas temporadas anteriores.

O plano era resistir à tentação de pressionar, porque era isso que o City queria. Eles eram mais eficazes contra um time que os pressionasse, ficando menos à vontade quando isso não acontecia. Era assim que podiam acabar entregando a bola. Alguns anos antes, tínhamos tentado uma tática semelhante contra o Shakhtar e marcamos em cinco contra-ataques, então valia ao menos tentar.

O jogo seguiu o padrão já conhecido, mas conseguimos dar o primeiro golpe no nosso primeiro ataque real aos doze minutos. Um lançamento longo e alto encontrou Bellingham logo além do círculo central. Ele matou a bola no peito com um controle impecável e lançou Valverde, que passou para Vinícius pela direita. Seu cruzamento rasteiro encontrou Rodrygo, cujo chute bateu no goleiro, Ederson, e voltou, dando a ele uma segunda chance de marcar.

O gol provocou um ataque em massa do City. Pelos sessenta minutos seguintes, Lunin respondeu a tudo o que eles conseguiram criar, até que Doku entrou e criou a chance para De Bruyne empatar de dentro da área. Nada foi capaz de desempatar o jogo, apesar das muitas substituições. Após a prorrogação, o placar agregado era de 4 a 4. Nossa vez de agradecer pela retirada da regra do gol fora de casa. Agora eu estava prestes a participar de uma disputa de pênaltis pela primeira vez em várias temporadas.

Fazia quarenta anos que eu tinha assistido à Roma, numa final, perder para o Liverpool nos pênaltis. Algumas coisas nunca mudam. Nunca se sabe quem vai errar. Quem diria que Modrić, o primeiro a bater por nós, teria seu chute defendido? Rüdiger, por outro lado, foi o último e cobrou com confiança no canto. Uma coisa definitivamente mudou nesses anos todos. Os clubes se preparam mais, e dessa vez isso funcionou para nós. Nosso treinador de goleiros, Luis Llopis, se tornou especialista em estudar os batedores adversários. Em um jogo anterior, ele havia notado que determinado jogador costumava bater no meio do gol. Disse isso ao Lunin, mas, quando Lunin foi enfrentar esse jogador na partida, pulou para um dos lados. E, como esperado, a bola foi no meio. No vestiário, Luis ficou furioso. "Por que você fez isso?", gritou. "Por quê?", Lunin começou a responder, "Eu achei que...". "Não faça isso", interrompeu Luis, "só ouça o que diz a análise."

Dessa vez Lunin escutou quando Luis lhe trouxe mais dados. Ele contou algo que tinha descoberto sobre Bernardo Silva: durante o tempo normal de jogo, ele batia os pênaltis no canto, mas em disputas por pênaltis preferia bater no meio. A análise funcionou. Dissemos ao Lunin para ficar parado, e ele ficou. Silva bateu com um toque sutil, direto nas mãos dele. O único cobrador contra o qual não pudemos nos preparar foi Ederson, o goleiro do City. Ele foi bater porque Haaland e De Bruyne já tinham sido substituídos, e cobrou com perfeição, no canto. O de Mateo Kovačić também foi defendido, enquanto os nossos restantes entraram. Estávamos classificados para a semifinal.

A verdade é que eu tinha uma sensação positiva forte de que, se chegássemos à disputa por pênaltis, venceríamos. Defendemos muito bem, e bem mais recuados do que esperávamos. Mas, num jogo tão grande, é preciso lutar para sobreviver, é preciso sacrificar tudo, e foi o que fizemos, do jeito que o Real Madrid sabe fazer. Não havia outro modo de vencer o Manchester City, e fiquei muito orgulhoso do modo como conseguimos isso: neutralizando os pontos fortes deles e mantendo uma taxa de conversão parecida com a deles nos chutes a gol, mesmo com menos posse de bola e menos passes trocados.

Ao chegar à semifinal, eu tinha igualado o recorde de Pep Guardiola de dez semifinais de Champions League como técnico. Dezessete dias depois, também asseguramos o título da La Liga. Se conseguíssemos vencer a Champions, faríamos a segunda metade da dobradinha.

É sempre interessante quando o sorteio da Champions me leva de volta a um antigo clube. Especialmente quando esse clube é o Bayern de Munique. Minha saída de lá não foi nas melhores condições, e essa pequena subtrama sempre paira no fundo da mente quando escalo uma equipe para enfrentá-los. Agora, eles estavam sendo treinados por Thomas Tuchel – embora fosse amplamente divulgado que, por causa dos maus resultados na Bundesliga, ele não continuaria na temporada seguinte. Eu sabia bem como ele devia estar se sentindo!

Qualquer equipe treinada por Tuchel era capaz de nos causar problemas, e foi exatamente o que aconteceu no início da primeira partida, na Allianz Arena. O Bayern veio para cima com tudo. Eles já tinham finalizado sete vezes quando, no meio do primeiro tempo, Kroos fez um passe sublime pelo meio da zaga deles, encontrando Vinícius, que invadiu a área e tocou na saída de Manuel

Neuer. Foi o nosso primeiro chute no jogo. Tuchel fez ajustes no intervalo, deslocando Leroy Sané para o lado direito. Isso coincidiu com o fato de termos ficado mais passivos na defesa, e funcionou. Dez minutos depois, Sané recebeu um passe por ali, avançou em direção à área e chutou forte, no canto próximo de Lunin. Pouco depois, Jamal Musiala foi derrubado por Lucas Vázquez, e Harry Kane converteu o pênalti. Eles mereceram a vantagem. Com Bellingham cansado, decidi tirá-lo e mudar a dinâmica. Rodrygo invadiu a área e agora era a nossa vez de ter um pênalti, convertido por Vinícius. Terminou 2 a 2. Fiquei orgulhoso por termos conseguido nos manter na disputa, mesmo não tendo sido a melhor equipe. E, antes que o Bayern viesse ao Bernabéu, eu também estava orgulhoso por termos assegurado mais uma vez o título da La Liga.

Houve uma lição interessante para nós no jogo de volta. Muitas vezes, um clube do tamanho do Real Madrid pode gastar milhões com um jogador em taxas de transferência e salários. E às vezes simplesmente não dá certo. O jogador pode se machucar, ou não se encaixar, e toda a esperança que os torcedores depositaram nele desaparece. Mas no futebol o contrário também é verdade. Sempre existe outro caminho, mais humilde, para a glória, que não envolve a chegada de um jogador com grande alarde.

Na segunda semifinal, esse jogador foi Joselu. Ele começou no Real em 2011, mas seguiu uma longa jornada que o levou ao Newcastle United e ao Stoke City, na Inglaterra. No verão, tivemos a chance de contratar Harry Kane, mas ele foi para o Bayern. O único atacante que voltou a Madrid foi Joselu, emprestado pelo Espanyol, da segunda divisão. Neste segundo jogo, os dois gols que ele marcou em três minutos foram históricos.

Precisávamos dos dois, e com urgência, porque foi o Bayern quem marcou primeiro, no meio do segundo tempo. O gol saiu dos pés de Alphonso Davies, que tinha entrado ainda na primeira etapa. Ele nunca tinha marcado na Champions League, mas cortou da esquerda para o meio e, com o pé direito (que não é seu pé bom), acertou um chute cruzado que passou por Lunin e foi parar no ângulo. Tivemos força para não perder a cabeça diante desse revés. Após dez minutos sem conseguir progredir e com pouco mais de dez minutos restantes, coloquei Brahim e Joselu em campo, enquanto Tuchel tirou Musiala e Kane. Mentalmente, acho que o Bayern já se via na final.

O que aconteceu em seguida é algo que pode acontecer até com os melhores goleiros em partidas de tanta pressão. Vinícius vinha dificultando a vida de Kimmich o jogo todo, mas ainda não tinha conseguido transformar isso em resultado. Então tentou um chute meio despretensioso, de fora da área, que quicou logo à frente de Manuel Neuer. Inacreditavelmente, um dos melhores goleiros do mundo, que já tinha feito várias defesas, deixou a bola escapar do peito, direto para os pés de Joselu; ele, como todo bom atacante, estava em cima do lance.

O jogo estava empatado. E sentíamos que tinha mais por vir. Os jogadores sentiram o cheiro do sangue. Tanto que, dois minutos depois, ambos os nossos zagueiros centrais, já sem Kane para os preocupar, estavam dentro da área do Bayern quando um cruzamento despretensioso de Vinícius sobrou nos pés de Nacho. Quase em câmera lenta, ele girou para um lado e para o outro antes de rolar a bola para a esquerda, onde estava Rüdiger, que cruzou com perfeição para Joselu completar para o gol. 2 a 1.

A contribuição de Joselu foi um fantástico reflexo do elenco. Ele era o tipo de jogador que, mesmo sem jogar tanto quanto gostaria, nunca perdia a confiança e continuava acreditando que podia oferecer algo ao time. Todo clube precisa de um Joselu. Seus gols foram registrados aos 43 e aos 46 minutos do segundo tempo. O fato de esse momento final de drama ter acontecido mais uma vez é inexplicável. Mágico. A torcida, o ambiente no estádio e a grande reputação do clube ajudam. Eles dão confiança ao Real e conseguem se infiltrar profundamente no psicológico dos adversários. Como os torcedores do Bayern sabiam, desde o *hat-trick* relâmpago de Benzema duas temporadas antes, é isso que o Real Madrid pode fazer com os adversários. Eles nunca, jamais, perdem antes de o apito final dizer que acabou. Como dizia sir Alex: "Nós não perdemos, apenas ficamos sem tempo".

Para aumentar ainda mais a intensidade do drama, o Bayern chegou a balançar a rede com Matthijs de Ligt, mas o bandeirinha marcou impedimento. Foi uma decisão controversa, e Tuchel ficou tão irritado que levou cartão amarelo. Mas, ainda que mal administrada, foi a decisão correta.

As estatísticas sugerem que talvez não devêssemos ter conseguido avançar por três fases eliminatórias do jeito que fizemos. Nos seis jogos que levaram o Real à final, os adversários deram mais de cem chutes contra nós, muito mais do que nós contra eles. Mesmo assim, o Real estava a caminho de Wembley.

Seria minha terceira final pelo clube, a sexta como técnico, a oitava no total, e a nona se contarmos aquela a que assisti da arquibancada, quarenta anos antes, como jogador da Roma. Eu já tinha participado de 32 finais e vencido 24 delas. Seria meu 1.324º jogo como técnico. É muito nervosismo acumulado, e não melhora só porque você já passou por outras finais. Enquanto fazíamos nossos preparativos, eu não conseguia não pensar na final de 2005, em Istambul. Foi a melhor atuação que qualquer time meu já teve em uma final de Champions League, e mesmo assim foi a única que eu perdi. Se meu retrospecto em finais era bom, o do Real era ainda melhor. Desde 1992, quando a Copa Europeia dos Clubes Campeões mudou de formato e estrutura, o clube tinha vencido todas as últimas oito finais que disputou.

Como sempre, tentei influenciar o resultado desfrutando da minha refeição ritual: massa com molho de salmão e brócolis. É a única superstição que mantive, porque aprendi a acreditar que deixar de comer esse prato dá azar. Depois de tirar uma soneca de uma hora, começo a pensar no jogo. Os batimentos cardíacos sobem para cerca de 120 por minuto justamente no momento em que começo a preleção, e não voltam ao normal até o apito inicial da partida.

Nosso adversário era o Borussia Dortmund. O técnico deles, Edin Terzić, tinha estado em Wembley como torcedor na última vez que a final foi disputada lá, em 2013. Eles fizeram uma campanha difícil até a final: saíram de um grupo com Paris Saint-Germain, Milan e Newcastle, depois eliminaram PSV, Atlético e PSG. Não eram os favoritos, nem tinham um time cheio de superestrelas, e terminaram apenas em quinto lugar na Bundesliga naquela temporada. Mas sabíamos que podiam ser duros de vencer. Entre os jogadores para ficar de olho, o único que eu conhecia pessoalmente era Mats Hummels, dos tempos do Bayern. No meio-campo estava Marcel Sabitzer, e, no ataque, o corpulento centroavante Niclas Füllkrug. De volta ao time, por empréstimo do Manchester United, ainda havia o ponta Jadon Sancho. Também seria um dia de fortes emoções para Bellingham. Apenas um ano antes, ele era do time da maioria daqueles adversários.

A grande notícia na imprensa era a minha escolha por Courtois no gol. Ele tinha ficado de fora a temporada inteira, mas, nos dois jogos em que atuou antes da final, provou que estava em forma. Foi difícil para Lunin, mas meu trabalho é escalar o melhor time possível. Sim, era um risco, mas um risco que eu estava disposto a correr. Quando em forma, Courtois é o melhor. Como equipe, também sabíamos que essa seria a última partida de Toni Kroos pelo clube antes de sua aposentadoria.

O que eu mais amava nesse elenco era a ausência de grandes egos. Era um grupo humilde, fácil de administrar, não importava quanto dinheiro ganhasse ou quantos títulos tivesse conquistado. Nem se eram mais velhos ou mais jovens. E eles trabalhavam duro. Para mim, essas duas qualidades são inegociáveis.

Escalei um time que mesclava experiência na defesa com juventude no ataque. A média de idade dos seis jogadores mais recuados – Courtois, Mendy, Nacho, Rüdiger, Carvajal e Kroos – era de 31 anos. A média de idade dos cinco mais avançados – Camavinga, Valverde, Bellingham, Rodrygo e Vinícius – era de apenas 22 anos. Esse time era a expressão perfeita da minha convicção de que vencer começa com não sofrer gols. Os seis de trás devem oferecer uma base de confiança, segurança e solidez. Os cinco da frente têm liberdade para serem criativos e inovadores.

Não que tenhamos feito algo particularmente criativo ou inovador no primeiro tempo. A posse de bola foi dividida de forma equilibrada, mas o Dortmund ficou em cima da gente o tempo todo. Fiquei grato por ter escalado Courtois. Eles criavam chance após chance, mais da metade delas no alvo. A mais perigosa foi quando Füllkrug rompeu a defesa e acertou a trave. Parecia que estávamos um pouco preguiçosos, com apenas duas finalizações no primeiro tempo. Definitivamente, não estávamos com cara de futuros campeões europeus. O Dortmund fez um jogo de transição fantástico que nos desequilibrou. Eles atacavam pelos lados e tentavam se infiltrar pelas costas da defesa. Mas, ao chegar ao intervalo, a sensação era de que a gente havia escapado por pouco.

No vestiário, tivemos uma conversa em grupo. Não precisei ficar bravo, nem havia motivo para discurso motivacional. Só queria esclarecer algumas coisas, porque era óbvio que, embora o placar ainda fosse 0 a 0, estávamos sendo dominados. No entanto, achei que já tínhamos visto o melhor que eles podiam oferecer. O time estava confiante de que o Dortmund havia desperdiçado a chance de matar a partida, e que agora o jogo poderia virar. Expressei minha opinião de que estávamos sobrecarregados no meio-campo e sugeri mudar para o 4-3-3, para que não perdêssemos tanta posse no campo adversário. Os jogadores mais experientes comentaram que estavam com dificuldade para pressionar, e então chegamos juntos a uma solução. Colocamos Rodrygo pela direita, Valverde voltou para o meio-campo e deslocamos Camavinga para a esquerda. Isso nos deixou mais compactos. Também adiantei Vinícius, porque sabia que ele poderia ser o diferencial. Após uma hora de jogo, fizemos mais um ajuste final: Bellingham passou a atuar como falso nove.

> Davide Ancelotti, filho de Carlo e seu braço direito, explicou que esse processo no intervalo, no calor de uma final de Champions League, era algo normal.
>
> *Ali, na beira do campo, já tínhamos decidido que seria preciso mudar alguma coisa, porque o Dortmund tinha sido o melhor time até então. O técnico não impôs uma solução. Acho que foi mais uma espécie de pergunta que ele lançou para o grupo, algo como: "E se a gente mudasse um pouco, porque acho que temos tal problema. Vocês concordam?". Ele achava que o problema era estarmos sobrecarregados no meio-campo, então precisávamos mudar o sistema e passar a jogar com três meio-campistas, num 4-3-3: Bellingham, Kroos e Camavinga. Assim, ele [Bellingham] seguraria o lado esquerdo, Vinícius se manteria bem aberto pela esquerda, Valverde pela direita e Rodrygo como centroavante. Isso nos daria mais estabilidade.*
>
> *Foi essa a conversa no intervalo, uma discussão em torno das ideias do técnico, com a participação dos jogadores-chave, o capitão (Nacho) e também os mais experientes, como Carvajal e Kroos. A visão deles era de que precisávamos de mais um jogador no meio-campo. Kroos disse que não conseguíamos pressionar, e por isso precisávamos recuar um pouco. Essa resposta levou o técnico a ajustar ligeiramente sua ideia inicial. Como resultado, ele desenvolveu a ideia, fez pequenos ajustes e depois reapresentou a proposta como algo que vinha do grupo. E perguntou se todos estavam de acordo, e todos estavam.*
>
> *Mas o interessante é que, mesmo assim, ainda não estava funcionando direito. Então, depois de uns dez minutos, fizemos mais uma mudança, dessa vez ali da beira do campo, obviamente sem discutir com os jogadores. Colocamos Bellingham como um falso*

nove, Rodrygo na direita, Valverde de volta ao meio-campo e Camavinga pela esquerda. Aí a coisa começou a funcionar um pouco melhor no segundo tempo. Eles começaram a perder algumas bolas. E já estavam cansando, também.

Jude Bellingham, como o novato do grupo, trouxe uma visão interessante sobre as "conversas" do intervalo.

Eu não lembro de ter mudado muita coisa no intervalo. O que lembro é que o Carlo disse: "Bom, agora a gente já viu o melhor que eles têm. Se mesmo assim eles não marcaram, e a gente já sabe o que eles estão tentando fazer – estão tentando se infiltrar por trás, jogando pelos lados, deixando o Sancho no um contra um... –, então é só neutralizar isso e vamos estar na boca da vitória".

Lembro do Dani [Carvajal] dizendo algo como: "Se eles não conseguiram nos matar mesmo com esse domínio todo, então não vão conseguir mais. Agora nós é que vamos matar o jogo". Eu sinto que, quando o jogo é contra a gente, é preciso enfiar a faca no nosso coração e torcer. Senão não é suficiente. Contra o Real, não basta. A faca tem que atravessar direto, sair do outro lado, senão a gente sempre vai voltar e te matar.

Aquele intervalo, no jogo mais importante que eu já tinha disputado, resumiu o que torna Carlo especial. Ele nunca diz nada que soe clichê – ele fala exatamente o que o jogo pede, seja "Fiquem mais compactos", seja "Jude, você vai ter que fechar um pouco mais, quando a bola estiver aqui, você vai estar ali". Nunca é só aquilo de "Pra cima, pra cima!", cada vez mais alto. Não é motivacional, é informativo.

Ele nunca perde tempo com coisas básicas que você já devia saber. Não perde um segundo com isso. É tudo muito direto. É exatamente o que você precisa ouvir, e, pra mim, isso é o essencial. Seja simples. Por exemplo, para Carlo, do ponto de vista tático, tudo vai sempre no simples. Acerte a estrutura defensiva. Eu tenho um time que vai fazer gols. Se você mantiver o zero lá atrás, a gente ganha o jogo. Simples assim.

Eu sinto que alguns técnicos modernos só chegam com tantas instruções porque acham que precisam fazer mais do que os outros técnicos. Quase como se quisessem ser manipuladores de marionetes.

Funcionou. No segundo tempo, tudo mudou. O Dortmund começou a ceder mais a posse de bola. A grande diferença foi Vinícius conseguir se soltar da marcação de Ryerson, do Dortmund. À medida que a temporada avançava, fui entendendo que ele não queria jogar pelo centro, e eu também não queria forçá-lo, então dei liberdade a ele. Ele sempre foi fantástico no um contra um, mas eu o ajudei a ser mais eficaz quando se movimentava por dentro. Jogando aberto, precisa passar por dois adversários para conseguir finalizar. Indo para o meio, pode marcar com um único toque. Ele foi fazendo isso cada vez mais conforme a temporada avançava. Agora, no segundo tempo, vimos as duas versões.

Logo no início, ele fez uma arrancada perigosa e sofreu falta na entrada da área. A cobrança do Kroos foi nossa primeira finalização no alvo e exigiu uma boa defesa. A maré estava virando. Começamos a ganhar escanteios. Aos vinte e oito minutos do segundo tempo, Vinícius ganhou um pela esquerda, que gerou outro. Kroos cruzou fechado e com efeito para a cabeça do Carvajal, nosso zagueiro mais baixo, que desviou do primeiro pau, cruzado, sem chance para o goleiro. Foi uma jogada na frente do gol do Dortmund que o Carvajal já tinha feito minutos antes e quase marcado. Dada uma segunda chance, ele não desperdiçou. Dez minutos depois, a final estava decidida. Bellingham quase ampliou quando Camavinga puxou a jogada pela esquerda e rolou para ele. Seu primeiro toque foi um pouco forte e o chute saiu pela linha de fundo. Mas dava para sentir que o gol estava chegando. O goleiro deles fez boas defesas em finalizações de Kroos, Camavinga e depois Nacho. Então

Ian Maatsen, que foi um dos melhores do Dortmund na partida, fez um passe displicente atravessando a própria linha defensiva, tentando encontrar Hummels. Bellingham se antecipou, empurrou a bola para a esquerda no caminho de Vinícius e já foi levantando os braços para comemorar antes mesmo de o companheiro ajeitar o corpo e finalizar. Os dois gols resumiram bem a aura do Real, aquela sensação de que algo vai acontecer de algum lugar, mesmo sem sabermos exatamente como ou de onde.

Embora ainda restassem sete minutos para o fim, eu sentia que o jogo estava praticamente encerrado. Mas, por causa da memória de Istambul, eu nunca considero a vitória garantida, a não ser, talvez, se estivermos ganhando por quatro gols faltando três minutos para acabar. Então eu não relaxei.

Aos quarenta minutos do segundo tempo, tirei Kroos e coloquei Modrić. Uma lenda do clube no lugar de outra. Dei um grande abraço e um tapinha nas costas de Kroos quando ele deixou o campo, triste por jogar pela última vez como atleta do Real Madrid. Joselu entrou no lugar de Bellingham. Dois minutos depois, Füllkrug marcou de cabeça, com força, e eu fiquei aliviado ao ver o bandeirinha assinalar impedimento. Militão entrou no lugar do Rodrygo, e Vázquez no do Vinícius.

Naquele segundo tempo, tivemos onze finalizações. Cinco foram no alvo, e duas entraram. A eficiência do Real Madrid reapareceu na hora certa. Havia algo particularmente especial nesse título. Foi o ponto culminante de uma temporada em que alguns jogadores começaram como aprendizes e terminaram como campeões, enquanto outros começaram como campeões e terminaram como lendas. Já no plano tático, fiquei orgulhoso dos ajustes que conseguimos fazer ao longo da temporada. Conseguimos nos adaptar à ausência por lesão de três jogadores fundamentais: Courtois, Alaba e Éder Militão. Também perdemos Benzema no verão, o que nos obrigou a jogar com um sistema sem um centroavante nato. Não foi um problema: Bellingham podia ser um meia ofensivo com capacidade de marcar gols, mas também com responsabilidades defensivas, enquanto Vinícius e Rodrygo, normalmente pontas, formaram o par ofensivo de um 4-3-1-2 com liberdade para se abrir pelos lados. Quando precisávamos defender mais, recuávamos para um 4-4-2.

Com o avanço da temporada, tanto os reforços quanto os jogadores remanescentes entenderam com clareza seus papéis interdependentes, o que reforçou o quanto podíamos ser taticamente flexíveis. Ao superar todos os obstáculos, conseguimos conquistar a dobradinha La Liga/Champions League, tudo graças a uma combinação perfeita de talento, atitude e comprometimento de todos os jogadores e da comissão técnica. O Real é um clube de história e tradição enormes. É algo de muito importância para quem veste essa camisa. Mas para mim, antes de tudo, o time é uma família. Por isso, no apito final, eu estava tão emocionado quanto já estive em qualquer conquista europeia, como jogador ou técnico. A sétima... sinceramente, teve o mesmo gosto da primeira, em 1989, foi tão significativa quanto a terceira, em 2002, tão importante quanto *La Décima*, em 2014. Alguns jogadores daquele time ainda estavam conosco, vencendo dez anos depois. Corri para abraçar minha esposa, Mariann, na arquibancada.

Então me juntei aos meus fantásticos jogadores para compartilhar sua euforia e conquista. E por fim pude desfrutar de uma sensação que, como técnico, só se conhece em momentos como aquele.

O sonho tinha se realizado, de novo. Um curto período para aproveitar o sucesso, descansar e se recuperar, e se preparar para perseguir o Sonho mais uma vez na temporada seguinte.

Epílogo
A CAMPANHA 2024-2025

Após a euforia da temporada 2023-2024 e, especialmente, por ter conquistado meu sétimo título da Champions League, tivemos apenas dois meses para sentar e planejar a temporada 2024-2025 e começar a sonhar com um oitavo troféu no torneio. O que precisaríamos fazer para repetir os sucessos da temporada passada? Havia a empolgação pela chegada de um dos melhores jogadores do mundo, Kylian Mbappé, mas também a decepção por perder a qualidade, a experiência e a liderança de Toni Kroos e de Nacho. Também teríamos de monitorar de perto o tempo de jogo de Luka Modrić, embora às vezes ele parecesse não precisar de descanso. Foi particularmente difícil perder Kroos. Aos 34 anos, ele ainda estava em sua melhor forma e era quem controlava o ritmo da equipe.

Mas, como campeões vigentes e com a grande expectativa dos torcedores, da mídia e de praticamente todo o mundo, pensava-se que, quando se adicionava Mbappé a um time já campeão, as coisas só poderiam melhorar. Eu ainda acreditava que, com um pouco de sorte, tínhamos qualidade para continuar de onde paramos e cumprir as expectativas que estavam sendo depositadas sobre nós. Mas acabou que não tivemos tanta sorte assim. Muito rapidamente, Dani Carvajal e Éder Militão se juntaram a Alaba como ausências de longo prazo, embora, por outro lado, isso tivesse permitido que convocássemos Raúl Asencio, um jogador da base de 21 anos, que se provou uma opção legítima como titular ao lado de Rüdiger.

Nossa turnê pelos Estados Unidos nos permitiu preparar bem os jogadores para a temporada que viria, e pudemos começar a pensar em questões táticas assim que voltamos. O primeiro jogo competitivo da nova temporada foi na Supercopa da UEFA, contra a Atalanta, apenas quatro dias antes de estrearmos no campeonato espanhol, em Mallorca.

Contra a Atalanta, consegui escalar os que provavelmente eram meus onze iniciais preferidos. Não parecíamos muito longe do ponto onde tínhamos terminado a temporada anterior. Fomos sólidos na defesa, permitindo apenas dois chutes no alvo, e ameaçadores no ataque, com o dobro de finalizações da Atalanta e uma boa taxa de conversão. Um bom começo.

Os jogos que antecederam a primeira partida da Champions League também foram sólidos. Marcamos oito vezes em quatro jogos e sofremos apenas um gol. O primeiro jogo no novo formato da Champions League chegou em meados de setembro, em casa, contra o Stuttgart. Foi a primeira partida sob a nova estrutura do "modelo suíço", o que significava disputar oito partidas contra oito adversários *diferentes*. Precisávamos terminar entre os oito primeiros para nos classificarmos automaticamente para a fase de mata-mata.

Não estava claro qual seria a melhor estratégia sob essa nova estrutura. Obviamente, queríamos vencer todos os jogos, mas há uma grande diferença entre enfrentar o Liverpool fora de casa e enfrentá-lo em casa. Como todos os clubes, estávamos tateando esse novo formato.

Não jogamos nosso melhor contra o Stuttgart, mas vencemos. Talvez pudéssemos ter trabalhado melhor a posse de bola, mas é preciso escolher entre armar e jogar verticalmente. Se jogássemos pela posse, não teríamos marcado o primeiro gol, que veio de um passe longo de Tchouaméni. Os torcedores do Real Madrid tinham se acostumado ao nosso estilo – não muitos toques, mas intensidade, urgência e velocidade, sem perder tempo demais até chegar ao gol adversário. Também tínhamos jogadores com bastante força e velocidade, especialmente com a bola, e precisávamos tirar proveito disso.

Claramente, ainda não estávamos na melhor forma, mas isso é normal no início de uma temporada que já é exigente por natureza, e mais ainda nessa, com partidas extras da Champions League e várias Supercopas pelo mundo. Ainda assim, estávamos gradualmente voltando ao nosso melhor quando então tropeçamos na segunda partida da Champions, fora de casa contra o Lille.

A mídia tratou nossa derrota contra os franceses como zebra, mas o Lille é um bom time e terminou a fase de grupos do novo formato em sétimo lugar, vencendo o Atlético por 3 a 1 em Madrid e se classificando automaticamente para as oitavas de final. Naquele dia, eles jogaram melhor e mereceram a vitória.

Na partida seguinte vencemos o Dortmund com um placar impressionante (5 a 2), jogando um ótimo futebol e marcando grandes gols. Começamos um pouco sonolentos e tomamos 2 a 0 em trinta minutos, mas isso nos despertou e empatamos aos sessenta com dois gols em dois minutos. Viramos quando Lucas Vázquez acertou um chute cruzado com força, a sete minutos do fim. Como de costume, mostramos uma grande resiliência mental.

O adversário seguinte na Champions foi meu antigo time, o Milan. Perdemos um jogo muito equilibrado, mas isso é o futebol. É quando achamos que está tudo perfeito que vem a queda. O bom do futebol é que você sempre pode se levantar de novo.

Trabalhamos muito para reequilibrar a equipe, que tinha se desestabilizado com as ausências por lesão de Carvajal, Alaba e, em especial, Militão. Para ajudar o time, jogadores como Lucas Vázquez, Tchouaméni, Bellingham e o sempre confiável Valverde tiveram que atuar em funções incomuns. O crédito precisa ser dado: todos aceitaram o desafio sem reclamar.

Nosso teste seguinte foi fora de casa contra o Liverpool, no Anfield, e, embora tenhamos perdido, a velha resiliência estava de volta. O Liverpool conseguiu nos superar nas áreas em que geralmente nos destacamos – velocidade, força, intensidade, finalização precisa.

Contra a Atalanta, voltamos ao caminho das vitórias. Exibimos mais controle na frente da zaga e abrimos o placar. Sofremos o empate pouco antes do intervalo, mas reagimos com dois gols em três minutos no meio do segundo tempo. Como sempre, a boa notícia era nossa reação à adversidade.

A vitória sobre a Atalanta não foi perfeita, mas parte de nossa eficiência tinha retornado. No entanto, embora tenhamos vencido o time italiano, ainda não estávamos seguros na Champions League. Ainda havia duas partidas por disputar em janeiro, contra o Salzburg (rodada 7) e contra o Brest (rodada 8), e precisávamos vencer ambas para ao menos garantir uma vaga na repescagem. Felizmente, conseguimos superar sem grandes dificuldades Salzburg e Brest nesses jogos restantes, embora não tenhamos nos recuperado o bastante das derrotas anteriores para nos classificarmos automaticamente para o mata-mata; mas ainda estávamos vivos.

No jogo adicional da repescagem, que precisávamos vencer para chegar às oitavas, enfrentamos nosso velho rival, o Manchester City, que também vinha mal, com três derrotas e terminando empatado na lanterna entre os que não foram eliminados logo de cara. Decerto um bom momento para enfrentá-los.

A primeira partida em Manchester seguiu um padrão semelhante ao dos nossos jogos anteriores contra o City. Os dois times pareciam marcar quando o outro estava melhor no jogo. Começamos muito bem, mas levamos um gol aos vinte minutos, empatamos aos sessenta, Haaland parecia ter garantido a vitória para o City a dez minutos do fim, mas, com apenas quatro minutos restantes, empatamos novamente e então Jude Bellingham marcou o gol da vitória aos dois minutos dos acréscimos.

O segundo jogo, no Bernabéu, foi bem mais tranquilo desde o momento em que Asencio fez um fantástico passe longo por cima da zaga do City, a partir do qual Mbappé disparou e encobriu o goleiro. Ele marcou mais dois e estivemos próximos do nosso melhor. O sorteio das oitavas colocou um clássico madrileno no caminho, e, como todo dérbi, ambos os jogos foram batalhas físicas. O primeiro jogo, no Bernabéu, foi decidido por três gols brilhantes, dois nossos, um deles. O segundo jogo seria tenso desde o momento em que o Atlético marcou com apenas trinta segundos de jogo. Com os dois times empatados no agregado, parecia inevitável que a decisão fosse para os pênaltis, como de fato foi. No entanto, ninguém poderia prever o momento bizarro que talvez tenha decidido aqueles mais de duzentos minutos de futebol. Na quarta cobrança do Atlético, Julián Álvarez escorregou ao bater na bola, que acabou tocando em seu pé de apoio antes de ir para o gol. O VAR anulou – toque duplo. Estávamos classificados e nos preparamos para um confronto de quartas contra o Arsenal.

Escalamos um time que ainda tinha jogadores importantes fora de posição, com a missão de passar pelo primeiro jogo no Emirates, em Londres, sem grandes danos, para então decidir no Bernabéu. Nossa linha defensiva teve Rüdiger e Asensio no centro, com Alaba na esquerda e Valverde na direita. Funcionou durante os primeiros quarenta e cinco minutos. O jogo estava equilibrado, mas, na marca de uma hora, aqueles pequenos detalhes que decidem partidas começaram a pender para o lado do Arsenal. David Alaba, ainda sem estar 100% fisicamente, foi um pouco afoito ao perseguir Bukayo Saka e cometeu uma falta a cerca de 18 metros do gol. A barreira talvez estivesse desalinhada por meros 50 centímetros, e Declan Rice aproveitou esse espaço. De repente, a atmosfera ficou eletrizada e os jogadores do Arsenal cresceram. Um segundo gol de Rice, novamente em bola parada, veio logo em seguida. O Arsenal foi melhor do que nós nesses últimos vinte minutos e, enquanto tentávamos ao menos marcar um gol fora, acabamos levando o terceiro. Com uma vantagem de três gols, o confronto passou de desafiador para algo que exigia mais um milagre no Bernabéu – o Sonho ainda estava vivo, mas por um fio.

Uma semana depois, o Sonho terminou naquele ano. Desta vez, o Arsenal não nos atacou: recuou, tendo metade das finalizações, metade das ações ofensivas e 40% da posse de bola, mas com mais chutes no alvo e mais gols no contra-ataque – tudo aquilo pelo qual éramos conhecidos, mas não naquela noite. O Arsenal nos superou em nosso próprio jogo.

Depois do jogo contra o Arsenal, as partidas finais da temporada foram difíceis, mas eram a realidade. Momentos assim servem para manter a humildade, caso você pense que é especial. Sem humildade, não há muito que se possa fazer.

O que foi especial para mim foi ter realizado meus sonhos na Champions League com dois dos maiores clubes do futebol mundial. Um dia, eu deixaria ambos, mas ambos sempre estarão no meu coração. Como eu poderia não ser grato pelo fato de que, entre os dois clubes, me foi dada a oportunidade de conquistar sete títulos da Champions League?

Minha jornada na Champions League, daquele primeiro dia assistindo à Roma perder nos pênaltis até o jogo contra o Arsenal nesta temporada, me proporcionou momentos maravilhosos. Mas toda fase da vida chega ao fim para que uma nova possa começar. Quão sortudo eu sou por saber que a minha próxima fase vai incluir o sonho de vencer a Copa do Mundo com a maior seleção da história das Copas?

Meu trabalho agora é fazer o Brasil campeão de novo; aceito essa missão, e estou convencido de que podemos alcançá-la. Para isso, preciso aproveitar ao máximo a imensa qualidade que o Brasil tem, reunindo harmonicamente esses talentos. A Copa do Mundo é diferente até mesmo da Champions League; é um sentimento com um país inteiro por trás, e é por isso que sempre chamou minha atenção.

É uma honra liderar a *Seleção*. Sempre tive uma conexão com o Brasil por intermédio dos jogadores com quem atuei, como Falcão e Cerezo na Roma; e também com aqueles que treinei, como Ronaldo, Rivaldo, Kaká, Marcelo, Cafu, Casemiro, Richarlison e, mais recentemente, Vinícius Júnior, Rodrygo, Militão e Endrick.

No dia em que cheguei ao Brasil, vi um cartaz que dizia: "Bem-vindo, Ancelotti, você é o cara!". Acho que ele queria dizer: "Você é a pessoa que vai trazer a Copa de volta", e é essa pessoa que eu quero ser. O sonho de todo brasileiro é ver o Brasil campeão de novo. Agora esse é o meu sonho também, e tentarei realizá-lo dando tudo de mim. É uma grande responsabilidade, mas que desafio maravilhoso – vencer a Copa do Mundo com o Brasil.

APÊNDICE

Temporada 1988-1989

Caminho até a final

Primeira fase	Ida: Levski Sofia 0 – Milan 2 Volta: Milan 5 – Levski Sofia 2
Segunda fase	Ida: Milan 1 – Estrela Vermelha 1 Volta: Estrela Vermelha (2) 1 – Milan (4) 1
Quartas de final	Ida: Werder Bremen 0 – Milan 0 Volta: Milan 1 – Werder Bremen 0
Semifinais	Ida: Real Madrid 1 – Milan 1 Volta: Milan 5 – Real Madrid 0
Final	Milan 4 – Steaua Bucareste 0

A escalação contra o Steaua Bucareste

1 Galli (G)
2 Tassotti
3 Maldini
4 Colombo
5 Costacurta
6 Baresi (C)
7 Donadoni
8 Rijkaard
9 Van Basten
10 Gullit
11 Ancelotti

Temporada 1989-1990

Caminho até a final

Primeira fase	Ida: Milan 4 – HJK 0 Volta: HJK 0 – Milan 1
Segunda fase	Ida: Milan 2 – Real Madrid 0 Volta: Real Madrid 1 – Milan 0
Quartas de final	Ida: Mechelen 0 – Milan 0 Volta: Milan 2 – Mechelen 0
Semifinais	Ida: Milan 1 – Bayern de Munique 0 Volta: Bayern de Munique 2 – Milan 1
Final	Milan 1 – Benfica 0

Escalação contra o Benfica

1 Galli (G)
2 Tassotti
3 Maldini
4 Colombo
5 Costacurta
6 Baresi (C)
7 Ancelotti
8 Rijkaard
9 Van Basten
10 Gullit
11 Evani

Temporada 2002-2003

Caminho até a final

Primeira fase de grupos	Rodada 1: Milan 2 – Lens 1
	Rodada 2: Deportivo 0 – Milan 4
	Rodada 3: Bayern de Munique 1 – Milan 2
	Rodada 4: Milan 2 – Bayern de Munique 1
	Rodada 5: Lens 2 – Milan 1
	Rodada 6: Milan 1 – Deportivo 2
Segunda fase de grupos	Rodada 7: Milan 1 – Real Madrid 0
	Rodada 8: Borussia Dortmund 0 – Milan 1
	Rodada 9: Milan 1 – Lokomotiv Moscou 0
	Rodada 10: Lokomotiv Moscou 0 – Milan 1
	Rodada 11: Real Madrid 3 – Milan 1
	Rodada 12: Milan 0 – Borussia Dortmund 1
Fase eliminatória	
Quartas de final	Ida: Ajax 0 – Milan 0
	Volta: Milan 3 – Ajax 2
Semifinal	Ida: Milan 0 – Inter 0
	Volta: Inter 1 – Milan 1
Final	Juventus (2) 0 – Milan (3) 0

Escalação contra a Juventus

Nº	Jogador	Nº	Jogador
12	Dida (G)	10	Rui Costa
3	Maldini (C)	13	Nesta
4	Kaladze	19	Costacurta
7	Shevchenko	20	Seedorf
8	Gattuso	21	Pirlo
9	Inzaghi		

Temporada 2006-2007

Caminho até a final

Fase de grupos	Rodada 1: Milan 3 – AEK Atenas 0
	Rodada 2: Lille 0 – Milan 0
	Rodada 3: Anderlecht 0 – Milan 1
	Rodada 4: Milan 4 – Anderlecht 1
	Rodada 5: AEK Atenas 1 – Milan 0
	Rodada 6: Milan 0 – Lille 2
Fase eliminatória	
Oitavas de final	Ida: Celtic 0 – Milan 0
	Volta: Milan 1 – Celtic 0
Quartas de final	Ida: Milan 2 – Bayern de Munique 2
	Volta: Bayern de Munique 0 – Milan 2
Semifinal	Ida: Manchester United 3 – Milan 2
	Volta: Milan 3 – Manchester United 0
Final	Milan 2 – Liverpool 1

Escalação contra o Liverpool

1 Dida (G)
3 Maldini (C)
8 Gattuso
9 Inzaghi
10 Seedorf
13 Nesta
18 Jankulovski
21 Pirlo
22 Kaká
23 Ambrosini
44 Oddo

Temporada 2013-2014

Caminho até a final

Fase de grupos	Rodada 1: Galatasaray 1 – Real Madrid 6
	Rodada 2: Real Madrid 4 – Copenhague 0
	Rodada 3: Real Madrid 2 – Juventus 1
	Rodada 4: Juventus 2 – Real Madrid 2
	Rodada 5: Real Madrid 4 – Galatasaray 1
	Rodada 6: Copenhague 0 – Real Madrid 2
Fase eliminatória	
Oitavas de final	Ida: Schalke 1 – Real Madrid 6
	Volta: Real Madrid 3 – Schalke 1
Quartas de final	Ida: Real Madrid 3 – Borussia Dortmund 0
	Volta: Borussia Dortmund 2 – Real Madrid 0
Semifinal	Ida: Real Madrid 1 – Bayern de Munique 0
	Volta: Bayern de Munique 0 – Real Madrid 4
Final	Real Madrid 4 – Atlético de Madrid 1

Escalação contra o Atlético de Madrid

1 Casillas (G) (C)

2 Varane

4 Ramos

5 Fábio Coentrão

6 Khedira

7 Ronaldo

9 Benzema

11 Bale

15 Carvajal

19 Modrić

22 Di María

Temporada 2021-2022

Caminho até a final

Fase de grupos

Rodada 1: Inter de Milão 0 – Real Madrid 1
Rodada 2: Real Madrid 1 – Sheriff 2
Rodada 3: Shakhtar 0 – Real Madrid 5
Rodada 4: Real Madrid 2 – Shakhtar 1
Rodada 5: Sheriff 0 – Real Madrid 3
Rodada 6: Real Madrid 2 – Inter de Milão 0

Fase eliminatória

Oitavas de final

Ida: Paris Saint-Germain 1 – Real Madrid 0
Volta: Real Madrid 3 – Paris Saint-Germain 1

Quartas de final

Ida: Chelsea 1 – Real Madrid 3
Volta: Real Madrid 2 – Chelsea 3

Semifinal

Ida: Manchester City 4 – Real Madrid 3
Volta: Real Madrid 3 – Manchester City 1

Final

Liverpool 0 – Real Madrid 1

Escalação contra o Liverpool

1 Courtois (G)
2 Carvajal
3 Éder Militão
4 Alaba
8 Kroos
9 Benzema (C)
10 Modrić
14 Casemiro
15 Valverde
20 Vinícius Júnior
23 Mendy

Temporada 2023-2024

Caminho até a final

Fase de grupos	Rodada 1: Real Madrid 1 – Union Berlin 0
	Rodada 2: Napoli 2 – Real Madrid 3
	Rodada 3: Braga 1 – Real Madrid 2
	Rodada 4: Real Madrid 3 – Braga 0
	Rodada 5: Real Madrid 4 – Napoli 2
	Rodada 6: Union Berlin 2 – Real Madrid 3
Fase eliminatória	
Oitavas de final	Ida: Leipzig 0 – Real Madrid 1
	Volta: Real Madrid 1 – Leipzig 1
Quartas de final	Ida: Real Madrid 3 – Manchester City 3
	Volta: Manchester City (3) 1 – Real Madrid (4) 1
Semifinal	Ida: Bayern de Munique 2 – Real Madrid 2
	Volta: Real Madrid 2 – Bayern de Munique 1
Final	Borussia Dortmund 0 – Real Madrid 2

Escalação contra o Borussia Dortmund

- 1 Courtois (G)
- 2 Carvajal
- 5 Bellingham
- 6 Nacho (C)
- 7 Vinícius Júnior
- 8 Kroos
- 11 Rodrygo
- 12 Camavinga
- 15 Valverde
- 22 Rüdiger
- 23 Mendy

AGRADECIMENTO

Sem os jogadores com quem joguei e treinei, e os colegas com quem trabalhei, nada do meu sucesso seria possível.

Acreditamos
nos livros

Este livro foi composto em Arno Pro e
impresso pela Lis Gráfica para a Editora
Planeta do Brasil em outubro de 2025.